Michael Lühmann

Der Osten im Westen – oder:
Wie viel DDR steckt in Angela Merkel,
Matthias Platzeck und Wolfgang Thierse?

Versuch einer Kollektivbiographie

GÖTTINGER JUNGE FORSCHUNG

Schriftenreihe des Göttinger Instituts für Demokratieforschung

Herausgegeben von Dr. Matthias Micus

ISSN 2190-2305

Göttinger Institut
für Demokratieforschung

Michael Lühmann

DER OSTEN IM WESTEN – ODER: WIE VIEL DDR STECKT IN ANGELA MERKEL, MATTHIAS PLATZECK UND WOLFGANG THIERSE?

Versuch einer Kollektivbiographie

ibidem-Verlag
Stuttgart

Bibliografische Information der Deutschen Nationalbibliothek
Die Deutsche Nationalbibliothek verzeichnet diese Publikation in der
Deutschen Nationalbibliografie; detaillierte bibliografische Daten sind im
Internet über http://dnb.d-nb.de abrufbar.

Bibliographic information published by the Deutsche Nationalbibliothek
Die Deutsche Nationalbibliothek lists this publication in the Deutsche Nationalbibliografie;
detailed bibliographic data are available in the Internet at http://dnb.d-nb.de.

Umschlagsfoto: Bundesarchiv, Bild 183-1989-1110-031 / Kasper, Jan Peter. Quelle:
Wikimedia Commons, Stand 04.11.2010. Lizenziert unter CC-BY-SA
(s. http://creativecommons.org/licenses/by-sa/3.0/de/deed.de)

∞

Gedruckt auf alterungsbeständigem, säurefreien Papier
Printed on acid-free paper

ISSN: 2190-2305

ISBN-13: 978-3-8382-0138-2

© *ibidem*-Verlag
Stuttgart 2010

Alle Rechte vorbehalten

Printed in Germany

Eine neue Kultur des Schreibens

Idee

„Göttinger Junge Forschung", unter diesem Titel firmiert eine Publikationsreihe des „Instituts für Demokratieforschung", das am 1. März 2010 an der Georg-August-Universität in Göttingen gegründet worden ist. Ein Ziel dieses Institutes ist die Synthese zwischen Universität *und* Gesellschaft, Politik *und* Wissenschaft, Forschung *und* Öffentlichkeit.

In einem solchen Sinne sind auch die Bände der „Göttinger Jungen Forschung" als Scharnier gedacht. Junge Wissenschaftler können aus der universitären Eigenwelt heraustreten und einer breiteren Öffentlichkeit die Resultate ihrer Forschungen präsentieren. Sie können zeigen, dass sie die Techniken wissenschaftlichen Arbeitens beherrschen – und gleichzeitig zu farbigen und ausdrucksstarken Formulierungen fähig sind. Das mag feuilletonistisch klingen und manchem Kollegen unseriös anmuten. Doch meint die Synthese, wie sie uns vorschwebt und durch die Publikationsreihe promoviert werden soll, nicht zuletzt dies: auf eine manierierte Fachsprache weitestgehend zu verzichten, den exklusiven Sonderjargon zumindest dort zu unterlassen, wo er zur Präzisierung nicht erforderlich ist, und – jedenfalls wo das möglich ist, ohne die Interpretationen übermäßig zu verkürzen oder zu trivialisieren – stattdessen spannend und originell zu formulieren.

Inspiration

Am neu gegründeten „Institut für Demokratieforschung" verankert, steht diese Buchreihe zugleich in der Tradition der „Göttinger Schule" der Politikwissenschaft. Was ist damit gemeint, wodurch zeichnet sich der so titulierte politikwissenschaftliche Ansatz aus? Als in den 1990er Jahren in der Politikwissenschaft die Bezeichnung „Göttinger Schule" aufkam, bezog sich das vor allem auf die Milieustudien der Göttinger Parteienforscher. Unter Rückgriff auf das Milieukonzept war es gelungen, die zeitgenössische Stabilität der bundesrepublikanischen Parlamentsparteien bei Wahlen, die starke Bindung ihrer Sympathisanten, ebenso parteipolitische Feindbilder und grundlegende Überzeugungen vor allem durch die eigenkulturelle Abschottung der Parteien und ihrer Anhänger in parallelgesellschaftlichen Organisationsnetzwerken zu erklären. Die Hochphasen der klar voneinander separierten Milieus mochten zum Zeitpunkt der Betrachtung weit zurückliegen, die Ideologien und Mythen längst verblasst sein, die alten Feste und Bräuche allenfalls noch erinnert, nicht aber mehr demonstrativ gepflegt werden – vielfach modifiziert, transformiert und dem Gesellschaftswandel angepasst, besaßen emotionale Milieuresiduen trotzdem immer noch Erklärungskraft für die Analyse regionaler Wählerhochburgen sowie zur Untersuchung beispielsweise der Besonderheiten des sozialstrukturellen Profils der Parteimitglieder wie auch des politischen Selbstverständnisses der Parteianhänger.

Die wegweisenden Analysen zu den Milieus korrespondierten mit bestimmten Forschungsschwerpunkten, die bis heute unverändert im Fokus der Göttinger Politikwissenschaft stehen. Milieus siedeln im Schnittfeld verschiedener Ursachen, Einflüsse und Wirkungen. Wer auf sie sein Augenmerk richtet, der kommt an Parteien nicht vorbei, den, nach der klassischen Formulierung von M. Rainer Lepsius, „politischen Aktionsausschüssen"[1] der Milieus. Auch Fragen der politischen Kultur sind schnell bei der Hand, wo erklärt werden muss, warum die eine Gesellschaft organisatorisch gestützte, sämtliche Lebensbereiche umfassende Vergemeinschaftungen hervorbringt, die andere dagegen nicht; oder weshalb manche Bevölkerungsgruppen eine Affinität zur Selbstausgrenzung in einer introvertierten Separatkultur zeigen, die anderen fremd ist.

Und insofern Milieus nicht von selbst, gleichsam voraussetzungslos und aus dem Nichts heraus, entstehen, sondern Ergebnisse bewussten Organisationshandelns sind, liegen auch Untersuchungen zu politischer Führung nahe, wenn von Milieus die Rede ist. Politische Anführer agieren nicht im luftleeren Raum, sie sind in institutionelle Strukturen und kulturelle Kontexte eingebun-

---

[1]   Lepsius, M. Rainer: Parteiensystem und Sozialstruktur. Zum Problem der Demokratisierung der deutschen Gesellschaft, in: ders.: Demokratie in Deutschland, Göttingen 1993, S.25-50, hier: S.37.

den und können – wie im 19. Jahrhundert bereits Otto von Bismarck wusste – den Strom der Zeit nicht schaffen, sondern allenfalls auf ihm steuern. Doch immer dann, wenn sich der gesellschaftliche Wandel beschleunigt, wenn lange Bewährtes überständig und vermeintliche Sicherheiten brüchig werden, dort also, wo sich die berühmten Gelegenheitsfenster öffnen – in diesen Momenten kommt es dann doch auf die individuellen Fähigkeiten der politischen Führungspersonen an, da vermögen der Instinkt und die Weitsicht, die Chuzpe, Entschlusskraft und das Verhandlungsgeschick, kurz: der Machtwille und die politische Tatkraft Einzelner den Geschichtsfluss umzuleiten und neue Realitäten zu schaffen.

Obwohl nun die Göttinger Politikwissenschaft in den vergangenen Jahren sukzessive ihr Blickfeld erweitert und immer weitere Dimensionen in ihre Analysen integriert hat, bilden die alten Kernbereiche unverändert das Zentrum der Göttinger Forschungen. Thematisch werden die in diese Reihe aufgenommenen Arbeiten daher um folgende Untersuchungsgebiete kreisen: An Fallbeispielen werden Möglichkeiten und Grenzen, biographische Hintergründe und Erfolgsindikatoren politischer Führung untersucht. Kulturelle Phänomene, beispielsweise die Gestalt und Wirkung gesellschaftlicher Generationen, werden ebenso Thema sein wie auch klassische Organisationsstudien aus dem Bereich der Parteien- und Verbändeforschung.

Sprache

Gleichwohl: Seit einiger Zeit wird die Bezeichnung „Göttinger Schule" breiter verwendet, als ihr Kennzeichen gilt heute nicht mehr die Beschäftigung mit Milieus oder spezifischen, klar abgrenzbaren Inhalten an sich, sondern allgemeiner ein spezifischer Darstellungsstil, der Forschungsergebnisse für ein interessiertes, fachfremdes Publikum aufarbeitet und die Vermittlung der akademischen Erkenntnisse weit über die engen Grenzen der eigenen Disziplin in die Öffentlichkeit hinein anstrebt. Die „Göttinger Schule" steht für die Lust an der öffentlichen Einmischung und den Verzicht auf akademische Wortungetüme. Dabei bedeutet der eher lockere, essayistische Stil nicht, dass die Texte rasch oder unbedacht heruntergeschrieben würden. Eher im Gegenteil: Sozialwissenschaftliche Phänomene spannend darzustellen ist harte Arbeit. Man muss sich hinsetzen, die Gedanken in fesselnde Sätze verwandeln, die Sinn ergeben, welche zudem der Komplexität des untersuchten Gegenstandes gerecht werden und den Leser dennoch zum Umblättern veranlassen. Um Barbara Tuchman zu zitieren: „Das ist mühselig, langsam, oft schmerzlich und manchmal eine Qual. Es bedeutet ändern, überarbeiten, erweitern, kürzen, umschreiben."[2]

Diese Ausdrucksweise zu fördern, und in Anbetracht des dominanten Präsentationsstiles der zeitgenössischen Sozialwissenschaften könnte man etwas hochtrabend auch von einer neuen „Kultur des Schreibens" sprechen, ist ein zentrales Anliegen der vorliegenden Buchreihe. Schreiben, davon sind wir überzeugt, lernt man nur durch die Praxis des Schreibens. Praxis des Schreibens heißt aber Veröffentlichung, und die Möglichkeit zu einer frühen Publikation und gleichzeitig zu einem frühzeitigen Training sowie Nachweis der eigenen Vermittlungskompetenz soll mit der Reihe „Göttinger Junge Forschung" geboten werden.

Es liegt nun nahe, dieses Ziel, eine neue Kultur des Schreibens herauszubilden, nicht kurzfristig anzustreben. Ebenso offensichtlich wird die bloße Absichtsbekundung, verständlichere und lesbarere Texte zu verfassen und sich verstärkt in die öffentlichen Diskurse einzumischen, zunächst einmal wenig bewirken. Perspektivisch wird es vielmehr darum gehen müssen, eine neue Generation von Politik- und Sozialwissenschaftlern zu begründen, deren Talente zu Vermittlung und Transfer ihrer Forschungsresultate, zum melodiösen Schreiben wie auch zu wirkungsvoller öffentlicher Intervention von Anfang an während des Studiums weiterzuentwickeln sind. In diesem Sinne hat die Buchreihe die Funktion, vorhandene Begabungen im Umfeld des Göttinger „Instituts für Demokratieforschung" durch die reizvolle Offerte einer frühzeitigen Publikation gezielt zu – horribile dictu – fördern und fordern.

---

[2] Tuchman, Barbara: In Geschichte denken, Frankfurt a.M. 1984, S.27.

Offenheit

Kreativ schreiben aber kann nur, wer beizeiten seine Gedanken schweifen lässt. Die neue Kultur des Schreibens verträgt sich daher nicht mit der Neigung zu starrer Kategorienbildung, der Glättung realer Widersprüche in konstruierten Systemen und scheinexaktem Schubladendenken, wie sie in den Sozialwissenschaften verbreitet sind. Die Autoren dieser Reihe arbeiten daher mit methodisch sehr viel offeneren Verfahren, die als „dichte Beschreibung" oder „aufmerksame Beobachtung" apostrophiert werden können. Die aufmerksame Beobachtung gleicht einer Entdeckungsreise in unbekannte Erkenntnisfelder. Es wird aufzunehmen, festzuhalten und zu berücksichtigen versucht, was in einer konkreten Handlungssituation geschieht. Der Fluchtpunkt ist das Aufspüren und Sichtbarmachen von möglichen Zusammenhängen. Kann die aufmerksame Beobachtung insofern mit einem Weitwinkelobjektiv verglichen werden, so ist die dichte Beschreibung der Zoom. Alles das, was für die gewählte Fragestellung entbehrlich ist, wird herausgefiltert und der Rest zu einer fesselnden Erzählung komponiert. Mithilfe von Faktenkenntnis, Einfühlungsvermögen und Vorstellungskraft werden die Zusammenhänge und Bedeutungen hinter den Details sichtbar gemacht, durch die Konzentration auf das Wesentliche und die scharfe erzählerische Konturierung zunächst verschwimmender Linien die Leser in den Bann geschlagen.

In diesem Sinne setzen die Autoren der Reihe „Göttinger Junge Forschung" auf die Integration ganz unterschiedlicher Aspekte, Sichtweisen und Methoden, um das für komplexe Probleme charakteristische Zusammenspiel multipler Faktoren analysieren und die internen Prozesse eines Systems – die sogenannte "black box" – verstehen zu können. Menschliches Handeln ist häufig unlogisch, politische Entscheidungen entspringen nicht selten Zufällen. Der Gefahr, Nuancen einzuebnen und Geradlinigkeit zu behaupten, wo tatsächlich Unebenheiten dominieren, kann man nur durch forschungspragmatische Offenheit entgehen. Einer interessanten, anregenden, inspirierenden Darstellung und also dem Genuss bei der Lektüre kommt das ohnehin zugute.

Matthias Micus
Göttingen, im April 2010

Inhaltsverzeichnis

I Prolog

Angela Merkel ist eine, Matthias Platzeck ist ebenso einer wie Wolfgang Thierse: Wendepolitiker[1]. In der SPD sind viele gelandet, auch bei der CDU, bei den Bündnisgrünen hingegen gibt es sie kaum, in der Linkspartei kommen sie nicht vor. Auferstanden aus den Ruinen des vierzig Jahre währenden real existierenden Sozialismus auf ostdeutschem Boden, machten sie sich in den Wirren der Revolution von 1989 auf, die damalige DDR mitzugestalten, umzugestalten. Sie waren dabei, politischen Seiteneinsteigern gleich, aus dem Vorhof des apolitischen Handelns in die Politik geraten.

Und doch unterscheiden sie sich von üblichen Seiteneinsteiger-Attitüden[2]. Niemand hatte sie gerufen, aufgrund von Sachkompetenzen in die Politik geholt. Es war kein Seitenwechsel, vielmehr ein Neuanfang. Mentoren suchten sie sich zumeist selbst, stießen sie wieder ab, stiegen auf, an den „Helden der Revolution", den Bürgerrechtlern vorbei, in den Olymp bundesrepublikanischer Repräsentanz.[3]

Weitgehend frei von den Enttäuschungen und Schicksalserfahrungen[4], die die Bürgerrechtler mit der Durchsetzung des Politischen im halböffentlichen

---

[1] Vgl. zur Kritik am Begriff der Wende: Rainer Eppelmann/ Robert Grünbaum: Sind wir die Fans von Egon Krenz? Die Revolution war keine „Wende" in: Deutschland Archiv, Jg. 37, Bd. 5/2004, S. 864-869; jüngst: Ilko-Sascha Kowalczuk: Endspiel. Die Revolution von 1989 in der DDR, Berlin 2009, S. 536-548; vgl. zur Debatte um das Ende der DDR: Beate Ihme-Tuchel: Kontroversen um die Geschichte. Die DDR, Darmstadt 2002, S. 73-89. Der Begriff des Wendepolitikers bietet sich trotzdem an, da es sich bei diesen eben gerade nicht um die Revolutionäre der ersten Stunde handelt. Es soll somit bewusst eine Abgrenzung zu den DDR-Oppositionellen geschaffen werden. Gleichwohl handelt es sich bei den Ereignissen von 1989/90, um dies deutlich zu machen, um eine Revolution, vgl. hierzu deutlich pointierter: Michael Lühmann: Als die Demokratie wieder laufen lernte, in: Deutschland Archiv, Jg. 42 (2009) H. 5, S. 887-891.

[2] Vgl. grundlegend zu Seiteneinsteigern in die Politik: Robert Lorenz/ Matthias Micus: Seiteneinsteiger. Unkonventionelle Politiker-Karrieren in der Parteiendemokratie, Wiesbaden 2009, insbesondere dies.: Die flüchtige Macht begabter Individualisten, in: ebd., S. 487-504.

[3] Vgl. Rolf Schneider: Mühelos überrundet. Die Karrieren der Bürgerrechtler von 1989 sind symptomatisch, in: Die Welt, 9.11.2004.

[4] Vgl. Hans-Peter Schwarz: Die Bedeutung der Persönlichkeit in der Entwicklung der Bundesrepublik, in: Rudolf Hrbek (Hrsg.): Personen und Institutionen in der Entwicklung der

Raum DDR erdulden mussten, war der Weg zur Wiedervereinigung mitnichten nur eine der möglichen Alternativen, derer man andere möglicherweise vorgezogen, zumindest vorgedacht hatte. Vielmehr widmeten sie sich intensiv der Umwandlung des Alten ins Neue, sortierten ihre Parteien und Gefolgschaften erfolgreich ins neue System ein, kümmerten sich in erster Linie um die eigene Karriere und deren Absicherung. Die für den Politikquereinstieg nötige Medienkompetenz besaßen die wenigsten, das stetige Lernen war vielmehr ihre Stärke, der unbedingte Wille emporzusteigen, nach der langen Inkubation des „richtigen Lebens im Falschen"[5] (Thierse) umso fulminanter auf allen Bällen zu tanzen, Parteiloyalitäten über- und abzustreifen und eben nicht rückwärtsgewandt zu denken.

Dritte und andere Wege waren ihnen zumeist suspekt, zu verkopft. Den „Versuch in der Wahrheit zu leben"[6] (Havel) hatten sie in der DDR – im Gegensatz zu den Oppositionellen der ersten Stunde – nach hinten verlegt. Sie hatten nicht versucht, in der DDR politisch zu reüssieren, vielmehr den Dingen geharrt, die da kommen mochten. Zersetzungsmaßnahmen, wie sie die Staatssicherheit in Oppositionskreisen anwandte, um massiv Misstrauen zu säen,[7] oder persönliche Enttäuschung aufgrund aufgedeckter Stasi-Verstrickungen innerhalb der oppositionellen Kreise waren ihnen deshalb weitestgehend fremd. Doch genau diese Erfahrungen prägten die als „Bürger-rechtler" in die Geschichte der DDR und der BRD eingegangenen Personen im Gegensatz zu den neuen Wendepolitikern wie Angela Merkel, Matthias Platzeck oder Wolfgang Thierse.

Viel schneller und konsequenter als alle anderen schienen die Politneulinge im Herbst 1989 die Gunst der Stunde begriffen zu haben. Das

---

Bundesrepublik Deutschland. Symposium aus Anlass des 80. Geburtstages von Theodor Eschenburg, Verl/ Straßburg [u.a.] 1985, S. 7-19, hier S. 17.

[5]   Wolfgang Thierse im Gespräch mit Ulrich Wickert: Das richtige Leben im falschen System, Stuttgart [u.a.] 2001.

[6]   Václav Havel, Versuch, in der Wahrheit zu leben [1978], Reinbek bei Hamburg 1989.

[7]   vgl. dazu: Pingel-Schliemann, Sandra: Zersetzen – Strategie einer Diktatur, Berlin 2002.

vermeintliche „Ende der Geschichte"[8] öffnete einmalig Korridore, ebnete Wege in und an die Macht. Die in Jahren der Diktatur aufgestaute Energie setzten sie nun frei. Die wenig sentimentalen Neu-Politiker stürmten an den leidenden, wankenden, vergeistigten DDR-Oppositionellen vorbei, sicherten sich auf dem Weg nach oben Loyalitäten, boten im Gegenzug Identifikationsmöglichkeiten als ostdeutsche Aushängeschilder. Der Weg dorthin war allerdings keinem der Genannten vorgegeben. Vielmehr mussten sie sich sehr schnell im politischen Haifischbecken bewähren, alte Loyalitäten abstreifen, neue suchen, sich gegen die bald anstürmenden westdeutschen Überschüsse der Parteien erwehren, eigene Positionen beziehen und zugleich absichern, die eigenen Machtwege aus der Ressource ostdeutscher Organisationszusammenhänge im westdeutschen Parteienmilieu der Bonner Republik verankern.

Wendepolitiker findet man auch im ehemaligen Jugoslawien, in Tschechien, in Polen, kurz: im gesamten osteuropäischen post-kommunistischen Transformationsumfeld. Nur, in der Bundesrepublik hat sich die Bezeichnung kaum etabliert, obwohl sich der Begriff der Wende für die Revolution von 1989 selbst unverständlicherweise eingebrannt hat[9]. Ursächlich hierfür dürfte die unterschiedliche Wahrnehmung der Revolution von 1989 und deren Langzeitwirkung für die gesamte Bundesrepublik sein.

Scheinbar erst langsam setzt sich die Erkenntnis durch, dass mit der DDR auch die alte Bundesrepublik untergegangen ist. Mit dem Ende der Blockkonfrontation flauten auch die ideologischen Debatten ab, dem Kalten Krieg folgte die Globalisierung, alte Antworten galten nichts mehr. Die Bundesrepublik brauchte lang für diesen Ablösungsprozess. Sinnbildlich ist dies in der verlängerten Amtszeit Helmut Kohls in Folge der Einheit geworden. Als Kohl abgelöst wurde, galten die klassischen Konflikte nicht mehr viel, vielmehr glaubte selbst die Sozialdemokratie das Zepter des vermeintlich einzig Richtigen, des letztlich Alternativlosen, in der Hand zu halten – weil auch sie eigentlich keine Antworten auf den rasanten Wandel am Ende des letzten

---

[8]   Francis Fukuyama: Have we reached the end of history?, Santa Monica, Calif. 1989.
[9]   Siehe Anmerkung 1, vgl. zur Deutung und den gängigen Fehldeutungen der friedlichen Revolution von 1989 äußerst brillant: Kowalczuk: Endspiel, a.a.O., S. 536-548.

Jahrtausends besaß.[10] Infolgedessen könnte man Angela Merkel, die selbst diese Attitüde des Suchens und Lernens vorlebte, als tatsächlich dem Zeitgeist entsprechende Antwort auf die gesellschaftlichen Wandlungsprozesse am Jahrtausendwechsel begreifen[11], dem die SPD auch mit Platzeck nachzugeben schien. Große ideologische Entwürfe, Ideen über den Tag hinaus waren und sind Merkels Sache nicht, ebenso wenig die eines Matthias Platzeck. Vielmehr schien sich das Dogma das pragmatischen Regierungshandelns wie ein Grauschleier über alle Parteien gelegt zu haben, sowohl in der Außendarstellung, als man glaubte mit Platzeck und Merkel wäre die große Koalition endlich auch ideell geeint und geerdet, als auch in der Binnenwahrnehmung der Partei, als man hoffte, nun würde mit Platzeck nach den vielen Führungswechseln endlich auch in der SPD sachlich und moderierend, kurzum: modern, geführt werden. Aber Platzeck blieb Episode. Gleichwohl ließ sein zu Merkel zeitlich versetzter Aufstieg eine drängende Frage zurück: Was machen diese *Ossis* anders, gar besser? Was ist das spezifische Erfolgsgeheimnis der Wendepolitiker Merkel und Platzeck, was deren Fundament, was deren Alleinstellungsmerkmal?

Scheinbar haben Wendepolitiker, im Gegensatz zu den Bürgerrechtlern, aber auch im Gegensatz zu vielen bundesrepublikanisch geprägten Politikern, eine spezifische Antwort auf drängende Fragen gefunden. So eint sie z.B. das Großthema der Ökologie: sowohl Merkel als auch Platzeck und Thierse kommen ursprünglich aus bewusst ökologisch argumentierenden Organisationszusammenhängen.[12] Überdies war das Umwelt-Problem in der DDR wesentlich virulenter als in der Bundesrepublik.

---

[10]   So war selbst die SPD Ende der 90er Jahre in den wirtschafts- und sozialpolitischen Mainstream eingeschwenkt, was spätestens mit dem Schröder-Blair-Papier offensichtlich geworden war, vgl. zur Kritik an diesem „modernen" Programm des scheinbar Unvermeidbaren: Jürgen Klute: Pragmatismus als Ideologie, in: Die Zeit, 30.9.1999, vgl. jüngst: Franz Walter: Vorwärts oder abwärts? Zur Transformation der Sozialdemokratie, Berlin 2010.

[11]   Vgl. Franz Walter: Charismatiker und Effizienzen. Porträts aus 60 Jahren Bundesrepublik, Frankfurt am Main 2009, S. 305.

[12]   Platzeck war bereits zu DDR-Zeiten Mitbegründer des Umweltvereins ARGUS, gründete anschließend mit dem in Ökokreisen der DDR äußerst populären Carlo Jordan die Grüne Liga, fand schließlich den Weg ins Bündnis 90, Merkel heuerte zwischenzeitlich beim Demokratischen Aufbruch an, dessen Profil anfänglich vor allem sozial und ökologisch ausge-

Zudem entstammen sie einer Umbruchsgesellschaft, in der neben der Ideologie auch wirtschaftliche und soziale Zusammenhänge und Gewissheiten erodierten, die im Rahmen der Globalisierung auch die Bundesrepublik nicht unberührt lassen. „Die Politiker Platzeck und Merkel haben ihren West-Kollegen jenes 89er Wissen voraus, das Friedrich Dieckmann die Erfahrung des Scheiterns nannte: Gesellschaften zerfallen, wenn ihre tragenden Säulen brechen."[13] Doch im Gegensatz zur westdeutschen Elite, die das Ende der liebgewonnenen Bonner Gewissheiten erst sehr langsam und verzögert wahrzunehmen gewillt war[14], scheinen die ostdeutschen Politiker dieses historische Denken gar nicht erst angenommen zu haben.

Und doch liebten auch sie die Bonner Klassik: Das Wirtschaftswunder, Ludwig Erhard, die soziale Marktwirtschaft. Dass Merkel das englische Modell vorzieht, Platzeck eher das skandinavische bevorzugt, mag deren Vorstellungen unterscheidbar machen. In einem scheinen sich die meisten Wendepolitiker aber einig: in der Ablehnung sozialistischer Alternativen. Auch hier könnte sie die zusammengebrochene DDR immun gemacht haben.

Überdies entstammen sie, auch das scheinbar ein Zug zur Moderne, keiner starken Massenmitgliederpartei[15], sich wandelnden Volksparteien[16], teilen nicht die romantischen Sehnsüchte an bessere Zeiten der Volksparteien. Sich verändernde Parteimitgliedschaften und -strukturen, sich ändernde Elitenrekrutierung sind eher der Normalfall. Denn die ostdeutsche Parteienlandschaft erscheint häufig als Vorreiter, nicht nur, was die Gestalt der Parteien anbetrifft,

---

richtet war, und auch Thierse fand Anschluss an ein ostdeutsche Sozialdemokratie, die anfänglich stark ökologisch argumentierte.

[13] Christoph Dieckmann: Weisheit des Neustarts, in: Die Zeit, 10.11.2005.

[14] So auch Dieckmann, ebd.: „Wolfgang Schäubles West-Gewissheit wich der einheitsdeutschen Malaise. Auch die alte BRD ging unter. Aber, mit Nietzsche gesprochen: Diese ungeheure Nachricht ist noch unterwegs.".

[15] Vgl. Klaus von Beyme: Funktionswandel der Parteien in der Entwicklung von der Massenmitgliederpartei zur Partei der Berufspolitiker, in: Oscar W. Gabriel/ Oskar Niedermayer/ Richard Stöss (Hrsg.): Parteiendemokratie in Deutschland, Opladen 1997, S. 359-383.

[16] Vgl. zuletzt: Volker Kronenberg / Tilman Mayer (Hrsg.): Volksparteien: Erfolgsmodell für die Zukunft? Konzepte, Konkurrenzen und Konstellationen, Freiburg [u.a.] 2009, hier speziell zu Ostdeutschland: Eckhard Jesse: Parteien und Parteiensysteme in den Neuen Bundesländern, in: ebd. S. 291-303.

sondern vor allem in der Koalitionsfähigkeit und in der Überwindung von Lagergrenzen, die im Osten Deutschlands nur bedingt deutungsmächtig sind.[17] Doch was häufig als unglaublich modern chiffriert wird[18], etwa die geringen Mitgliederzahlen, straff von oben geführte, kampagnenfähige Parteien, bedeuten eben gleichzeitig auch Mangel an Tradition, Beheimatung, Verankerung. Aber das macht die Parteien anfällig, was insbesondere die vor Avantgardismus und Modernität strotzende Ost-SPD zu spüren bekommt.[19]

Und schließlich trennen die Wendepolitiker kaum lebensweltliche Gegensätze, stammen sie doch vielfach aus der *gleichen Generation*, aus den *gleichen Milieus*, dem *gleichen politischen Umfeld/Vorfeld*. Hielten sie sich bereits in der DDR abseits der Politik, umgingen sie nach dem Zusammenbruch gleichzeitig übliche Karrieremuster der bundesrepublikanischen Politikelite und standen doch zeitweise mit in der ersten Reihe dieser Führungskräfte der Bonner und vor allem der Berliner Republik. Entscheidend für die Karrieren dieser Politiker könnte also tatsächlich der *Aufstieg in der Demokratie* vor dem Hintergrund *politischer Sozialisation in der Diktatur*[20] sein. Es gilt deshalb die Singularität der Wendepolitiker-Karrieren, vor allem vor dem historischen Panoptikum des real-existierenden Sozialismus auf deutschem Boden – mithin die vielen Graustufen des mehr oder weniger apolitisch Resistenten, weit entfernt von Dissidenz, doch auch nie ganz nah dran am Staat – zu beschreiben.

---

[17] Vgl. Michael Lühmann: Die Zukunft der „anderen" Vergangenheit. Erkundungen im Labor Ostdeutschland, in: Felix Butzlaff/ Stine Harm/ Franz Walter (Hrsg.): Patt oder Gezeitenwechsel? Deutschland 2009, Wiesbaden 2009, S. 183-209.

[18] Vgl. Alexander Thumfart: Ostdeutschland als Gegenwart einer gemeinsamen Zukunft. Ein Laborversuch, in: Tanja Busse /Tobias Dürr (Hrsg.): Das neue Deutschland. Die Zukunft als Chance, Berlin 2003, S. 136-158.

[19] Vgl. Franz Walter/ Tobias Dürr: Die Heimatlosigkeit der Macht, Berlin 2000, S. 79f..

[20] Vgl. zur Sozialisationshypothese und einer DDR-spezifischen politischen Kultur den Forschungsüberblick in: Katja Neller: DDR-Nostalgie, Wiesbaden 2006, S. 64ff, vgl. zu einzelnen Befunden insbesondere: Jörg Jacobs: Tücken der Demokratie. Antisystemeinstellungen und ihre Determinanten in sieben post-kommunistischen Transformationsländern, Wiesbaden 2004; Kai Arzheimer: „Freiheit oder Sozialismus" ? Gesellschaftliche Wertorientierungen, Staatszielvorstellungen und Ideologien im Ost-West-Vergleich, in: Oscar W. Gabriel/ Jürgen W. Falter/ Hans Rattinger (Hrsg.): Wächst zusammen, was zusammen gehört?. Baden-Baden, Nomos 2005, S 285-313.

II Ostdeutsche Karrieren in der Politik

Während ostdeutsche Politiker – gerade in der medialen Öffentlichkeit – häufig gemeinsam unter dem Etikett des „Ostdeutschseins" verhandelt werden, existieren in der Wissenschaft kaum Ansätze, die aus dieser Herkunft Handlungsmuster und Prägungen erkennbar machen. Was dem Zeitungsleser der Reduktion von Komplexität dient, hat indes meist zur Folge, dass unterschiedlichste Prägungen aus der Erfahrungsgeschichte der deutschen Teilung vermischt werden. Vergleichbar mit immer wieder aufflammenden Ostalgiedebatten und Stereotypen von Ost-West-Gegensätzen[21] wird häufig die innere Differenzierung der ostdeutschen Gesellschaft übersehen, die in sich weit tiefer gespalten ist, als auf den ersten Blick gewahr wird.[22]

Ähnlich verhält es sich mit ostdeutschen Politikern. Werner Schulz und Bärbel Bohley, Angela Merkel und Wolfgang Thierse, Stanislaw Tillich und der ehemalige Ministerpräsident Thüringens, Dieter Althaus. Alle drei Paare stehen für einen spezifischen Typus des ostdeutschen Politikers – mit allen möglichen Überlappungen und möglichen Unschärfen innerhalb der einzelnen Typen. Während das erste Paar stellvertretend für die vielen Bürgerrechtler unter den Ostdeutschen steht und das letzte für die Altkader aus den ehemaligen Blockparteien, so stehen vor allem Merkel und Thierse als Wendepolitiker für eine Mischform beider Pole.

Vor allem anhand der Spiegelung an den Bürgerrechtlern wird der Typus des Wendepolitikers nachvollziehbar. So teilten beide Politikertypen eine mehr oder weniger stark ausgeprägte Ferne zur DDR, betraten beide Typen als Polit-Amateure die politische Bühne der Bonner Republik und entstammen ähnlichen lebensweltlichen Herkunftsmilieus und Generationen.

---

[21] Vgl. Thomas Ahbe: Hohnarbeit und Kapital. Westdeutsche Bilder vom Osten, in: Deutschland Archiv, Jg. 33 (2000), H. 1, S. 84 - 89; ders.: Nicht demokratisierbar. Westdeutsche Bilder vom Osten (II), in: Deutschland Archiv, Jg. 35 (2002), H. 1, S. 112 – 118.

[22] Vgl. Lühmann: Die Zukunft der „anderen" Vergangenheit, a.a.O., S. 183ff.

Deshalb werden die Wendepolitiker vor allem anhand ihrer Prägung in der DDR beschrieben, werden die teils unterschiedlichen, teils aber auch scheinbar identischen Generationen- und Milieuprägungen näher beleuchtet. Inwieweit diese Prägungen Einfluss auf die politische Sozialisation bzw. die Haltung zur Politik, das Verständnis des Politischen haben, kurz: welche persönlichen Schlussfolgerungen beide Politikertypen für das Leben in der DDR gezogen haben, wird das Fundament bilden, auf dem aufbauend die politischen Lebensläufe von Merkel, Platzeck, Thierse und anderen kollektiv-biographisch dargestellt werden. Wie gestaltete sich der Einstieg der Wende-politiker in die Politik? Wie gestaltete sich deren Aufstieg oder aber auch deren Scheitern. Und schließlich geht es auch um die Kernfrage aller politi-scher Karrieren: ist der Typus des Wendepolitikers ein Erfolgsmodell oder, personell festgemacht, ist etwa Angela Merkels Erfolg aus ihrer Herkunft erklärbar?

Um den Begriff des Wendepolitikers mit Leben zu erfüllen, bietet sich, wie bereits andiskutiert, die Spiegelung an einem anderen, das Ende der DDR und den Übergang zur Bundesrepublik prägenden, Politikertypus an: den Bürgerrechtler. Als Ende 2005 mit Platzecks SPD-Vorsitz das endgültige Ankommen der Ostdeutschen in der bundesdeutschen Politik gefeiert wurde,[23] war dieser Politikertypus bereits mehrheitlich von der Bildfläche verschwun-den. Denn die bedeutenden Köpfe der Revolution von 1989 erhielten nie so hohe politische Weihen, wie die emporgestiegenen Wendepolitiker aus dem Osten, die heute bisweilen mit denen verwechselt werden, die schon vor 1989 unter hohem persönlichen Einsatz in der DDR politisch aktiv gewesen sind.

Für kurze Zeit im Rampenlicht als „bürgerrechtliches Feigenblatt" für die westdeutschen Parteien, die munter im Osten wilderten, verschwanden deren Protagonisten ebenso schnell wieder. Dem Parteienstaat West verweigerten sich viele von Beginn an, denn sie standen ihm vielfach äußerst kritisch gegenüber, so etwa die „Mutter der Revolution" Bärbel Bohley, der Begründer der „Initiative Frieden- und Menschenrechte" (IFM) Wolfgang Templin, einer der Vordenker des Demokratischen Aufbruch (DA) und der ostdeutschen Sozialdemokratie, Friedrich Schorlemmer, sowie zahlreiche andere. Der größte

---

[23]   Vgl. neben vielen:. Stefan Berg u.a.: Das Experiment, in: Der Spiegel, 7.11.2005.

Teil der ersten Bündnis90/Die Grünen-Fraktion verließ den Bundestag bereits nach einer Legislaturperiode. Werner Schulz, der heute nur noch Wenigen bekannte, einst prominenteste Vertreter der Bürgerrechtler, ist 2005 mit einem Paukenschlag aus dem Bundestag verschwunden, ebenso Rainer Eppelmann, Vera Lengsfeld, Günter Nooke. Symbolcharakter besaß Schulz' letzter großer Auftritt, in dem er die Vertrauensfrage Gerhard Schröders im Deutschen Bundestag mit der aufrechten Empörung eines scheinbar gestählten Moralisten geißelte.

Die wenigen Bürgerrechtler, die es auf den Olymp der bundesdeutschen Demokratie schafften, erhielten nie so machtvolle und einflussreiche Posten wie die Wendepolitiker oder die vielen Altkader der Blockparteien. Bürgerrechtler wurden vielmehr „Menschenrechtsbeauftragter der Bundesregierung", Vorsitzender der Enquete-Kommission „Aufarbeitung von Geschichte und Folgen der SED-Diktatur in Deutschland", leiteten Ostdeutschland-Arbeitskreise oder wurden Chef über Millionen Stasi-Akten, über deren Auswertung immer wieder andere Instanzen entscheiden. Moral, so scheint es, ist das einzige, was man den Bürgerrechtlern zutraut, aber Moral, auch das keine neue Erkenntnis seit Kurt Schumacher oder Petra Kelly, ist nicht unbedingt das, was großen politischen Karrieren langfristig als Fundament dient.

Doch die Wendepolitiker sind zum Teil noch da, sind zumindest länger in höheren Ämtern und Würden verblieben. Allen voran natürlich Angela Merkel, wohingegen Wolfgang Thierse aus dem Rampenlicht ebenso verschwunden ist, wie der medial inzwischen wieder provinzialisierte Matthias Platzeck. Auch in der zweiten Reihe des politischen Betriebs sind oder waren einige Wendepolitiker noch aktiv, so Wolfgang Tiefensee als Bundesminister, Rolf Schwanitz, Staatsminister unter Schröder, später Staatssekretär im Bundesgesundheitsministerium, Wolfgang Böhmer als Ministerpräsident Sachsen-Anhalts. Aber auch hier haben viele schon den Rückzug angetreten, Harald Ringstorff, Ministerpräsident Mecklenburg-Vorpommerns, wäre da zu nennen, ebenso Reinhard Höppner, immerhin acht Jahre Landesvater im Sachsen-Anhaltischen.

Zudem gilt es, wie so oft bei Typenbildungen, Grenzfälle zu identifizieren. Denn einige Politiker, etwa Ibrahim Böhme und Manfred Stolpe, die oberflächlich als Wendepolitiker gelten könnten, werden von der Typenbildung ausgeschlossen. So ist allen Wendepolitikern gemein, erst mit der Revolution von 1989 politisch aktiv geworden zu sein. Dies gilt in keinem Fall für Manfred Stolpe, der als Konsistorialpräsident der evangelischen Kirche schon vor 1989 für lange Zeit an der Schnittstelle zwischen Politik und Kirche agiert hatte.[24] Ebenso fällt etwa Ibrahim Böhme heraus, der zum einen eindeutig für die Staatssicherheit arbeitete, auf der anderen Seite in der DDR mehr das Leben eines Oppositionellen führte, dessen Karriere, bei aller Schizophrenie die diesem Leben innewohnte, wohl eine eigene Kategorie bilden könnte.[25]

Gegenüber den Bürgerrechtlern scheinen sie sich also durchgesetzt zu haben, aber haben die Wendepolitiker auch die Bundesrepublik erobert, wie man nach Platzecks Übernahme des SPD-Parteivorsitzes glauben machen wollte? Oder aber ist es doch nur das Phänomen Merkel, die neben jeglichen brauchbaren Vergleichsmustern Stehende[26], die ein wenig Glanz für die anderen Wendepolitiker übrig lässt?

Oder liegt es eben doch an der unterstellten spezifischen Sozialisation der Wendepolitiker, dass sie zumindest für einen kurzen Zeitraum, ebenso wie die Bürgerrechtler, die politischen Geschicke der Bundesrepublik beeinflussten? Was macht also jene Wendepolitiker aus, was erscheint als politische Ressource, dass sie ohne „klassische Ochsentour" etablierten westdeutschen Politikern Posten und Macht streitig machen konnten? Was aber erscheint als Restriktion? Immerhin mussten die Wendepolitiker, mit Ausnahme des längst gescheiterten Reinhard Höppner, zehn bis 15 Jahre warten, um politisch reüssieren zu können.

---

[24] Die, möglicherweise vorhandenen, Verstrickungen Stolpes mit der Staatssicherheit sind ein weiteres Indiz für vorpolitisches Handeln, zumindest für eine politische Entscheidung schon zu DDR-Zeiten, die Wendepolitiker zumeist vermieden. Vgl. zu diesem Komplex: Helmut Müller-Enbergs: Über die Inoffiziellen Mitarbeiter und das Bündnis 90 Brandenburg, in: Forschungsjournal Neue Soziale Bewegungen, Jg. 8, Bd. 4/1995, S. 51-64.

[25] Vgl. jüngst: Christiane Baumann: Manfred "Ibrahim" Böhme. Ein rekonstruierter Lebenslauf, Berlin 2009.

[26] Frank Bösch/ Ina Brandes: Die Vorsitzenden der CDU. Sozialisation und Führungsstil., in: Daniela Forkmann/ Michael Schlieben: Die Parteivorsitzenden der Bundesrepublik Deutschland 1949-2005, Wiesbaden 2005, S. 23-63.

II.1 Biographische Dimensionen

Die erste Frage wird die Herkunft und Sozialisation der zu untersuchenden Politiker behandeln. Aus welchen Milieus stammen sie? Welcher Generation gehören sie an, welche Ereignisse und Erlebnisse haben sie geprägt? Haben sie eine spezifische generationelle Prägung? Welche Rolle spielen „Schicksalserfahrungen"[27] (Niederschlagung des Prager Frühlings, die Biermann-Ausbürgerung, die Revolution von 1989)? In Spiegelung zu den Bürgerrechtlern soll es um die Beantwortung der Frage gehen, inwieweit sich daraus ein spezifisches generationelles Profil von Wendepolitikern erstellen lässt.

Die zweite Frage zielt auf die politische Sozialisation der Wendepolitiker. Welches war das „politische Erweckungserlebnis" der Wendepolitiker – im Gegensatz zu den Bürgerrechtlern? Wie ging man mit erlebten historischen Schicksalserfahrungen um – reagierte man mit Opposition, Widerstand, Dissidenz oder passte man sich an? Kurz: Führte man ein richtiges oder ein wahrhaftiges Leben im falschen System? Welche Konsequenzen hatte dies für das politische Denken, auch für politische Aktionsformen? Schlug sich die unterstellte unterschiedliche Sozialisation von Bürgerrechtlern und Wendepolitikern in unterschiedlichen Politikansätzen nieder? Welche Rolle spielt dabei Vergangenes, Zukünftiges und was folgt daraus: Moral oder Pragmatismus? Und was macht in Beantwortung der ersten beiden Fragen den Unterschied aus zwischen Wendepolitikern und Bürgerrechtlern oder gibt es diesen Unterschied gar nicht.

Drittens wird die spezifische Situation um den Einstieg in die Politik untersucht werden. Wie begann der so abrupte Seiteneinstieg? Wer waren die Förderer, welches ihre spezifische Ressourcen, Stärken der jeweiligen Politiker? Wie verfestigten sie ihre Position und wie gelang es ihnen jenseits

---

[27] Vgl. zur Bedeutung des „gemeinsamen Schicksals" für Generationen Karl Mannheim: Das Problem der Generationen, in: Karl Mannheim: Wissenssoziologie. Auswahl aus dem Werk. Hg. von Kurt H. Wolff, Neuwied/Berlin 1964, S. 509–565, S. 542; für politische Karrieren in der Bundesrepublik vgl. Schwarz: Die Bedeutung der Persönlichkeit, a.a.O., S. 17.

klassischer „Selektionsprozesse und -kanäle"[28], ihren Aufstieg in der Politik zu organisieren? Welche Rolle spielen oder spielten Netzwerke, Quotenregelungen, die Aushängeschildfunktion ostdeutscher Politiker in westdeutschen Parteien? Welche Rolle spielten die Medien? Es wird dabei auch konkret um das für den Ein- und Aufstieg so immanente „Gelegenheitsfenster" der Revolution gehen, aber auch um die Rahmenbedingungen des Aufstiegs innerhalb der Parteien, wie auch um die Besonderheiten des ostdeutschen Parteiensystems.[29]

In diesem Zusammenhang soll auch geklärt werden, warum dem Erfolg der Wendepolitiker, neben der Phase der politischen Inkubation in der DDR, vielfach auch eine zweite lange politische Inkubationsphase in der Bundesrepublik folgte. Warum gelangten einige Wendepolitiker in den Wirren des Einheitsjahres in wichtige politische Ämter, andere wiederum nicht? Wieso wurde oft mehr als ein Jahrzehnt auf Westimporte und Altkader zurückgegriffen und wieso konnten sich die „starken Männer" Biedenkopf, Vogel und Stolpe so lange halten?[30]

Viertens soll untersucht werden, inwieweit das spezifisch Ostdeutsche der zu Untersuchenden Aufstieg und Absicherung der Macht beförderte oder eben auch behinderte. Welche Rolle spielt der historische Hintergrund, die Glaubwürdigkeit, auch die Distanz zur bundesrepublikanischen „Politikerkaste" der Bonner Republik, das Fehlen der Ochsentour-Erfahrung? Schließlich: Wie wichtig ist das beständige, aufholende Lernen, der häufig konstatierte pragmatischere Blick auf die Dinge. Konkret: Wie viel spezifisch Ostdeutsches bildet die Ressource des Aufstiegs, welche Rolle spielen Prägung und Sozialisation

---

[28] Elmar Wiesendahl: Elitenrekrutierung in der Parteiendemokratie. Wer sind die Besten und setzen sie sich in den Parteien durch, in: Oscar W. Gabriel/ Beate Neuss/ Günther Rüther (Hrsg.): Konjunktur der Köpfe, Düsseldorf 2004, S. 124-141.

[29] Vgl. in etwa: Günter Pollach u.a.: Ein nachhaltig anderes Parteiensystem. Profile und Beziehungen von Parteien in ostdeutschen Kommunen, Opladen 2000; Inka Jörs: East Germany. Another Party Landscape, in: German Politics, Jg. 12, Bd. 1/2003, S. 135-158.

[30] Vgl. Michael Lühmann: Sehnsucht nach dem starken Mann, in: Zeit online, 15.4.2008, http://www.zeit.de/online/2008/16/sehnsucht-nach-dem-starken-mann [eingesehen am 15.5.2009].

für die Karrieren ostdeutscher Wendepolitiker[31] und inwieweit ist dieser Hintergrund förderlich oder doch eher hinderlich?

Abschließend soll die Frage beantwortet werden, ob dieser spezifische ostdeutsche Politikertypus ein Erfolgsmodell ist. Insbesondere im Hinblick auf die unterschiedliche Erfolgsbilanz der jeweiligen Wendepolitiker, aber auch auf das kurzzeitige Erreichen des politischen Olymps durch Ostdeutsche Ende 2005[32], soll auch der Frage nachgegangen werden, wie ostdeutsche Wendepolitiker führen und ob sie womöglich anders, gar „besser" führen.

II.2 Zum Stand der Forschung

Wie und auch warum nähert man sich nun politischen Akteuren? Der biographische Ansatz, der die Funktionslogiken wissenschaftstheoretischer Handlungskomplexitäten zu Gunsten der handelnden Akteure in ihren Prägungen und Eigenheiten in den Hintergrund rückt, ist nicht unumstritten. Schließlich bricht die Betrachtung der personalen Dimension[33] aus den klassisch formulierten Feldern der Politikwissenschaft - *„policy"*, *„politics"* und *„polity"* - aus.

Obwohl, keine klassische Politikfeldanalyse, etwa deutscher Außenpolitik, kommt ohne den sie bedingenden, in der Vergangenheit liegenden Rahmen der Geschichte aus.[34] Keine Durchsetzung politischer Inhalte kann sich gänzlich den historisch gewachsenen Aushandlungsstrategien, den Beharrungskräften und Besonderheiten von Mehrheitsfindungen entziehen.

---

[31] Vgl. u.a. Dieckmann: Weisheit des Neustarts, a.a.O.

[32] Vgl. Berg: Experiment, a.a.O.

[33] Vgl. hier mustergültig: Franz Walter: Charismatiker und Effizienzen. Porträts aus 60 Jahren Bundesrepublik, Frankfurt am Main 2009; vgl. zur Debatte um die biographische Methode u.a.: Alexander Gallus: Biographik und Zeitgeschichte, in: APuZ 01-02/2005, S. 40-46.

[34] Vgl. zur Geschichte der Bundesrepublik hier vorbildlich: Karl Dietrich Bracher u. a. (Hrsg.): Geschichte der Bundesrepublik Deutschland, 5 Bde., Stuttgart 1981 ff.

Und schließlich, keine politische Ideengeschichte, die politikwissenschaftlichen Analysen methodisch-heuristischen Gehalt verleihen kann, ist
ohne deren historischen Hintergrund verhandelbar. Deshalb teilen sich
Historiker und Politikwissenschaftler „das Genre der politischen Ideengeschichte und sollten wechselseitig daran interessiert sein. Ob sie nun Intellek-
tuellengeschichte betreiben, an den Biographien großer Denker arbeiten oder
Ideologien/Leitideen untersuchen: Der Historiker bedarf der Kenntnis der
politischen Ideengeschichte, der Politikwissenschaftler ist auf historisches
Wissen angewiesen."[35] Leider werden die weitreichenden methodologischen
Anknüpfungspunkte beider Disziplinen trotz früherer gegenseitiger Befruch-
tung kaum ausgeschöpft.

Ein Beispiel für einen gegenläufigen Trend bietet jedoch die politische
Biographik, die auch von Mitarbeitern des Instituts für Demokratieforschung
erfolgreich verfolgt wird. Die Biographie bietet sich als Paradebeispiel
gleichsam Synthese des bisher Besagten an, verlangt eine biographische Arbeit
doch nach Quellen und statistischem Material, das kontextabhängig durch
theoretische Überlegungen und weiterführende Literatur ergänzt wird. Je nach
Lebensabschnitt der porträtierten Person werden unterschiedliche theoretische
Einordnungen notwendig. Eine Studie über eine Partei wird neben vorhandenen Arbeiten eigene Beobachtungen, Interviews und offizielle Dokumente
heranziehen. Und sollen Schichten, Milieus und Lebenswelten erfasst werden,
dürften neben empirisch-quantitativen Befunden und Literaturstudien ergän-
zende qualitative Methoden wie Interviews, Gruppendiskussionen, teilneh-
mende Beobachtung und dichte Beschreibung erforderlich sein, um ein
lebendiges Bild des untersuchten Phänomens zu zeichnen. Immer liegt die
Auswahl, die Anordnung und Gliederung im Ermessen des Wissenschaftlers.
Dies macht die Ergebnisse in besonderer Weise angreifbar, da der subjektive
Faktor in dieser Vorgehensweise nicht negiert wird, sondern eine wichtige
Rolle spielt. Umso mehr ergibt sich daraus die Verpflichtung, durch Genauig-
keit bei empirischen Erhebungen und Quellen und über Prägnanz und Klarheit

---

[35] Jens Hacke: Politische Ideengeschichte und die Ideologien des 20. Jahrhunderts. Im
Spannungsfeld historischer und politiktheoretisch geleiteter Absichten, in: ders./ Matthias
Pohlig (Hrsg.): Theorie in der Geschichtswissenschaft : Einblicke in die Praxis des histori-
schen Forschens, Frankfurt am Main 2008, S. 147-170, hier S. 169.

in der Sprache ein hohes Maß an Plausibilität und intersubjektiver Nachvollziehbarkeit anzustreben. Kurzum, biographisches Arbeiten vermag inzwischen weit mehr als Rekonstruktion von Lebensläufen zu leisten, sondern vielmehr auch als eine „kritische Analyse [...] der Lesarten, die der Portraitierte seinem Leben zugeschrieben hat."[36]

Dieser biographiebezogene Ansatz stellt folglich im Gegensatz zum strukturenbezogenen Ansatz die Akteure in den Mittelpunkt der Untersuchung. Denn Politik war und ist im Kern das Erobern und Absichern von Macht durch Menschen. Doch wo menschliches Handeln analysiert werden soll, ist das Scheitern rein quantifizierender Methoden immanent. Insbesondere wenn man versucht, Karrieren des Umbruchs zu beschreiben, die von Zufälligkeiten und Unwägbarkeiten historischen Wandels ebenso beeinflusst werden, wie von Irrationalitäten handelnder Akteure. Deshalb gilt es die Karrieren der Wendepolitiker Merkel, Platzeck und Thierse weitestgehend entkoppelt von wissenschaftstheoretischen Vorannahmen, Funktionslogiken und strukturellen Bedingungen zu betrachten, denn wenn etwa Angela Merkel oder Matthias Platzeck eines bewiesen haben, dann, dass ihre politischen Lebenswege sich allen bisher gängigen Logiken entzogen haben.[37] Hier liegt der große Vorteil des akteurszentrierten Ansatzes: Die teils erratisch anmutenden Zusammenhänge jenseits von Strukturen dekodieren zu können.[38]

Jedoch, was in der Geschichtswissenschaft über die Wiederkehr der Narrativität[39] unlängst, methodisch reflektiert, wieder möglich geworden ist,

---

[36] Simone Lässig: Die historische Biographie im Wandel, in: GWU, Jg. 60, Bd. 10/2009, S. 540-553.

[37] Vgl. bereits Studien zum Führungsverhalten von Matthias Platzeck und Angela Merkel: Ina Brandes / Frank Bösch: Die unabhängige Vorsitzende: Angela Merkel, in: ebd. S. 56-63

[38] Vgl. zu diesem am Göttinger Institut für Demokratieforschung ausgeprägten Forschungsschwerpunkt u.a.: Matthias Micus: Tribunen, Solisten, Visionäre. Politische Führung in der Bundesrepublik, Göttingen 2010, Michael Schlieben: Politische Führung in der Opposition. Die CDU nach dem Machtverlust 1998, Wiesbaden 2007; zudem allgemein zu politischer Führung: Daniela Forkmann/ Michael Schlieben: „Politische Führung" und Parteivorsitzende. Eine Einleitung, in: dies: Die Parteivorsitzenden, a.a.O., S. 11-22 und Peter Lösche „Politische Führung" und Parteivorsitzende. Einige systematische Überlegungen, in: ebd. S. 349-368; Walter: Charismatiker und Effizienzen, a.a.O., S. S. 9ff. und passim.

[39] Vgl. Gérard Noiriel: Die Wiederkehr der Narrativität, in: Joachim Eibach / Günther Lottes (Hrsg.): Kompass der Geschichtswissenschaft, Göttingen 2002, S. 355-370, Noiriel zeichnet hier, basierend auf Lawrence Stones Gedanken zur Prosopographie, einen Ausweg aus der

bleibt in den sozial- und vor allem politikwissenschaftlichen Sphären bis heute dennoch weithin umstritten.[40] Gleichwohl, inzwischen zeichnet sich auch hier eine Umkehr ab, scheint sich politologische Fragestellung und neue Biografik, jenseits des gängigen Dimensionengefüges der Politikwissenschaft, wieder mehr für die Personen zu interessieren.[41]

Die Kollektivbiographie ist hier quasi ein Königsweg zwischen dem Widerstreit der Methoden, da sie zum einen als Bindeglied zwischen „politikwissenschaftlicher Elitenforschung, der soziologischen Lebenslaufforschung und der geschichtswissenschaftlichen Biographieforschung" vermitteln und verbinden kann, zudem „nicht nur die Typisierung des Individuellen, sondern auch die Individualisierung des Typischen" ermöglicht.[42] Indes, was Gallus einfordert, die Verbindung von sozialhistorischen Paradigma und den Personen in der Geschichte, die Verbindung von quantitativer und qualitativer Forschung, wird nur zugunsten einer rein qualitative Beschreibung der Bandbreite möglicher *individueller* Handlungsmuster – vor dem Hintergrund eines kollektivbiographischen Ansatzes – Anwendung finden.[43]

Merkel, Platzeck und Thierse werden deshalb, als die wichtigsten Vertreter der im Jahr 1989/90 aufkommenden Wendepolitiker, die Basis der Kollektivbiographie bilden. Andere wären auch zu nennen, am ehesten noch der mecklenburg-vorpommerische Ministerpräsident Harald Ringstorff, der zwischenzeitliche Ministerpräsident Sachsen-Anhalts, Reinhard Höppner, Wolfgang Böhmer. Auch Wolfgang Tiefensee passt in etwa in das Muster,

---

strukturalistischen Vermessung historischer Wirklichkeit, indem der Mensch in Lebensumständen als Untersuchungsgegenstand wieder einführt und methodisch aus der treitschkeschen Überhöhung des Handels „großer Männer" herauslöst.

[40]   Vgl. Alexander Gallus: Biographik und Zeitgeschichte, in: APUZ, Bd. 1-2/2005, S. 40-46.

[41]   Vgl. hier beispielhaft Franz Walter: Charismatiker und Effizienzen, a.a.O.

[42]   Alexander Gallus: Biographik und Zeitgeschichte, a.a.O., S. 46..

[43]   Ohnedies entsteht der Eindruck, dass hier der anfänglich postulierte sozialwissenschaftliche Mut zur Konzentration auf die Person nicht stringent durchgehalten wird. Gallus präsentiert hier etwa das Beispiel der Kollektivbiographie von 213 SPD-Angehörigen von Reichs- und Landesregierungen, die im Ergebnis einen „typischen" Lebenslauf konstruiert, wonach berufen wurde, „wer männlich, evangelisch (aber zeitweise dissident), 47Jahre, gelernter Arbeiter, langjährig Reichs- und oder Landtagsabgeordneter/Fraktionsführer war und [...]." Vgl. Wilhelm Heinz Schröder: „Genosse Herr Minister": Sozialdemokraten in den Reichs- und Länderregierungen der Weimarer Republik 1918/19 - 1933, in: Historical Social Research, 26 (2001) 4, S. 79.

aber auch die vielen gescheiterten, Claudia Nolte etwa oder Peter-Michael Diestel.

Und doch gilt es nicht nur aus pragmatischen Gründen, die Fallauswahl einzuschränken, soll es doch um individuell erfolgreiche Biographien vor der Folie des Typus Wendepolitiker gehen und eben nicht um eine Kollektivbiographie aller, die unter diese Kategorie fallen könnten.[44] Denn insbesondere auf kommunaler Ebene, in den Rathäusern, Stadträten und Kreistagen der ostdeutschen Bundesländer, findet sich eine Fülle dieser Biographien. Deshalb sollen vordergründig, auch aus Gründen der höheren Qualität und Quantität an verarbeitbaren Quellen und Portraits, insbesondere die drei bereits häufiger genannten Politiker Merkel, Platzeck und Thierse die Fallauswahl bilden. Einzelfallstudien bringen zudem über den konkreten Fall hinaus für die Forschungspraxis wichtige Erkenntnisse. Denn „aufgrund eines individuellen Falls wird ein theoretischer Satz gewonnen, der nicht aus dem vorhandenen Korpus theoretischer Sätze abgeleitet werden kann. Etwas Neues und Fremdes kommt in die wissenschaftliche Diskussion, was die eingespielte Regelgewissheit durcheinander bringt."[45]

Genau jene Regelgewissheit der „typischen" Parteikarrieren haben die Genannten durcheinander gebracht, indem sie in Ämter gelangten, in die sie nach bisherigen Funktionslogiken des Politischen nicht hätten kommen können. Sie alle waren oder sind Vorsitzende der eigenen Partei gewesen[46] und das obwohl sie „von außen" kamen. Dass politische Seiteneinsteiger in der Lage sind, ministrable Ämter zu übernehmen, ist nichts gänzlich Ungewöhnliches. Indes, in den Vorsitz einer Partei zu gelangen, ohne von Grund auf dabei

---

[44]   Bei einem Vergleich von Karrieren in der Politik kommt man auf Kosten der Vollständigkeit nicht um eine Abgrenzung herum. „Die konventionelle Lösung liegt in aller Regel in der Beschränkung, [...] einer institutionellen Abgrenzung", hier auf die Wendepolitiker, die an der Spitze der eigenen Partei standen. Vgl. Jens Borchert / Klaus Stolz: Die Bekämpfung der Unsicherheit. Politikerkarrieren und Karrierepolitik in der Bundesrepublik Deutschland, in: Politische Vierteljahresschrift, Jg. 44, Bd. 2/2003, S. 148-173.

[45]   Heinz Bude: Der Fall und die Theorie. Zum erkenntnislogischen Charakter von Fallstudien, in: Gruppendynamik (1988) 4, S. 421-427, hier S. 423.

[46]   Thierse war kurze Zeit, bis zur Vereinigung der Ost- mit der West-Partei Vorsitzender der Ost-SPD und dann bis 2005 Stellvertretender Vorsitzender, Platzeck immerhin ein halbes Jahr Vorsitzender der SPD, Angela Merkel wurde bereits 1991 stellvertretende Parteivorsitzende, 1998 Fraktionsvorsitzende und 2000 schließlich Parteivorsitzende der CDU.

gewesen zu sein, ist eine ungewöhnliche und erklärungsbedürftige Entwicklung. Das ist umso ungewöhnlicher, da Merkel, Thierse und Platzeck erst den Umweg über andere Parteien oder Bürgerbewegungen nahmen. Thierse kam vom Neuen Forum im Januar 1990 zur SPD, Merkel erst im Oktober 1990 vom Demokratischen Aufbruch zur CDU, Platzeck schließlich erst Mitte der neunziger Jahre über die Grüne Liga, das Neue Forum, Bündnis 90 und schließlich als Parteiloser zur SPD.

Trotzdem legten sie einen fulminanten Aufstieg hin, der am Beispiel Angela Merkels am deutlichsten wird. Merkel steht neben jeglichen brauchbaren Vergleichsmustern[47], ist weder Enkel, noch junge Wilde, eine Seiteneinsteigerin, die diese Attitüde komplett abgelegt hat, eine Netzwerkerin ohne tradiertes Netzwerk, ohne typisches Karrieremuster, ohne Ochsentour. Überdies ist sie – weiblich, protestantisch, kinderlos und ostdeutsch – zu einer Zeit an die Macht gekommen, als der Siegeszug der neuen, offeneren Konservativen noch nicht ersichtlich war[48].

Aber auch Platzeck und Thierse entsprechen kaum tradierten Karrieren in der SPD. Doch während Thierse, vor allem aus Proporzgründen, immer auch Vize in der SPD war, ist Platzecks Aufstieg vor dem Hintergrund der auf den ersten Blick mangelnden sozialdemokratischen Sozialisation noch bemerkenswerter. War Merkel noch systematisch von Helmut Kohl aufgebaut worden und verstand sie es, sich rechtzeitig von ihrem Förderer zu trennen, stieg Platzeck immer ein wenig im Schatten auf, mehr gedrängt als innerlich getrieben, so zumindest der oberflächliche Eindruck. Und doch gelangte mit ihm ein ostdeutscher Sozialdemokrat, dessen sozialdemokratische Traditionen lediglich über seinen Großvater in Thüringen ableitbar sind, der nie in Gewerkschaften oder anderen Vorfeldorganisationen aktiv war, sich vielmehr in innerer Opposition der Parteiendemokratie zu verwehren suchte[49], an die Spitze einer Partei, die überdies Seiteneinsteigern traditionell feindlich

---

[47]   Frank Bösch/ Ina Brandes: Die Vorsitzenden der CDU. Sozialisation und Führungsstil., in: Forkmann/ Schlieben: Die Partievorsitzenden, a.a.O., S. 23-63.

[48]   Franz Walter: Tradition vs. Offenheit. So ticken die neuen Konservativen, in: Spiegel online, 17.01.2008, http://www.spiegel.de/politik/deutschland/0,1518,529314,00.html [eingesehen am 15.5.2009]

[49]   Vgl. Ottmar Berbalk: Bündnis90 aufgelöst. "Finde die Motivation jenseits von Parteien", in: Focus, 17.5.1993.

gegenüberstand. Was Peter Glotz schon seit Anfang der 1980er Jahre einforderte und was der glücklose Björn Engholm 1991 mit der Ernennung Karlheinz Blessings als Bundesgeschäftsführer der SPD wieder auf die Agenda setzte, nämlich die SPD für Seiteneinsteiger zu öffnen, versandete eben immer wieder, wie die Parteireform „SPD 2000", im Dickicht der Befindlichkeiten führender Genossen, aber auch bei den vermeintlichen Nachwuchskadern der mittleren und unteren Parteifunktionärsebene.[50]

Doch auch die Karriere Wolfgang Thierses zeigt den großen Unterschied zu vielen anderen Politikerkarrieren, ost- wie westdeutsch, auf. Thierse setzte sich als katholischer Kulturwissenschaftler in einer „Partei der Pfaffen" durch, schaffte es erfolgreich über sechzehn Jahre die Stimme des Ostens in der SPD zu bleiben, überlebte die Anfeindungen sozialdemokratischer Bürgerrechtler ebenso wie den aufstrebenden ostdeutschen politischen Nachwuchs von Reinhard Höppner bis Regine Hildebrandt. Obwohl die SPD eine Reihe prominenter DDR-Bürgerrechtler in den eigenen Reihen hatte oder hat, wird er bis heute als der SPD-Bürgerrechtler wahrgenommen, der er nie war. Die Gründungsmitglieder der SDP, Markus Meckel, immerhin letzter Außenminister der DDR und Unterhändler des Zwei-Plus-Vier-Vertrags, sowie Stephan Hilsberg und Steffen Reiche, sie alle stellte Thierse immer in den Schatten, die Bürgerrechtlerin Angelika Barbe drängte er aus Partei und Fraktion, sie floh 1997 zur CDU[51].

Neben diesen prominenten Karrieren werden aber auch die Biographien von Wendepolitikern der zweiten Reihe, der gescheiterten wie spät durchgesetzten, mitverhandelt. Denn ist Merkels offensichtlicher Erfolg überhaupt übertragbar auf andere Wendepolitiker? Kann überhaupt von einem *Erfolgsmodell Wendepolitiker* gesprochen werden? Erst die Spiegelung erfolgreicher gegen gescheiterte Karrieren wird hier eine Antwort liefern können.

---

[50]   Vgl. Joachim Rindfleisch: SPD will modernste Partei werden, in: Neue Ruhr Zeitung, 15.9.1993; Karlheinz Blessing: SPD 2000. Die Modernisierung der SPD, Marburg 1993.

[51]   Vgl. Klaus Hartung: Parteiwechsel der Bürgerrechtler zur CDU. Sie waren nie weit links und waren nie farbecht grün. In: Die Zeit, 27.12.1996.

Zu politischen Karrieren in der Bundesrepublik sind sowohl theoretische Konzepte als auch daraus abgeleitete Erkenntnisse vorhanden[52]. Die spezifisch ostdeutschen Karrierewege in der Bundesrepublik sind indes kaum eingehender behandelt worden. Wenngleich zu einigen ostdeutschen Politikern Biographien erschienen sind und auch die ostdeutsche Herkunft immer wieder in ihr Karrieremuster eingebaut wird, gibt es kaum weitergehende fundierte Ergebnisse oder vergleichende Analysen zu ostdeutschen Karrieren in der Politik. Die Interviewsammlung von Gunnar Hinck, die ostdeutsche Eliten untersuchen soll, kann diese Forschungslücke kaum schließen[53]. Auch auf dem Buchmarkt fällt allein Angela Merkel auf. Zur Kanzlerin existiert zumindest quantitativ ein reicher Fundus an Biographien,[54] zu allen anderen Wendepolitikern hingegen sind nur wenige Biographien oder Kurzporträts erschienen.[55]

Gemeinsam verhandelt wurden diese Karrieren indes noch nie. Die entscheidende Basis für den Werdegang, so die dieser Kollektivbiographie zugrundeliegende Annahme, ist die (unterschiedliche) Sozialisation der Wendepolitiker in der DDR[56], sowohl vor dem Hintergrund einer spezifischen

---

[52] Vgl. in etwa Elmar Wiesendahl: Elitenrekrutierung in der Parteiendemokratie, a.a.O.; ders.: Zum Tätigkeits- und Anforderungsprofil von Politikern, in: Stefan Brink / Heinrich A. Wolf (Hrsg.): Gemeinwohl und Verantwortung. Festschrift für Hans Herbert v. Arnim. Berlin, 2004. S. 167-188; Dietrich Herzog: Politische Karrieren. Selektion und Professionalisierung politischer Führungsgruppen, Opladen 1975.

[53] Gunnar Hinck: Eliten in Ostdeutschland. Warum den Managern der Aufbruch nicht gelingt, Berlin 2007.

[54] Vgl. neben vielen Evelyn Roll: Das Mädchen und die Macht. Angela Merkels demokratischer Aufbruch, Berlin 2001; Hajo Schumacher: Die zwölf Gesetze der Macht. Angela Merkels Erfolgsgeheimnisse, München 2006; Michael Schlieben: Angela Merkel: Die Königin der Seiteneinsteiger, in: Lorenz/ Micus: Seiteneinsteiger, a.a.O., S. 431-455.

[55] Michael Mara/ Thorsten Metzner: Matthias Platzeck. Die Biographie, Kreuzlingen 2006, Felix Butzlaff: Matthias Platzeck – der natürliche Seiteneinsteiger, in: Lorenz/ Micus: Seiteneinsteiger, a.a.O., S. 456-484; eher hagiographisch: Helge-Heinz Heinker: Wolfgang Tiefensee. Eine Biographie, Leipzig 2005; Beiträge zu Regine Hildebrandt, Peter-Michael Diestel und Wolfgang Thierse in: Ariane Riecker u.a.: Laienspieler. Sechs Politikerporträts, Stuttgart 1991; Wolfgang Thierse: Das richtige Leben, a.a.O.; Hans-Dieter Schütt: Ich seh' doch, was hier los ist. Regine Hildebrandt. Biographie, Berlin 2005; Beiträge zu Berndt Seite und Reinhard Höppner in: Günter Gaus: Zur Person, Band 2, Berlin 1998; Hajo Schumacher: Claudia Nolte. Tugendsam und machtbewußt, in: Der Spiegel, 17.4.1995.

[56] Vgl. zu Sozialisationsbedingungen in der DDR für die hier beschrieben Wendepolitiker, neben vielen, noch immer grundlegend: Stefan Wolle: Die heile Welt der Diktatur. Alltag und Herrschaft in der DDR. 1971-1989, Bonn 1998; Mary Fulbrook: The people's state. East

generationellen[57], als auch milieugebundenen,[58] Erfahrung. Hier liegen vielfach die Wurzeln späteren Handelns.

In diese Lücke will dieses Buch stoßen, den Versuch wagen, politische Lebenswege ostdeutscher Wendepolitiker zu verweben, vor dem Panorama der Sozialisation im Sozialismus, vor dem Hintergrund des richtigen Lebens im falschen System, mögliche Handlungsanweisungen aufspüren, der diese Gruppe von Politikern während der friedlichen Revolution und im deutschen Einigungsprozess in die Lage versetzte, sich erfolgreich auf der politischen Bühne zu behaupten. Es soll zudem gezeigt werden, wo Ursachen und Gründe für Erfolg und Scheitern dieses Politikertypus gelegen haben mögen, wo Ressourcen zu Restriktionen wurden und umgekehrt.

German society from Hitler to Honecker, New Haven, Conn. [u.a.] 2005; jüngst: Andrew I. Port: Die rätselhafte Stabilität der DDR. Arbeit und Alltag im sozialistischen Deutschland, Berlin 2010, sowie die theoretischen Vorüberlegungen zu politischen Sozialisationsprozessen in der DDR bei Dieter Geulen: Politische Sozialisation in der DDR. Autobiographische Gruppengespräche mit Angehörigen der Intelligenz, Opladen 1998.

[57] Annegret Schühle/ Thomas Ahbe/ Rainer Gries (Hrsg.): Die DDR aus generationengeschichtlicher Perspektive, Eine Inventur, Leipzig 2006; Bernd Lindner: Zwischen Integration und Distanzierung. Jugendgenerationen in der DDR in den sechziger und siebziger Jahren, in: APUZ, Jg. 25, Bd. 45/2003, S. 33-39; Thomas Ahbe/ Rainer Gries: Geschichte der Generationen in der DDR und in Ostdeutschland. Ein Panorama, Erfurt 2007.

[58] Noch immer grundlegend: Hartmut Kaelble/ Jürgen Kocka/ Hartmut Zwahr (Hrsg.): Sozialgeschichte der DDR, Stuttgart 1994, inzwischen: Arnd Bauerkämper: Die Sozialgeschichte der DDR, München 2005; Peter Hübner: Eliten im Sozialismus. Beiträge zur Sozialgeschichte der DDR. Köln 1999; Christoph Kleßmann: Arbeiter im "Arbeiterstaat" DDR. Deutsche Traditionen, sowjetisches Modell, westdeutsches Magnetfeld (1945-1971), Bonn 2007; Christoph Vietzke: Konfrontation und Kooperation. Funktionäre und Arbeiter in Großbetrieben der DDR vor und nach dem Mauerbau, Essen 2008.

III Born in the DDR[59]

III.1 Generationen in der DDR

Das Konzept der Generationen scheint, wie Generationen selbst, ein Container zu sein, dessen Vielgestaltigkeit und inhaltliche Ausfüllung nahezu grenzenlos scheint. Das liegt auch, aber nicht nur an dem zur äußerst differenten Interpretation einladenden Grundlagentext Karl Mannheims, auf den sich die Generationenforschung noch immer häufig bezieht. So schlüssig Mannheims Trias von Generationslagerung (Kohortenansammlung), Generationszusammenhang (gemeinsame Partizipation an sozialem Wandel) und Generationseinheiten (Reagieren, Deuten und Ausgestalten des Wandels), so interpretatorisch herausfordernd seine weitergehenden Ausführungen.[60]

Kritik wird vor allem an der gleichwohl zeitgenössisch nachvollziehbaren, „Sendung der Jugend" und der Prägekraft des „gemeinsamen Schicksal", welches schillernd ausgelegt werden kann, laut.[61] Ein Ausweg scheinen hier die „weicheren", „stillen" Erfahrungsdimensionen zu liefern,[62] die, weniger schicksalhaft aufgeladen, einen Generationszusammenhang begründbar werden lassen. Indes, die Ausflucht, deshalb nicht mehr nach Generationen zu fahnden, sondern gemeinhin nur noch Generationalität als Konstituens einer Generationslagerung anzunehmen, vermag zwar die begrifflichen und definitorischen Klippen des Konzepts zu umschiffen, führt aber auch zu einem weitgehenden Verlust an heuristischem Gehalt.

Vielmehr sollte die Beschreibung einer Generation ganz gezielt die Frage nach deren Handeln stellen. Denn Mary Fulbrook folgend sollte sich Genera-

---

[59] Ulf Poschardt: Born in the DDR, in: Die Welt, 15.8.2004.

[60] Vgl. Mannheim: Das Problem der Generationen, a.a.O..

[61] Vgl. hierzu generell die Überlegungen in Ulrike Jureit: Generationenforschung, Generationenforschung, Göttingen 2006, S. 20ff.; vgl. auch die vertiefenden Beiträge in: dies./ Michael Wildt: Generationen. Zur Relevanz eines wissenschaftlichen Grundbegriffs, Hamburg 2005.

[62] Vgl. Bernd Weisbrod: Bernd Weisbrod: Generation und Generationalität in der Neueren Geschichte. In: ApuZ, Bd. 8/2005, S. 3-9.

tionenforschung weniger um die innere Gestalt der Generation kümmern, sondern vielmehr Generation als *ein* Erklärungsschlüssel historischen Wandels genutzt werden. Fulbrook geht hierbei sogar noch den entscheidenden Schritt weiter und möchte Mannheims Ereigniskategorie durch Max Webers Frage, „wie man in einem System lebe" ersetzen, um so Generationen aufzuspüren.[63] Nicht zuletzt vermag die Generationsanalyse „einen Beitrag dazu leisten, die Spuren, die die vorangegangenen Gesellschaften des zwanzigsten Jahrhunderts in gemeinsamen Verhaltensmustern und Wahrnehmungsmustern der Menschen hinterlassen haben, besser zu deuten."[64]

Die Ordnungskategorie der Generationen hat in den letzten Jahren auch als Zugriffsmöglichkeit auf die Geschichte DDR eine starke Konjunktur erlebt. Obwohl die Debatte um die Bedeutung von Generationen in der DDR noch längst nicht abgeschlossen ist, sind gewisse Verallgemeinerungen inzwischen möglich und plausibel[65]. So wurde der Aufbau des „neuen, besseren Deutschland" von der „Generation der misstrauischen Patriarchen" getragen. Die Zugehörigkeit definierte sich über eine „Mustersozialisation" mit Erfahrungen im proletarischen Klassenkampf, im antifaschistischen Widerstand und kommunistischer Kaderpraxis nach 1945. Sie formte die – sowjetisch protektionierte – Gründergeneration des SED-Regimes. Zentraler Bestandteil der Aufbau-„Leistung" dieser Generation, die zum Teil bis zum Ende der DDR am Ruder geblieben ist[66], war das radikale Durchsetzen der eigenen Deutungshoheit gegenüber dem in der Mehrheit befindlichen, kritischen Teilen der gleichen Generation.

---

[63]   Vgl. Hendrik Bindewald: Tagungsbericht „Generationelle (Selbst-)verortung in Ostdeutschland, in: Deutschland-Archiv, Jg. 43, Bd. 1/2010, S. 134-136, hier S. 136.

[64]   Mary Fulbrook: Generationen und Kohorten in der DDR, in: Schühle/ Ahbe/ Gries: Die DDR, a.a.O., S. 113-130, hier: S. 125f.

[65]   Vgl. zum Folgenden.: Thomas Ahbe / Rainer Gries: Gesellschaftsgeschichte als Generationengeschichte. Theoretische und methodologische Überlegungen am Beispiel der DDR, in: Schühle/ Ahbe/ Gries: Die DDR, a.a.O., S. 475-571, vgl. auch Lindner: Zwischen Integration und Distanzierung., a.a.O..

[66]   So mit 20 Personen der größte Teil des Politbüros; u.a. Ulbricht (*1893), Grotewohl (*1894), Norden (*1904), Mielke (*1907), Hager, Honecker (*1912), Stoph (*1914), Sindermann (1915), Axen (*1916).

Ihnen folgte die „Aufbaugeneration" der Jahrgänge 1925 bis 1935[67]. Deren Erfahrungshorizont bestand angesichts der Verbrechen des Nationalsozialismus und nach den Entbehrungen des Krieges – und, zentral, dem Schock des Zusammenbruchs von 1945[68] – aus dem Gefühl des materiellen und moralischen Aufstiegs. Materieller Wohlstand blieb im Vergleich zum Westen zwar begrenzt, doch besetzte der durch die hohe Abwanderung ähnlicher Alterskohorten bevorzugte systemkonforme Teil dieser Generation entscheidende gesellschaftliche und politische Schlüsselstellen in LPG'n, Kombinaten, Betrieben, Hochschulen, Schulen und wissenschaftlichen Akademien. Deutlich überproportional war ihr Anteil auch bei den die nächsten Generationen prägenden „Neulehrern" sowie unter den „Volksrichtern"[69]. Zudem begründete diese Generation die DDR – vorerst – intellektuell[70]. Denn mit der Antifaschismus-Doktrin bot die SED den Intellektuellen – denen mit familiärer Verfolgungserfahrung, ebenso wie denen mit belasteter Vorgeschichte der Verstrickung und des Mitläufertums – eine attraktive Abgrenzung zur Vergangenheit und vereinte sie so hinter dem neuen Staat.

Kontrastierend dazu erlebten große Teile der alten, bürgerlichen Vorkriegs-Eliten, dass sie nicht am Wiederaufbau teilhaben, sondern vielmehr materiell und intellektuell enteignet werden sollten. Logische Konsequenz war häufig das Verlassen der DDR. Mithin fehlte diesen Alterskohorten die „kritische Masse". Denn während die „45er" die Bundesrepublik nüchtern und pragmatisch, die Demokratie verinnerlicht und verteidigend wieder aufbauten

---

[67] U.a. Mittag (*1926), Tisch (*1927), Schabowski (*1929), Häber (*1930), Krenz (*1937) „Die direkt folgenden Jahrgänge konnten keinen sinnstiftenden Generationenzusammenhang bilden und fallen vor allem durch ihre „Nichtanwesenheit" in der DDR auf". Vgl. Fulbrook: Generationen und Kohorten, a.a.O., S. 125f..

[68] Vgl. Dirk Moses: Die 45er. Eine Generation zwischen Faschismus und Demokratie, in: Neue Sammlung, Jg. 40, Bd. 2/2000, S. 233 – 263.

[69] Vgl. zur Instrumentalisierung und Ideologisierung die Dokumentation: Hermann Wentker (Hrsg.): Volksrichter in der SBZ/DDR 1945 bis 1952. Eine Dokumentation, München 1997.

[70] U.a. Günter de Bruyn (*1926), Erich Loest (*1926), Christa Wolf, Heiner Müller (*1929), Frank Beyer (*1932), Brigitte Reimann (*1933), Ulrich Plenzdorf (*1934), Wolf Biermann (*1936).

und liberalisierten[71], gelang eben dies den „45ern-Ost" nicht. Denn sie gelangten in den späten sechziger und den siebziger Jahren nicht an die entscheidenden Schalthebel der Macht, überdies dominierten und revolutionierten sie nicht die Wissenschaft, insbesondere die Soziologie, die Politik- und die Geschichtswissenschaft.

Erst die folgenden Generationen konnten und sollten diese kritische Masse wieder hervorbringen. In diese ersten Kinder der DDR, die Generation der „Hineingeborenen", setzte die SED die meisten Hoffnungen, doch diese Kinder der DDR konnten auch nicht mehr fliehen und gerieten so in offene wie verdeckte Feindschaft zur DDR.

III.2 Die 68er Generation der DDR

Im Gegensatz zur Geschichte der Bundesrepublik, wo die 68er als Generation für sich zwar nicht unumstritten, als Erinnerungsort[72] aber sehr wohl anerkannt ist,[73] wird ein an 1968 aufgehängter Generationenzusammenhang für die DDR zumeist in Frage gestellt. Die Fixierung auf das westdeutsche 1968 und die Selbstverteidigungsliteratur altgewordener West-68er verhindert diesen Debattenstrang offenbar ebenso, wie auch das Fehlen einer eigenen Revolte innerhalb der Grenzen der DDR.

Lang hat sich deshalb auch die Feststellung Dorothee Wierlings, es gebe bezogen auf die DDR zwar ein eigenes 1968, aber eben keine 68er-Generation, im historiografischen Diskurs gehalten.[74] Untergegangen wäre dadurch fast

---

[71] Vgl. Dirk Moses: Das Pathos der Nüchternheit. Die Rolle der 45er Generation im Prozess der Liberalisierung der Bundesrepublik, in: Frankfurter Rundschau, 2.7.2002.

[72] Vgl. Zum Konzept des Erinnerungsortes, konkret auf Generationen angewendet, Pierre Nora: The realms of memory. Rethinking the French past, New York 1996, hier S. 499-540.

[73] Auch der Weg zum Mythos 1968, die Genese des, möglichen, Erinnerungsortes (Nora) 68er-Generation ist unlängst freigelegt worden, vgl. zur ersten Orientierung: Ingrid Gilcher-Holtey: 1968. Vom Ereignis zum Gegenstand der Geschichtswissenschaft, Göttingen 1998.

[74] Dorothee Wierling: Geboren im Jahr Geboren im Jahr Eins. Der Jahrgang 1949 in der DDR. Versuch einer Kollektivbiographie. Berlin 2002, dies.: Warum es in der DDR keine explizite '68er Generation gegeben hat, in: Horch und Guck, Jg. 8, Heft 32/2000, S. 57-59.

auch die politische Dimension von 1968 für die DDR, die sich häufig aus Akten der Staatssicherheit rekonstruieren lässt[75].

Indes, Wierlings Diktum, die 68er des Ostens seien nur Produkt vergleichender konkurrierender Geschichtsschreibung, auch ihre Negation des Zusammenhangs zwischen 1968 und 1989, erfährt schon länger deutlichen Widerspruch.[76] Der Trend der DDR-Oppositionsforschung etwa, die Wurzeln der Revolution von 1989 in den achtziger Jahren zu verorten, ist inzwischen der Erkenntnis gewichen, dass die Politisierung der Träger der Revolution weit früher stattfand: in den späten sechziger und frühen siebziger Jahren.[77]

Trotz der Vielzahl möglicher Rekurse auf diese Vergangenheit ist die Existenz einer solchen Generation, trotz des Erinnerungsmarathons im Jahr 2008, weiterhin heftig umstritten. Marc Dietrich Ohse etwa kommt zu dem Schluss, es mag den Bezug auf Prag 1968 gerade in kirchlichen Kreisen gegeben haben, ideelle Wirkungsmacht im Sinne der dahinter stehenden Ideen sei von jenen aber 1989 kaum ausgegangen[78], was aber nicht gegen den Generationsbegriff spricht.[79] Auch Florian Havemann, bekennender Ost-68er,

---

[75]   Vgl. dazu Stefan Wolle: Die versäumte Revolte. Die DDR und das Jahr 1968, in: APUZ, Jg. 23, Bd. 22-23/2001, S. 37-46, vgl. jüngst ders.: Der Traum von der Revolte. Die DDR 1968, Berlin 2008.

[76]   Vgl. zur Debatte: Michael Lühmann: Geteilt, ungeliebt, deutungsschwach? Die 68er-Generation der DDR, in: Deutschland Archiv, Jg. 41, Bd. 1/2008, S. 102-107. Überdies ist auch die bundesrepublikanische Generation der 68er erst in den achtziger Jahren, nach Kohls geistig-moralischer Wende als demokratisches Aufbruchsnarrativ, auch in Abwehr zum Zeitgeist, entstanden. Generation als ex-post Deutung politischen Handelns oder Nichthandelns ist somit vollkommen legitim. Oder mit Mary Fulbrook gesprochen: „Auch Umbrüche und die nachträgliche (Um-)Deutung von Lebensläufen sind Motive, um Generationen zu konstruieren." Vgl. Bindewald: Generationelle (Selbst-)verortung, a.a.O., S. 136.

[77]   Vgl. Bernd Gehrke: Die neue Opposition nach dem Mauerbau. Zu Ursprüngen und Genesis oppositionell-politischer Artikulationsformen in der DDR der 1960er und 1970er Jahre, in: Leonore Ansorg u.a. (Hrsg.): „Das Land ist still – noch". Herrschaftswandel und politische Gegnerschaft in der DDR (1971-1989), Köln [u.a.] 2009, S. 203-225.

[78]   Vgl. Marc-Dietrich Ohse: „Keinen Dubček, keinen Ulbricht." 1968 und die Jugend in der DDR, in: Angelika Ebbinghaus (Hrsg.): Die letzte Chance? 1968 in Osteuropa, Analysen und Berichte über ein Schlüsseljahr, Hamburg 2008, S. 170-178, hier S. 178.

[79]   Die Negierung eines Zusammenhangs ist aber von daher nicht weiter relevant, als dass es ohnehin zum geschichtlichen Prozess gehört, dass „zwischen den Motiven und den Konsequenzen des politischen Handelns" oder eben auch des Nicht-Handelns oder verzögerten Handelns kein lineare Verbindung bestehen muss, vgl. Heinz Bude: Das Altern einer Generation. Die Jahrgänge 1938-1948, Frankfurt am Main 1995, S. 17.

will nur wenige hundert in der DDR entdeckt haben.[80] Wenn man die Protes-
tierenden von 1968, zu denen Havemann gehörte, als 68er verstehen will, so
kann man anhand der Akten des MfS weit mehr rekonstruieren.[81] Wolfgang
Engler sieht in den 68ern hingegen gar eine von drei politischen Generationen
der DDR[82], wohingegen Bernd Lindner die Existenz einer 68er Generation
stark in Zweifel zieht. Marginalität und rein kulturelle Orientierungen sind
seine Stichpunkte.[83]

Dem entgegen könnte man aber Mary Fulbrooks Entwurf der ersten FDJ-
Generation stellen, der wiederum eine gerade nicht integrierte, im Grunde
außerhalb des Systems stehende Generation potentieller 68er konturiert.[84]
Diese „Jugend nach dem Mauerbau" passte sich zunächst dem „Spannungsfeld
von politischer Formierung und privater Gestaltungsfreiheit"[85] an. Richtig
angekommen in der DDR, wie Lindner dies an seinem Modell der „integrierte
Generation" skizziert, ist diese Generation jedoch nicht. Sie schaffte nicht
mehr den Aufstieg innerhalb der DDR, stellte extrem unterproportional hohe
Führungspersönlichkeiten, aber deutlich überproportional viele Oppositionelle,
die den Untergang der DDR mit vorbereiteten und begleiteten. Sucht man
prominente Köpfe dieser Generation im „Wer war Wer in der DDR", so findet
man Systemgegner, Kulturschaffende oder Sportler. Karrieren als hauptamtli-
che Mitarbeiter des MfS oder als Parteifunktionäre findet man kaum[86].
Deshalb liegt die Vermutung nahe, dass die Erfahrungen und spezifischen
Handlungsbedingungen dieser Generation einen wesentlichen Ausgangspunkt
der späteren Opposition konstituierten.

---

[80] Vgl. Florian Havemann: 68er Ost, in: UTOPIE kreativ, Nr. 164 (2004), S. 544-556.
[81] Vgl. etwa Ilko-Sascha Kowalczuk: „Wer sich nicht in Gefahr begibt...". Protestaktionen
       gegen die Intervention in Prag 1968 und die Folgen von 1968 für die DDR-Opposition, in:
       GWU, Bd. 50 (1999), S. 424-438, vgl. auch Bernd Gehrke: Die 68er- Proteste in der DDR,
       in: APUZ, Bd. 14/15 (2008), S. 40-46.
[82] Vgl. Wolfgang Engler: Die Ostdeutschen. Kunde von einem verlorenen Land, Berlin 1999.
[83] Bernd Lindner: Zwischen Integration und Distanzierung, a.a.O., S. 37, vgl. zur Kritik am
       Modell der integrierten Generation: Lühmann: Geteilt, ungeliebt, deutungsschwach?, a.a.O.,
       S. 104.
[84] Fulbrook: Generationen und Kohorten, a.a.O, S. 126ff..
[85] Marc-Dietrich Ohse: Jugend nach dem Mauerbau. Politische Normierung und Jugendprotest
       in der DDR 1961-1974, in: Schühle/ Ahbe/ Gries: Die DDR, a.a.O., S. 217-228, hier: S. 227.
[86] Fulbrook: Generationen und Kohorten, a.a.O, S. 115ff..

Betrachtet man die Bürgerrechtler, die im Herbst 1989 für kurze Zeit an der Spitze der Revolution standen, fällt eine Häufung der Geburtenjahrgänge um das Jahr 1949 auf. Sie mussten die Lücke auffüllen, die der starke Aderlass kritischer Köpfe der vorangegangenen Generationen gerissen hatte. Auch wenn nicht alle der um 1949 geborenen „Kinder der DDR" sogleich Oppositionelle waren, fällt dabei die deutliche Diskrepanz zwischen *Aufstieg in* und *Ausstieg aus* der DDR-Gesellschaft auf.

Karrierewege dieser Generation entwickelten sich demnach vor allem außerhalb des politischen Systems oder in Gegnerschaft dazu. Während die Bürgerrechtler[87] die Gegnerschaft wählten, zogen die späteren Wendepolitiker ein Leben außerhalb des politischen Systems vor.[88] Die seitens der Staats- und Parteiführung in diese Generation gesteckten Hoffnungen wurden somit nicht erfüllt. Vielmehr emanzipierte sich diese und wurde zum Totengräber der zweiten deutschen Diktatur und im Nachgang sogleich Mitbegründer der gesamtdeutschen Demokratie.

Für die Existenz einer Erinnerungsgemeinschaft 1968 sprechen aber auch diskursfähige Zeitzeugen, mithin auch potentielle Produzenten von Generationen-Labels, etwa der Historiker Stefan Wolle (*1950), die Psychologin Anette

---

[87] Prominente Vertreter dieser „Generation Opposition" waren fast alle Gründer von Bürgerbewegungen und Parteien vor und während der Revolution von 1989, darüber hinaus häufig im ersten gesamtdeutschen Bundestag vertreten: Die SPD-Gründer Markus Meckel (*1952), Angelika Barbe (*1951), der überwiegende Teil der Fraktion Bündnis90/Die Grünen im ersten gesamtdeutschen Bundestag: Klaus-Dieter Feige (*1950), Christina Schenk (*1952), Werner Schulz (*1950), Vera Lengsfeld (*1952), Konrad Weiß (*1942), Gerd Poppe (*1942) die Gründungsmitglied des Demokratischen Aufbruchs Rainer Eppelmann (*1943) und Edelbert Richter (*1943) (1990 Übertritt zur SPD, inzwischen Die Linke), Arnold Vaatz (Gruppe der Zwanzig/Dresden) (*1955).

[88] Angela Merkel (*1954), Matthias Platzeck (*1953), Reinhard Höppner (*1948), Peter Michael Diestel (*1952), Wolfgang Thierse (*1943), Wolfgang Tiefensee (*1955); anders als bei den Bürgerrechtlern ist bei den Wendepolitikern der *entscheidende* Fixpunkt der politischen Sozialisation zwar auf das Revolutionsjahr 1989/90 verschoben, weshalb sich deren politischer Deutungshorizont erheblich von dem der Bürgerrechtler – vielfach mit der Fixierung auf den „Dritten Weg" à la Prag 1968 – unterscheidet. Dennoch ist 1968 aber für alle retrospektiv ein entscheidender, 1989 wieder aufgerufener politischer Fixpunkt unter der Fragestellung Fortführung oder Verzicht auf den Dritten Weg.

Simon (*1952) oder der Leipziger Kabarettist Bernd-Lutz Lange (*1944).[89]
Die immer wieder erscheinenden (Selbst-)Beschreibungen der genannten
Autoren lassen indes den Schluss zu, das hier eine Generation für sich exis-
tiert, die sich selbst ein Bild von sich zu zeichnen vermag, wie etwa die
Photographin Barbara M. Berthold, Jahrgang 1951:[90]

> „Es gibt Generationen, bei denen das alterstypische Lebensgefühl
> der gesellschaftlichen Stimmung entspricht. Bei uns war das so. En-
> de der 40er, Anfang der 50er Jahre in die DDR hineingeboren, erleb-
> ten wir im Aufbruchselan der Jugend, wie sich in vielen Teilen der
> Welt Umbrüche anbahnten, Revolten aufbrachen und die Hoffnung,
> alte Restriktionen und Gebote hinwegzufegen. Das fand zwar, bis
> auf den Prager Frühling in uns unzugänglichen Ländern statt, aber
> der Abglanz davon wirkte nur umso stärker. "

Was Berthold beschreibt, ist das Lebensgefühl einer Jugend im Aufbruch.
Und Berthold gibt, wie auch die anderen Angehörigen des Generationszusammenhangs, aufgrund ihrer Geburtsjahre einen Hinweis auf die zeitliche Veror-
tung von potentiellen 68ern. Es handelt sich bei den Ost-68ern um eine jüngere
Generation als die, etwa von Heinz Bude in Bezug auf die Bundesrepublik
beschriebene. Vielmehr lassen sich die Ost-68er um die Geburtsjahrgänge
1943 bis 1954 einkreisen, weil bei diesen Kohorten, in der doppelten Wahrnehmung von Aufbruch und Niedergang des Prager Reformkommunismus, die
„gemeinsame Schicksalserfahrung" im Sinne Mannheims liegt,[91] ohne dass
diese ersten Kinder der DDR darauf hätten adäquat reagieren können. Die
Angehörigen dieser Geburtskohorten waren zum Zeitpunkt des Mauerbaus
gerade volljährig, konnten mithin nicht mehr fliehen, oder aber sie haben etwa
im Alter von vierzehn Jahren die Niederschlagung des Prager Frühlings
bewusst erlebt. Die Fluchtmöglichkeit dieser Generation war seit 1961 verbaut,

---

[89]   Stefan Wolle: Der Traum von der Revolte., a.a.O.; Annette Simon: Vor den Vätern sterben
       die Söhne, in: dies. / Jan Faktor: Fremd im eigenen Land, Gießen 2000, S. 7-26; Bernd Lutz
       Lange: Mauer, Jeans und Prager Frühling, Berlin 2006.
[90]   Barbara Metselaar Berthold: Kratzen am Beton. 68er in der DDR? Jena 2008, S.7.
[91]   Mannheim: Das Problem der Generationen, a.a.O., S. 542.

die Aufbruchstimmung 1968 jäh verflogen und doch fanden sich die Jahrgänge 1943 bis 1954 in einem doppelten Erwartungsparadox wieder. Auf der einen Seite setzten die Staatsgründer in diese Generation die meisten Hoffnungen, die sie dann aber vielfach durch ein Abwenden vom System enttäuschten.[92] Auf der anderen Seite waren es die Erwartungen der Generation selbst, die seitens der Machthaber enttäuscht wurden. Die Hoffnungslosigkeit der DDR, die Fieberkurve des real-existierenden Sozialismus spürte die vielfach blockierte und desillusionierte Generation der Ost-68er in den jugendkulturell schwankenden sechziger und frühen siebziger Jahre am deutlichsten.[93] Ich werde deshalb die *ersten Kinder der DDR*, die um 1949 Geborenen, als 68er-Generation verstehen.

Dass die Generation es indes nicht geschafft hat, ihren Platz in der Geschichte der Bundesrepublik zu besetzen, mag vor allem auch am bis heute fehlenden Zugang zur öffentlichen Debatte liegen. Es verhält sich mit den Ost-68ern wie mit der Revolution von 1989: Es fehlt an Anerkennung und, wenn nicht noch wichtiger, an fehlender Durchsetzungskraft gegen den bundesrepublikanischen Generationszusammenhang der 68er. Da wirkt scheinbar noch immer nach, was 1968 schon zu spüren war: die unterschiedliche Deutung von Prag, Paris und Berlin,[94] im Hinblick auf 1989 gipfelnd im Habermas'schen Diktum der lediglich „nachholenden Revolution".[95]

---

[92] Vgl. hier vor allem Fulbrook: Generationen und Kohorten, a.a.O., S. 125f., dem entgegen die missverständliche, von Ahbe/ Gries übernommene, Bezeichnung der Generation durch Lindner als „Integrierte", vgl. Bernd Lindner, Zwischen Integration und Distanzierung, a.a.O..

[93] Vgl. zum Aspekt der (jugend-)kulturellen Prägung der Generation und kulturoppositionellen Einflüssen zwischen dem Beat-Konflikt 1965 und der Ausbürgerung Biermanns 1976 auch: Bernd Gehrke: Die neue Opposition nach dem Mauerbau. Zu Ursprüngen und Genesis oppositionell-politischer Artikulationsformen in der DDR der 1960er und 1970er Jahre, in: Leonore Ansorg u.a. (Hrsg.): „Das Land ist still – noch". Herrschaftswandel und politische Gegnerschaft in der DDR (1971-1989), Köln [u.a.] 2009, S. 203-225.

[94] Vgl. insbesondere zu Osteuropa: Ebbinghaus: 1968 in Osteuropa, a.a.O., wenngleich Andrew I. Port diesen Bruch als überbewertet ansieht, da er den Glauben an den Sozialismus in der DDR-Bevölkerung generell bezweifelt. Vgl. Bindewald: Generationelle (Selbst-)verortung, a.a.O., S. 136.

[95] Vgl. Jürgen Habermas: Die nachholende Revolution. Kleine politische Schriften VII, Frankfurt am Main 1990; vgl. zur Kritik am Habermas'schen Diktum neben anderen: Wolfgang Templin: 1989 – Rückfragen an eine Revolution, in: Horch und Guck, Jg. 14, Bd. 4/2005, S. 17 – 23, hier S. 23.

III.2.1. Sozialisation zwischen Beat und Biermann

Es gilt hier das Panorama der politischen Sozialisation der 68er weit auf-
zuspannen, denn wenngleich der Fixpunkt Prag ein dominanter ist, so ist die
gesamte Entwicklungsspanne zwischen dem relativ liberalen Jugendkommuni-
qué 1963 und dessen Rücknahme auf dem 11. ZK-Plenum („Kahlschlag")
1965[96] und der Beat-Demonstration in Leipzig[97] als Ausgangs-, und die
Biermann-Ausbürgerung 1976, der wiederum eine mäßige, eher gefühlte
Liberalisierung nach dem Machtwechsel von Ulbricht auf Honecker vorausge-
gangen war, als Endpunkt zu Grunde zu legen. Neben dem Elternhaus, der
Prägung durch spezifische Milieus, war es vor allem auch der Einfluss des
Zeitgeistes ab Mitte der 60er Jahre, „die Zeit der Hippies, der Rockmusik, der
Studentenrevolte", der emanzipatorische Verhaltensweisen gegenüber der
DDR provozierte.[98] Bernd Gehrke hat in Leitfadeninterviews bereits diese
jugendoppositionelle Herkunft der Ost 68er, auch vor dem Hintergrund des
kulturoppositionellen Schubs zwischen Beat und Biermann, nachgewiesen.

Es sind dies zentrale Prägungen, die nicht nur aus der Niederschlagung
des Prager Frühlings gespeist wurden, sondern auch aus der Erfahrung des
Aufbruchs im Frühling 1968, der Beobachtung der Liberalisierungstendenzen
im Nachbarland in den Jahren vor dem Einmarsch der Warschauer-Pakt-
Truppen. Denn hier liegt, wie in der Erfahrung des Einmarschs, ein zentraler
Schlüssel für das Verständnis dieser Generation.

Hinweise darauf lassen sich etwa beim Leipziger Kabarettisten (und einem exzellenten Chronisten der DDR) Bernd-Lutz Lange finden. Lange,

---

[96]   Günter Agde (Hrsg.): Kahlschlag. Das 11. Plenum des ZK der SED 1965. Studien und
        Dokumente, Berlin 2000.
[97]   Am 31. Oktober 1965 hatte auf dem Leipziger Wilhelm-Leuschner-Platz Selbst eine heute
        kaum noch memorierter Aufstand stattgefunden: „Für die Leipziger Szenen und Jugendkultu-
        ren der folgenden DDR-Jahrzehnte wurde der Platz zur Erzählung sub- und popkultureller
        Dissidenz, erinnerte an die Möglichkeit von Distinktion im Realsozialismus." Vgl. Heiner
        Stahl: Rezension zu Yvonne Liebing: All you need is beat. Jugendsubkultur in Leipzig 1957-
        1968, Leipzig 2005, in: H-Soz-u-Kult, 02.07.2007, <http://hsozkult.geschichte.hu-
        berlin.de/rezensionen/2007-3-002>. [eingesehen am 15.5.2009].
[98]   So der spätere SDP-Begründer Martin Gutzeit in: Wolfgang Herzberg/ Patrick von zur
        Mühlen (Hrsg.): Auf den Anfang kommt es an. Sozialdemokratischer Neubeginn in der DDR
        1989. Interviews und Analysen, Bonn 1993, S. 93.

Jahrgang 1944, steht stellvertretend für die vielen jungen DDR-Bürger, die im Frühsommer 1968 in die CSSR reisten, in „ein Land mit frischem Geist und einem neuen gesellschaftlichen Konzept", wie Lange erinnert, dass so gar nicht diesem „Land der kalten Funktionäre" glich. Langes autobiographischer Bericht *Mauer, Jeans und Prager Frühling* memoriert „ein Volk im Aufbruch, Trubel, strahlende Menschen, frohe Gesichter [...] Kein Strasse in Prag, wo nicht mit Kreide an die Hauswand geschrieben stand ‚Viva Dubček'."

Aber auch für die Daheimgebliebenen war spürbar, was in Prag passierte. So erinnert sich Christa Wolf: „1968 war ein sehr, sehr wichtiges Jahr in der DDR. Was in der DDR Beine, Ohren und Augen hatte, war vollkommen besessen von dem, was in der ČSSR passierte. Zuerst von den Dubčekschen Reformen und dann vom Einmarsch in Prag. [...] So interessiert waren die Leute. Nicht ein paar Intellektuelle, sondern viele DDR-Bürger."[99]

Dass man sich, in Ost wie West, öffentlich wie wissenschaftlich, so schwer tut mit den Ost-68ern mag auch und gerade an der fehlenden Ikonographie der Revolte liegen. Keine nackte Obermaier, keine Kommunarden, kein Dutschke, kein Ohnesorg zierten die Cover, vielmehr dominierten, in Bleiwüsten verpackte, düstere Warnungen im Neuen Deutschland an das Nachbarland die Zeitungen. Jedenfalls ist 1968 wohl auch deshalb kein Erinnerungsort der DDR geworden[100], obwohl die Nachricht, dass Warschauer-Pakt-Panzer auf dem Prager Wenzelsplatz standen, auch in der DDR heftige Reaktionen hervorrief - und Prag '68 tief im kollektiven Gedächtnis der Ostdeutschen verankert ist. Die Panzerketten des real existierende Sozialismus zermalmten nicht nur die Hoffnung auf ein wenig Luft zum Atmen, sie zerstörten auch viel vom Glauben an die Zukunftsfähigkeit und inneren Legitimation des Sozialismus jenseits der Demarkationslinie des Kalten Krieges.[101] Die folgende gesellschaftliche Lethargie ist am Beispiel der Tschechoslowakei selten so gut

---

[99]   Vgl. Arno Widmann: „Nehmt Euch in Acht." Die Schriftstellerin Christa Wolf über den Prager Frühling, existenzielle Kämpfe in der DDR und die widersprüchliche Rolle der West 68er, in: Frankfurter Rundschau, 11.07.2008.

[100] Vgl. Martin Sabrow: Erinnerungsorte der DDR, München 2009.

[101] Vgl. zur Vorgeschichte, der Niederschlagung und den Folgen des Prager Frühlings mit weiterführenden Hinweisen die Beiträge in: Ebbinghaus: 1968 in Osteuropa, a.a.O..

eingefangen worden wie in Milan Kunderas Roman *Die unerträgliche Leichtigkeit des Seins*.

Auch in der DDR wurde dieser Wechsel vom Aufbruch zur Perspektivlosigkeit nachvollzogen, als mit dem Einmarsch der Warschauer-Pakt-Panzer in Prag im August 1968 ein zart keimendes Pflänzchen – das Lebensgefühl einer Generation im Aufbruch – binnen weniger Stunden schockgefrostet wurde. Die Bilder, die auch die DDR erreichten, sind in ihrer Intensität mindestens mit dem Bild des erschossenen Benno Ohnesorg zu vergleichen.[102] Doch während jenes Bild zur Ikone der westdeutschen Studentenbewegung wurde, verschwanden die Bilder von Prag im Orkus der Geschichtsdeutung der DDR-Wirklichkeit. Der Mangel an Ikonographie, vor allem aber an Verständigung über das Erlebte, behinderte jedenfalls die Herausbildung des Selbstverständnisses einer Generation, auch weil 1968 Ost bis 1989 im gesamten Ostblock ein beschwiegenes Thema blieb.[103]

Hier liegt eine der Ursachen, warum die DDR ihre erste „eigene" Generation á la longue verloren hatte. Physisch hatte sie den sozialistischen Nachwuchs der ersten FDJ-Generation einbetoniert, um ihn nicht zu verlieren. Psychisch genehmigte sie dafür nach dem Mauerbau kultur- und jugendpolitisches Tauwetter. Allerdings stellte das ZK der SED bei ihrem 11. Plenum 1965 klar, dass kulturelle Öffnung in den Worten Walter Ulbrichts nicht „Sex- und Beatpropaganda" bedeuten konnte. Die „Plenumsdruckwelle"[104], in deren Folge mit „anti-sozialistischen, die Konterrevolution vorbereitenden" (Walter Ulbricht) Autoren und Künstlern hart ins anti-moderne, konservativ-

---

[102] Vgl. Habbo Knoch: Gefühlte Gemeinschaften. Bild und Generation in der Moderne, in: Jureit/ Wildt: Generationen, S. 295-319.

[103] Vgl. Marketa Spiritova: „Im Inland begann eine Hexenjagd" Die Auswirkungen der Niederlage auf den Alltag von Intellektuellen, in: Ebbinghaus: 1968 in Osteuropa, a.a.O., S. 61-78. Insbesondere in Tschechien und der Slowakei ist 1968 bis heute ein nahezu peinlich beschwiegenes Jahr, das allenfalls für Abgrenzungsdiskurse herhalten muss, so ist etwa Kunderas *Die Unträgliche Leichtigkeit des Seins* erst im Oktober 2006 in Tschechien erschienen. Vgl. auch das Zeitzeugeninterview mit Jan Kren: „Das Experiment endete langsam und traurig", in: Spezial: Prager Frühling, http://www.bpb.de/themen/TCMTUO,0,0,Das_Experiment_endete_langsam_ und_traurig.html, [eingesehen am 26.04.2010]

[104] Michael Rauhut: Beat in der Grauzone. DDR-Rock 1964 bis 1972. Politik und Alltag, Berlin 1993, S. 165.

sozialistische Gericht gegangen wurde, veränderte die kulturelle Landschaft der DDR nachhaltig. Die DEFA verabschiedete sich von der Avantgarde und drehte lieber Indianerfilme, aus der Beat- wurde die FDJ-Singebewegung. Prominente Kritiker wie Robert Havemann wurden aus der SED und aus der Akademie der Wissenschaften ausgeschlossen. „Es war ein 1968 en miniature, zwar unblutig im Ablauf und auf einen gesellschaftlichen Sektor beschränkt, nichtsdestoweniger ein Meilenstein in der auf 1989 zulaufenden Krisengeschichte der DDR."[105]

Der Versuch der DDR-Staatsführung, in den frühen sechziger Jahren die nachwachsende Generation für die DDR zu gewinnen, war zumindest am kleinen, 1989 so deutungsmächtigen politisierten Teil dieser Generation gescheitert.[106] Für sie wurde das „Kahlschlag-Plenum" 1965 zur ersten politischen Selektionsinstanz[107], zwei weitere – die Niederschlagung des Prager Frühlings 1968 und die Ausbürgerung Biermanns 1976 – folgten.

Dennoch, für große Teile der Bevölkerung entfalteten „weniger solch spezifische Ereignisse wie der Kahlschlag Mitte der sechziger Jahre oder der Prager Frühling am Ende des Jahrzehnts [generationelle Prägekraft], als vielmehr die Stabilisierung der DDR unter Ulbricht und Honecker."[108] Dies gilt im Übrigen analog zur Bundesrepublik, auch hier entfalteten weniger die politischen Unruhen, als vielmehr das Versprechen des immerwährenden,

---

[105] Wolfgang Engler: Strafgericht über die Moderne – das 11. Plenum im historischen Rückblick, in: Agde: Kahlschlag, a.a.O., S. 16-36, hier: S. 16f..

[106] Vgl. zum Aspekt der (jugend-)kulturellen Prägung der Generation und kulturoppositionellen Einflüssen zwischen dem Beat-Konflikt 1965 und der Ausbürgerung Biermanns 1976 auch: Bernd Gehrke: Die neue Opposition nach dem Mauerbau. Zu Ursprüngen und Genesis oppositionell-politischer Artikulationsformen in der DDR der 1960er und 1970er Jahre, in: Leonore Ansorg u.a. (Hrsg.): „Das Land ist still – noch". Herrschaftswandel und politische Gegnerschaft in der DDR (1971-1989), Köln [u.a.] 2009, S. 203-225.

[107] Selbst einen, wenn auch kleinen und wenig publik gewordenen, Aufstand hatte es in der DDR gegeben: die Beat-Demonstration am 31. Oktober 1965 auf dem Leipziger Wilhelm-Leuschner-Platz. „Für die Leipziger Szenen und Jugendkulturen der folgenden DDR-Jahrzehnte wurde der Platz zur Erzählung sub- und popkultureller Dissidenz, erinnerte an die Möglichkeit von Distinktion im Realsozialismus." Vgl. Heiner Stahl: Rezension zu Yvonne Liebing: All you need is beat. Jugendsubkultur in Leipzig 1957-1968, Leipzig 2005, in: H-Soz-u-Kult, 02.07.2007, <http://hsozkult.geschichte.hu-berlin.de/rezensionen/2007-3-002>. [eingesehen am 15.5.2009].

[108] Marc Dietrich Ohse: Jugend nach dem Mauerbau, Anpassung, Protest und Eigensinn, Berlin 2003, S. 378.

politisch planbaren, wirtschaftlichen, mithin auch sozialstaatlichen Wachstums[109] generationelle Prägekraft.[110]

Auch glaubte ein großer Teil der DDR-Bevölkerung nicht an eine, gegen die Sowjetunion durchzusetzende, Symbiose von Sozialismus, Demokratie und Freiheit.[111] Durch das Tauschgeschäft berufliche und soziale Absicherung, Konsum und bescheidener Wohlstand gegen politisches Stillhalten gelang es der DDR-Führung schließlich, den größten Teil der Generation von politisch-liberalen Ideen fernzuhalten, die dem SED-Staat hätten gefährlich werden können – ein Konflikt, der im Zuge der Revolution von 1989 wieder auftauchen sollte. Die DDR aber war damit „als politisches Zukunftsprojekt im Grunde schon Ende der 60er Jahre unrealisierbar."[112]

Trotzdem hielt der mit Möglichkeiten des sozialen Aufstiegs bezahlte Schweigepakt über Prag '68 die Gesellschaft noch lange stabil. Die Nachwirkungen dieses erkauften Stillhaltens sieht man an der Schwierigkeit, eine ostdeutsche 68er-Generation zu beschreiben, wo doch bis auf wenige Ausnahmen selbst die Angehörigen der Generation größte Schwierigkeiten haben, sich in diesem Konstrukt wiederzufinden. Dies liegt auch am Begriff der 68er selbst. Denn es gibt im Osten Deutschlands neben den ganz wenigen, die den antiautoritären Ansatz der West-68er rezipierten, Lesekreise initiierten und Ausdrucksformen kopierten (etwa die Kommune 1 Ost)[113], eine große und überwältigende, tief sitzende Abneigung gegen die West-68er, die einem System huldigten, welches nicht wenige Ostdeutsche für das eigentliche Grundübel hielten. Kurzum, Dutschke, der im Gegensatz vieler anderer West-Linker die DDR zumindest immer mit im Blick hatte, war in seinem Heimatland immer sehr umstritten.[114]

---

[109]   Vgl. jüngst: Franz Walter: Vorwärts oder abwärts? a.a.O., S. 7ff..

[110]   Vgl. zum Wandel des Generationsbegriffs und der Generationsstiftung: Heinz Bude: "Generation" im Kontext. Von den Kriegs- zu den Wohlfahrtsstaatsgenerationen, in: Jureit/ Wildt: Generationen, S. 28-44.

[111]   Vgl. Ilko-Sascha Kowalczuk: „wer sich nicht in Gefahr begibt...". Protestaktionen gegen die Intervention in Prag 1968 und die Folgen von 1968 für die DDR-Opposition, in: GWU, Jg. 50, Bd. 7/8/1999, S. 424-438, hier: S. 431.

[112]   Dorothee Wierling: Geboren im Jahr Eins, a.a.O., S. 492.

[113]   Vgl. Ute Kätzel: Kommune 1 Ost, in: Der Freitag, 20.12.2002.

[114]   Vgl. zur unterschiedlichen Wahrnehmung der West-68er in der DDR: Stefan Wolle: Der Traum von der Revolte, a.a.O., vgl. auch das Zeitzeugeninterview mit Gerd Poppe: „Wir

III.2.2 *Von Dubček zu Merkel?*

Ausgehend von der Prägephase zwischen Beat und Biermann lässt sich also eine Generation der Ost-68er beschreiben, die im Jahr 1989 zu den zentralen Protagonisten der friedlichen Revolution werden sollten – dem politischen Wirkraum der DDR-68er.[115] Denn erst hier öffnete sich dieser Generation die Möglichkeit der öffentlichen politischen Artikulation in alle Bevölkerungsteile hinein, erst hier konnten die 68er politisch reüssieren.[116]

Es scheint sich bei den Ost-68ern mithin um eine politische Generation zu handeln, deren Vergemeinschaftungsprozess mutmaßlich in der Mischung einer Erfahrungsgemeinschaft 1968 und einer Handlungsgemeinschaft 1989 bestand.[117] Dieses generationelle Handeln scheint zumindest *eine* plausible Erklärungsformel, mit deren Hilfe die „Revolution der Vierzigjährigen", mithin die Prozesse vor, während der Revolution von 1989 und weit darüber hinaus[118] erklärbarer zu machen. Die Revolution der Vierzigjährigen ist nicht

---

hofften auf Freiräume", in: http://www.bpb.de/themen/AILCFQ,0,0,Wir_hofften_auf_Freiraeume.html, [eingesehen am 26.04.2010].

[115] Vgl. zu diesem Ansatz bereits: Ingrid Miethe: Die 89er als 68er des Ostens. Fallrekonstruktive Untersuchungen anhand einer Frauenfriedensgruppe, in: Annegret Schüle, u.a. (Hrsg.): Die DDR aus generationengeschichtlicher Perspektive. Eine Inventur, Leipzig 2006, S. 355-376. Einzuwenden wäre hier allerdings die Konzentration auf die gleichen Kohorten wie im Konzept Budes vom „Altern einer Generation", vgl. zur Kontinuität des Denkens neben vielen Fundstellen den Tagebucheintrag des Theologen Erhard Weinholz (Jg. 1950) vom 12. Oktober 1989. „Politisch waren die 60er Jahre hierzulande tatsächlich eine Zeit der Flaute, aber zugleich auch, deutlich erkennbar vor allem in der Lyrik jener Jahre, eine des Bewußtseinswandels, der dann durch die 68er Ereignisse, besonders die in Prag, noch verstärkt wurde. Was sich damals, oft eher untergründig, entfaltete, wird heute (vielleicht) wirksam." Vgl. hierzu: Erhard Weinholz: Langer Atem. Zur Geschichte der DDR-68er, in: Horch und Guck, Bd. 42/2003, S. 31-38.

[116] Trotzdem halte ich den immer wieder vorgebrachten Einwurf, deshalb die Generation als 89er zu beschreiben für grundfalsch, denn eine Generation wird gemeinhin anhand ihres Sozialisationszusammenhangs beschrieben, so etwa die 45er oder die 68er West. Vgl. Hendrik Bindewald: Generationelle (Selbst-)verortung, a.a.O., S. 136.

[117] Vgl. zu politischen Generationen u.a.: Ulrich Herbert: Drei politische Generationen im 20. Jahrhundert. In: Jürgen Reulecke (Hrsg.): Generationalität und Lebensgeschichte im 20. Jahrhundert. München u.a. 2003, S. 95–114.

[118] So etwa spürbar am Initiatorenkreis der Erfurter Erklärung von 1997, vgl. hierzu: Oliver D'Antonio: Das letzte Gefecht der alten Linken – Die Erfurter Erklärung 1997, in: Johanna Klatt/ Robert Lorenz (Hrsg.): Politische Manifeste als Instrument zivilgesellschaftlicher Opposition, Bielefeld 2010 (im Erscheinen).

zuletzt durch Stefan Wolles Diktum in aller Munde, doch ob Prag 1968 über zwei Jahrzehnte später tatsächlich noch eine Rolle spielte, sei es als Handlungsanweisung und stichwortgebendes Deutungsmuster zur Durchsetzung eines wie auch immer gearteten „demokratischen Sozialismus" mit „menschlichem Antlitz", wie es 1968 noch hieß, oder aber als Abgrenzungsdiskurs, bleibt trotzdem umstritten.

Zwei Varianten, möglicherweise gar zwei äußerst deutungsmächtige, relativ konsistente Generationseinheiten, innerhalb des Generationszusammenhangs lassen sich vor dieser Folie aber zumindest umreißen: Ein kleiner Generationszusammenhang, der vor allem in oppositionellen und in Kirchenkreisen zu verorten war, und ein wesentlich größerer, der sich mit dem DDR-System weitestgehend auf ein Stillhalteabkommen geeinigt hatte.[119] Diese Zerrissenheit der Trägergeneration der friedlichen Revolution von 1989 dürfte auch viel zum Zielkonflikt zwischen Opposition, neu hinzuströmenden Politikern der „Wendezeit" und dem Volk auf der Straße beigetragen haben.

Doch hier überlagert womöglich der Diskurs der gescheiterten Revolutionäre, der *steckengebliebenen Revolution*, eine positive Sinngebung und Selbstverortung. Während die bundesrepublikanischen 68er zuerst ihre Erfolgsgeschichte erzählten und sich der Zeitgeist erst spät kritisch gegen sie wendete, wurde an die 68er Revolutionäre von 1989 das Narrativ des Scheiterns nicht nur von außen, sondern auch aus den eigenen Reihen heraus herangetragen.[120] Aber es gibt auch Beispiele aus dieser Generation, die einen durchweg positiven Bezug auf die Revolution abbilden, gleichwohl den Zusammenhang zwischen Prag 1968 und Revolution 1989 im Prinzip überhaupt nicht darstellen, wie z.B. Angela Merkel:

> „Was ich noch sehr gut in Erinnerung habe, ist die wirklich tief greifende Aufbruchstimmung in der Tschechoslowakei. In den Sommer-

---

[119] Vgl. zur inneren Stabilität der DDR: Mary Fulbrook: Ein ganz normales Leben. Alltag und Gesellschaft in der DDR, Darmstadt 2008; überdies: Andrew I. Port: Conflict and stability in the German Democratic Republic, Cambridge 2008.

[120] Vgl. hierzu meine exemplarischen Vorüberlegungen, Michael Lühmann: Aufbruch 89 – NEUES FORUM: Der Katalysator der friedlichen Revolution, in: Klatt/ Lorenz: Politische Manifeste, a.a.O., (im Erscheinen).

ferien 1968 war ich mit meinen Eltern und Geschwistern im Riesen-
gebirge [...]. Da wurde jeden Tag darüber gesprochen, was in Prag
los war. Die Kinder waren aufgeregt. Die Jugendlichen waren aufgeregt. Die Erwachsenen waren aufgeregt."[121] Allerdings gibt Merkel
an, dass sie selbst damals, gerade vierzehnjährig, nicht so recht „an
die Reformierbarkeit des Sozialismus geglaubt" hatte[122] – und bis
heute nicht glaubt. Angela Merkel: „Es gab Menschen, die sehr an
einen sogenannten Dritten Weg geglaubt haben. Ich habe da nicht so
richtig dazugehört."[123]

Nicht unzufällig jedenfalls scheinen sich die politisch bis heute erfolgrei-
cheren Generationsangehörigen, „Wendepolitiker"[124] wie Platzeck und Merkel,
diesem gesamten Diskurs fernzuhalten, obwohl sie es unter anderen waren, die
es vermochten, die Forderung der Straße zu antizipieren und den Einigungsprozess bis heute mitzugestalten.

III.2.3 Die Dominanz der DDR-68er

Wenngleich die 68er der DDR zur deutungsmächtigsten Generation der
Herbst-Revolution von 1989 wurden und noch heute die wichtigsten Politiker
ostdeutscher Provenienz, allen voran Angela Merkel, stellen, sind auch andere
Generationen sowohl 1989, als auch in der Folge in politischen Strukturen zu
finden. Doch interessanter als der erwartbare Befund, dass Politik keine reine
Frage der Generationenzugehörigkeit, gar einer einzigen politischen Generati-

---

[121] Evelyn Roll: Und es war Sommer, Interview mit Angela Merkel, in Süddeutsche Zeitung
      Magazin, Heft 9/2008, S. 8-16.
[122] Ebd.
[123] Zit. Nach: o.V.: Wie Merkel den Mauerfall fast verschwitzte, in:
      http://www.sueddeutsche.de/politik/455/ 493798/text/.
[124] Vgl. zum Begriff: Der Osten im Westen. Oder: Wie viel DDR steckt in Angela Merkel,
      Matthias Platzeck und Wolfgang Thierse. Versuch einer Kollektivbiographie, Hannover 2010
      (im Erscheinen).

on[125] allein ist, erscheint die absolute Dominanz der 68er im politischen Raum.
Analog zur Bundesrepublik, wo eine etwas ältere Kohorte als 68er die politischen Prozesse lange Zeit publizistisch und, wenn auch etwas verzögert,
politisch dominierend zu beeinflussen in der Lage waren, beherrschte zwischenzeitlich eine etwas jüngere, ostdeutsche Generation die politische Szene
in Ostdeutschland.

Nur wenige ostdeutsche Vertreter der für die Bundesrepublik so wichtigen 45er Generation[126], deren prägende Erfahrung das Ende des Zweiten
Weltkrieges und der Zusammenbruch des eigenen ideologischen Weltenplans
war, hatten 1989 und danach Bedeutung erlangt.[127] Diese Aufbaugeneration
schien zu sehr vom antifaschistischen Gründungsmythos gefangen.[128] Wer

---

[125] Vgl. zum Konzept von Generationen als Erfahrungsgemeinschaft etwa Ulrike Jureit:
Generationenforschung, a.a.O., S. 78ff.; vgl. auch: Ulrich Herbert: „Drei politische Generationen", a.a.O..

[126] Auch als „29er"-, Flakhelfer- oder HJ-Generation bezeichnet, vgl. zur Debatte um die
Begriffe und die 29er Generation grundlegend: Moses: Die 45er., a.a.O.; „Auch bei der ersten
ostdeutschen Generation hat sich die Etikettierung und Kohortenzuordnung gewandelt. Ina
Merkel [...] spricht von einer ersten (die Jahrgänge von 1910 bis 1928) und einer zweiten
Aufbaugeneration, letztere nennt sie auch „erste FDJ-Generation", der sie „die dreißiger und
vierziger Jahrgänge" zurechnet. Hartmut Zwahr ordnet „der FDJ-Aufbaugeneration" als
„Kern die Jahrgänge 1920 – 1929" zu, Werner Mittenzwei sieht im Jahrgang 1927 „eine
gewisse Scheidelinie". Wolfgang Engler bezeichnet jene, die „um das Jahr 1930 herum geboren" wurden, als „zweite politische Generation der DDR", Lutz Niethammer nutzt stattdessen
das Label „HJ/FDJ-Generation", Dorothee Wierling „HJ-Generation". In jüngeren Arbeiten
von Bernd Lindner, Mary Fulbrook und Thomas Ahbe wird der Terminus „Aufbau-
Generation" verwendet." Vgl.: Thomas Ahbe: Deutsche Generationen nach 1945, in: APUZ,
Jg. 29, Bd. 3/2007, S. 38-46, vgl. überdies: Dorothee Wierling: How Do the 1929ers and the
1949ers Differ, in: Mary Fulbrook (Hers.): The "Normalization of Rule". Power and Society
in the GDR 1961-1979, S. 204 - 219.

[127] Wolfgang Ullmann (1929-2004), als Beispiel, ist eine der wenigen, umso bedeutenderen
Ausnahmen.

[128] Der Antifaschismus als Legitimitätsressource der DDR ist häufig diskutiert und mit
Attributen wie „sinnentleertem", „verordneten" oder „instrumentalisierten" versehen worden,
vgl. in etwa Herfried Münkler: Antifaschismus und antifaschistischer Widerstand als politischer Gründungsmythos der DDR, in: APUZ, Jg. 20, Bd. 45/1998, S. 16-29. Dem entgegen
spricht Christoph Classen vom elitären Antifaschismus als „Loyalitätsfalle", das Antifa-
schismus-Bild der DDR-Führung stand demnach deutlich entgegen den Erfahrungen der
Bevölkerung, vgl. Christoph Classen: 'Guten Abend und Auf Wiederhören'. Faschismus und
Antifaschismus in Hörfunkkommentaren der frühen DDR, in: Martin Sabrow (Hrsg.): Verwaltete Vergangenheit. Geschichtskultur und Herrschaftslegitimation in der DDR, Leipzig
1997, S. 237-255.

diesem nicht folgen wollte, hatte die DDR bereits vielfach verlassen, sowohl über die Grenze in die Bundesrepublik als auch in die innere Emigration. Und am Ende der DDR verabschiedeten sich große Teile dieser Generation bereits in den Ruhestand.

Auch die Kohorten der 1935-1943 Geborenen stellen zwar einen beachtlichen Anteil, vor allem unter den Wendepolitikern (Harald Ringstorff, Wolfgang Böhmer, Regine Hildebrandt, Berndt Seite), sind aber nie so weit aufgestiegen wie die 68er unter diesen. Ebenso finden sich jüngere, nicht mehr in der DDR angekommener Kohorten, wie die Vertreter der „entgrenzten Generation" (Claudia Nolte oder Christoph Matschie)[129]. Der typische Ausdruck dieser Generation war indes vielfach erneut die Flucht gewesen oder eben der Aufbruch jenseits alles Politischen.

Doch anders als bei den Bürgerrechtlern ist bei den Wendepolitikern der *entscheidende* Fixpunkt der politischen Sozialisation zwar auf das Revolutionsjahr 1989/90 verschoben, weshalb sich deren politischer Deutungshorizont erheblich von dem der Bürgerrechtler – teilweise mit der Fixierung auf den „Dritten Weg" à la Prag 1968 – unterscheidet. Dennoch ist 1968 aber für alle retrospektiv ein entscheidender, 1989 wieder aufgerufener politischer Fixpunkt unter der Fragestellung Fortführung oder Verzicht auf den Dritten Weg. Neben der politischen Sozialisation und den daraus durchaus unterschiedlichen Schlüssen scheint vor allem der Faktor Alter in Form von Perspektive eine große Rolle zu spielen. Die genannte Generation war am Ende der DDR zwischen 35 und 45 Jahren alt. Zu alt, um beruflich nochmals völlig neue Wege zu gehen, zu jung noch, um die verbliebene Zeit im Erwerbsleben noch irgendwie bis zur Verrentung zu Ende zu bringen.

Diese sehr existentielle Frage stellte sich vor allem Ingenieuren und Naturwissenschaftlern dieser Generation, denen bewusst gewesen sein muss, dass der Modernitätsvorsprung der Bundesrepublik kaum aufholbar, mithin die eigene berufliche Perspektive schwierig war. Der Sprung ins kalte Wasser fiel dieser Generation, aber auch diesem speziellen Milieu, deshalb leichter, zumal man erstmals wieder mehr Zeit für sich hatte, die Familienplanung bereits

---

[129] Vgl. zur Beschreibung dieser Generationen: Ahbe / Gries: Gesellschaftsgeschichte als Generationengeschichte, a.a.O.

fortgeschritten war, die Sorge um die Zukunft der eigenen Kinder hingegen
sehr lebensnah wurde. In den Worten eines Generationsangehörigen:

> „Wir, die zur Zeit der Wende etwa 35-Jährigen, haben uns damals
> alle mit ähnlichen Voraussetzungen in unsere neuen Leben gestürzt,
> unsere neuen Jobs fanden wir mehr oder weniger zufällig. Wir haben
> nicht an unseren Biografien geschrieben, sie wurden geschrieben.
> Die Wende erreichte uns an einem besonderen Punkt: Weder waren
> wir so alt, dass wir uns hätten erlauben können, bis zum Rentenalter
> irgendwie weiterzumachen wie bislang, noch waren wir – oder fühl-
> ten wir uns – so jung, dass wir unseren Neuanfang ausschließlich
> dem Rausch und dem Vergnügen hätten widmen können. Wir hatten
> keine Zeit zu verlieren, das spürten wir. Wir waren vorsichtig opti-
> mistisch, weil wir fühlten: Das Leben hat es gut mit uns gemeint, wir
> bekommen, anders als unsere Eltern, noch einmal eine Chance. Die-
> se Chance wollten wir nutzen. Wir überlegten nicht lange, wir ergrif-
> fen die Chancen, die sich ergaben."[130]

Es dürfte wohl die Mischung aus politischer Sozialisation und lebensweltlichen Vorbedingungen gewesen sein, die der 68er-Generation der DDR ein
natürliches Zugriffsrecht auf politische Prozesse gewährte, die Jahrgänge um
1949 in die Pflicht nahm, Zukunft zu gestalten.

---

[130] Vgl. Michael Biedowicz: Angela und ich, in: Die Zeit, 9.6.2005, Biedowicz, Bildredakteur
bei der Hamburger Wochenzeitung ‚Die Zeit', ist wie Merkel Ostdeutscher, beide sind im
gleichen Jahr geboren, standen Biedowicz folgend der DDR gleichsam kritisch gegenüber,
waren beide nicht in der DDR-Opposition engagiert und machten 1989/90 den gleichen
„Sprung ins kalte Wasser".

III.3 Resistente Milieus jenseits der arbeiterlichen Gesellschaft

Indes, ein rein generationeller Rahmen ist auch für die DDR nur teilweise erklärungsmächtig. Insbesondere in den dem System abgewandten Kreisen spielte der Generationenkonflikt, als Aufbegehren der Kinder gegen die Eltern, eine abgeschwächte Rolle, war man doch häufig in der Gegnerschaft zum „vormundschaftlichen Staat"[131] vereint. Das heißt nicht, dass es sich bei den Ost-68ern nicht um eine Generation für sich handelt.

Aber es scheint notwendig, anlehnend an die erweiterte Konzeptualisierung des Generationenmodells von Karl Mannheim, eine Synthese aus sozialhistorischer Milieuforschung und der Generationenforschung anzuwenden, um nicht, so plausibel es auch erscheinen mag, in rein generationellen Erklärungsmustern zu verharren.[132] Denn ebenso wie eine Generation kann ein Milieu als „konjunktiver Erfahrungsraum"[133] dienen, ebenso können in verschiedenen Milieus unterschiedliche generationelle Abläufe, Erfahrungen, Strukturierungen und Deutungen hervorrufen, die es als „milieugebundenes generationelles System"[134] begreifbar zu machen gilt, um so die Unterschiede innerhalb der Generation nicht nur aus einem kategorischen Set zu begründen, sondern aus der historischen (Milieu-)Analyse zu begründen.[135]

Kurzum, allein die generationelle Lage war nicht ausschlaggebend für politische Karrieren. Eine weitere Vorbedingung für den Weg in die Politik war vielfach eine spezifische Milieuerfahrung, sowohl bei Wendepolitikern wie bei Bürgerrechtlern. Erst die Mischung aus generationeller Lagerung (68er) und milieuspezifischer Prägung – bürgerlichen wie protestantischen Einflüssen und

---

[131] Rolf Henrich: Der vormundschaftliche Staat. Vom Versagen des real existierenden Sozialismus, Reinbek bei Hamburg 1989.

[132] Jürgen Zinnecker: „Das Problem der Generationen". Überlegungen zu Karl Mannheims kanonischem Text, in: Reulecke: Generationalität, a.a.O., S. 33-58, hier S. 48ff..

[133] Ralf Bohnsack: Milieu als konjunktiver Erfahrungsraum. Eine dynamische Konzeption von Milieu in empirischer Analyse, in: Ulf Matthiesen (Hrsg.): Die Räume des Milieus, Berlin 1998, S. 119-132.

[134] Jürgen Zinnecker: „Das Problem der Generationen", a.a.O., S. 49.

[135] Vor allem das Konstruieren von Generationen in Dekaden, nahezu ohne Milieubezug, erscheint zumindest problematisch, vgl. Vgl. die relativ enge Generationenfolge jüngst bei Ahbe / Gries: Geschichte der Generationen, a.a.O.

Sinnzusammenhängen, aber auch in Kreisen der technischen Intelligenz –
jenseits der nivellierten arbeiterlichen Gesellschaft[136] schien den Weg in
politische Laufbahnen vorzubestimmen.

Klassen- und Standesgrenzen, die Hans-Peter Schwarz für die Entwicklung politischer Persönlichkeiten der Bundesrepublik in Ansatz bringt, sind im
Osten Deutschlands wesentlich geringer ausgeprägt[137]. Die Generation, die
noch stark von Standes- und Klassenkonflikten geprägt wurde, stand an der
Spitze des Staates oder baute diesen mit auf. Die für sie unbedingt logische
und durch sie forcierte Umwandlung der Gesellschaft in eine nahezu nivellier-
te „arbeiterliche Gesellschaft" war scheinbar, zumindest an der Oberfläche,
vielfach erfolgreich. Umgekehrt gilt aber auch, dass seit dem Volksaufstand
vom 17. Juni 1953[138] die „Arbeiter im Arbeiterstaat" die offene Auflehnung
aufgaben und eintauschten gegen ein „erzwungenes, murrendes Mitmachen auf
Basis eines unausgesprochenen Gesellschaftsvertrags: Die Mehrheit der
Arbeiter verinnerlichte die egalitären, kollektivistischen und antikompetitiven
Ideale, die ihnen die sozialistische Utopie offerierte, ohne viel auf den ganzen
ideologischen Bombast der SED zu geben."[139]

Der Verdrängungskampf gegen Selbständige, private Unternehmer, die
freie Bauernschaft, die Kirchen und das Bildungsbürgertum Anfang der
fünfziger Jahre hatte viele Betroffene zur Flucht genötigt und deren Milieus

---

[136] Vgl. zum Begriff der „arbeiterlichen Gesellschaft": Wolfgang Engler: Die Ostdeutschen,
a.a.O. Indes kann Engler nicht erklären, woher in einer vermeintlich selbstzufriedenen und
avantgardistischen ‚arbeiterlichen Gesellschaft' 1989 plötzlich ein derart großes Wider-
spruchspotential entstehen konnte. Vgl. zur Kritik an Engler u.a. Hedwig Richter: Rezension
zu: Engler, Wolfgang: Die Ostdeutschen. Kunde von einem verlorenen Land. Berlin 1999. In:
H-Soz-u-Kult, 08.09.1999, <http://hsozkult.geschichte.hu-berlin.de/rezensionen/id=116>.
[eingesehen am: 23.11.2008].

[137] Vgl. zum Folgenden: Fulbrook: The People's State, a.a.O., S. 177ff..

[138] Vgl. zu den Abläufen, aber auch zum Begriff des Volksaufstandes (in Abgrenzung zum
Arbeiteraufstand): Ilko-Sascha Kowalczuk: 17. Juni 1953 - Volksaufstand in der DDR. Ursachen - Abläufe – Folgen, Bremen 2003.

[139] Vgl. Ralph Jessen: Rezension zu: Kleßmann, Christoph: Arbeiter im "Arbeiterstaat" DDR.
Deutsche Traditionen, sowjetisches Modell, westdeutsches Magnetfeld (1945-1971). Bonn
2007. In: H-Soz-u-Kult, 11.07.2008, <http://hsozkult.geschichte.hu-
berlin.de/rezensionen/2008-3-026>. [eingesehen am: 12.02.2009].

geschwächt.[140] Das Bildungssystem und die staatliche Zentralverwaltungswirtschaft förderten hingegen ein kleinbürgerliches, „arbeiterliches" Milieu. Im Gegenzug sabotierte das Bildungssystem die für das Überleben der bürgerlichen Gesellschaft notwendigen kontinuierlichen Bildungschancen und Karrieremöglichkeiten. Der asymmetrische Bildungszugang – Arbeiterkindern wurde der Studienzugang erleichtert, Akademikerkindern erschwert oder ganz verweigert – unterbrach bildungsbürgerliche Kontinuitäten und schuf im Gegenzug Abhängigkeiten und Loyalitäten in der akademisierten Arbeiterschaft.[141]

Einige, stark dezimierte Rest-Milieus überlebten trotzdem die gesellschaftliche Nivellierung jenseits des für die DDR typischen kleinbürgerlichen Nenners. Dass der Versuch der „Krake DDR" (Fulbrook), in alle Gesellschaftsbereiche hinein ihr Gesellschaftsbild durchzusetzen, scheiterte, zeigt sich an den verbliebenen Milieus und den daraus hervorgehenden Bürgerrechtlern und Wendepolitikern. „Mit ihrem Versuch nicht nur gegen, sondern auch durch die Gesellschaft zu herrschen, stieß die ostdeutsche Diktatur schließlich an ihre Grenzen."[142] Besonders resistent gegen eine Funktionalisierung waren katholische Gebiete wie das thüringische Eichsfeld, bürgerliche, oftmals protestantische Restmilieus in den Großstädten der DDR, die Pfarrersfamilien und die in den siebziger Jahren entstehende Bohème der Großstadt[143], besonders prominent in Berlin Prenzlauer Berg, die nachwachsenden Jugendkulturen der 80er Jahre sowie kirchliche Jugendkreise.

Dabei zeigt sich, dass sowohl Bürgerrechtler als auch Wendepolitiker aus den gleichen Milieus stammen, die Bürgerrechtler aber vielfach durch den Außendruck ihrem meist protestantisch-bürgerlichen Milieu verhaftet blieben

---

[140] Vgl. etwa die „Aktion Rose" vom 10. Februar 1953, bei der Besitzer privater Gaststätten und Hotels an der Ostsee in großer Zahl enteignet und in gelenkten Verfahren eingesperrt wurden, vgl. hierzu: Klaus Müller: Die Lenkung der Strafjustiz durch die SED-Staats- und Parteiführung der DDR am Beispiel der Aktion Rose. Frankfurt/M. u.a. 1995.

[141] Vgl. grundlegend: Ingrid Miethe: Bildung und soziale Ungleichheit in der DDR. Möglichkeiten und Grenzen einer gegenprivilegierenden Bildungspolitik, Opladen [u.a.] 2007.

[142] Mary Fulbrook: Methodologische Überlegungen zu einer Gesellschaftsgeschichte der DDR, in: Richard Bessel / Ralph Jessen (Hrsg.): Die Grenzen der Diktatur. Staat und Gesellschaft in der DDR, Göttingen 1996, S. 274-297, hier S. 292.

[143] Vgl. zur Bohème in der DDR: Paul Kaiser/ Claudia Petzold: Bohème und Diktatur in der DDR. Gruppen, Konflikte, Quartiere, 1970-1989, Berlin 2003.

oder dort Anschluss fanden, die Wendepolitiker sich hingegen in einem neuen, der Modernisierung geschuldeten, DDR-spezifischem Milieu der technischen Intelligenz einrichteten.

Deutlich unterrepräsentiert, und das ist der vielleicht viel interessantere Befund, sind bei den Bürgerrechtlern wie bei den Wendepolitikern zwei andere wichtige Milieus der DDR. Zum einen das mit Abstand größte, das arbeiterliche Milieu. Abgeschnitten vom autonomen Deutungshorizont und Organisationszusammenhang des sozialistischen Milieus, in Symbolik, Sprache und metaphysischer Ebene enteignet durch die SED, kommen sie in und nach der Revolution sowohl als Mandatsträger, als auch als prominente Köpfe in den Parteien und Gruppierungen der Bürgerbewegung kaum vor. Die vermeintliche Elite des „Arbeiter- und Bauernstaates" besaß am Ende der DDR nur ein geringes politische Selbstbewusstsein, die Zerstörung des sozialistischen Milieus sozialdemokratischen Gepräges während der SED-Diktatur hatte auch die politische Arbeiterschaft atomisiert, nachdem die SED ihre Symbole und Rituale imitiert und geraubt hatte, wie das Beispiel der sächsischen Stadt Freital zeigt. Sinnbildlich, und vor allem zum Teil bis heute manifest, wurde dieser fehlende Konnex erneut in der Gründung der SPD durch „ein paar Individualisten aus der protestantischen Sphäre."[144]

Und so verwundert es nicht, dass Arbeiter und Bürgerbewegung aber auch Arbeiter und SPD bereits 1989/90 nicht zueinanderfinden konnten, denn der Glaube in der Arbeiterschaft, das noch irgendetwas zu retten wäre, war ebenfalls dahin, nicht unbedingt weil man dem Sozialismus an sich abgeschworen hatte, sondern weil dieser die erhofften sozialen Standards nicht zu erfüllen imstande war. Ein buntes Panorama dieser Sicht bot der Spiegel im Dezember des Revolutionsjahres 1989:

„Auf die Volkswut der Proletarier haben die neuen Bürgerbewegungen soviel Einfluß wie der Mond auf den Wanderer, der sich im Wald verirrt hat. Nirgendwo sitzt ein echter Arbeiter in irgendeinem Führungszirkel. Von den 43 Gründungsmitgliedern der SDP tun fast

---

[144] Vgl. Franz Walter: Freital wechselt die Farbe. Von Rot zu Schwarz – wie eine Arbeiterhochburg Rituale und Identität verliert, in: Universitas, Jg. 61, Bd. 1/2006, S. 58-70.

die Hälfte als Pfarrer und Vikare Dienst. Die Besetzungsliste von Frau Bohleys ‚Neuem Forum' liest sich wie ein ‚Who is Who' der schönen Künste.,Wenn ick det schon höre, von Beruf Dramaturg, Lyriker, Malerin, denn weeß ick doch: Die können nich' arbeiten, und die wolln och nich' arbeiten', schimpft Mirko, 23, Reichsbahner. ‚Die wolln, det wir ihnen den Sozialismus mit menschlichem Gesicht uffbauen. Noch mal zehn Jahre lang. Ohne mich, det sag' ich dir.'[145]

Zum anderen sind die Kulturschaffenden unter den Bürgerrechtlern wie unter den Wendepolitikern, die über 1989 hinaus politische Verantwortung übernahmen, ob ihrer Deutungsaufgabe stark unterrepräsentiert. Die Tatsache, dass viele kritische Künstler die DDR nach der Biermann-Ausbürgerung verlassen haben, wiegt dabei wohl mindestens ebenso schwer, wie der Umstand, dass andere Kulturschaffende wie z.b. Christa Wolf und Stefan Heym in einer Mischung aus antikapitalistischem Reflex und Wahrung der eigenen Biographie zur PDS übersiedelten bzw. dort blieben[146], oder ihre generellen Vorbehalte gegenüber parteipolitischer Repräsentanz wie ein Mantra vor sich hertrugen und die Ablehnung des einen wie des anderen zugunsten eines Dritten Weges über 1989 hinaus kultivierten.

III.3.1 Die Milieus der Bürgerrechtler

Die Milieus, die sich der Nivellierung entzogen,[147] wiesen eine auffällig hohe religiöse Verankerung auf, Oppositionelle rekrutierten sich deutlich überpro-

---

[145]   Zit. nach: Christoph Kleßmann/ Georg Wagner: Das gespaltene Land. Leben in Deutschland 1945-1990. Texte und Dokumente zur Sozialgeschichte, München 1993, S. 392f..

[146]   Vgl. zur Frage ob die Schriftsteller der DDR „die Ersten" waren (Der Spiegel, 4.12.1989) oder ob sie nur „Zaungäste" waren und die „Revolution ohne Intellektuelle" hat auskommen müssen (Gert Ueding: Revolution ohne Intellektuelle, in: Die Politische Meinung, Bd. 37/1992, S. 79-88), vgl.: Robert Grünbaum: Revolutionäre oder Zaungäste? Die DDR-Schriftsteller und der Umbruch von 1989/90, in: Günther Heydemann u.a. (Hrsg.): Revolution und Transformation in der DDR 1989/90, Berlin 1999, S. 595-612.

[147]   Bernd Gehrke nennt am Beispiel der Berliner Untergrundbibliothek drei Milieus, wobei er das protestantisch-bürgerliche zusammenfasst und weitergehend kulturoppositionelle und kritisch-marxistische, vor allem jugendlich geprägte Milieus ausmacht, vgl. Bernd Gehrke:

portional aus bekennenden christlichen Familien. Dieses *protestantische Rest-Milieu*[148] definierte sich hauptsächlich über den Angriff auf seine originären Werte durch den Sozialismus. Der Außendruck förderte den Binnenzusammenhalt dieses Milieus, ohne es zu homogenisieren.

Von Anfang an machten die neuen Machthaber in Ost-Berlin dabei klar, dass sie unter „Kirche im Sozialismus" kein Nebeneinander verstehen würden. Bereits in den frühen fünfziger Jahren setzte ein Deutungskampf gegen kirchliche, aufgrund der Dominanz mithin protestantische Traditionsbestände ein.[149] Mitglieder der Jungen Gemeinden galten als „getarnte Agenten" (Honecker), deren Diffamierung und Verfolgung teils hysterische Züge angenommen hatte.[150] Nach dem Volksaufstand wurde der Kampf gegen die Jungen Gemeinden schrittweise zurückgefahren, zeitigte aber a la longue große Erfolge, die Entkonfessionalisierung der DDR[151] nahm ihren bekannten Lauf, sukzessive ersetzten staatliche Rituale (Jugendweihe) und Organisationen (Junge Pioniere, Freie Deutsche Jugend) die kirchlichen Vorfeldbemühun-

---

Die neue Opposition nach dem Mauerbau. Zu Ursprüngen und Genesis oppositionell-politischer Artikulationsformen in der DDR der 1960er und 1970er Jahre, in: Leonore Ansorg u.a. (Hrsg.): „Das Land ist still – noch". Herrschaftswandel und politische Gegnerschaft in der DDR (1971-1989), Köln [u.a.] 2009, S. 203-225.

[148]   Gerhard Rein: Die protestantische Revolution 1987-1990. Ein deutsches Lesebuch. Berlin 1990, vgl. zum protestantischen Milieu der DDR: Christoph Kleßmann: Zur Sozialgeschichte des protestantischen Milieus in der DDR.; in: GG, Jg. 19, Bd. 1/1993, S. 29-53; vgl. auch: Marc-Dietrich Ohse: Ostdeutscher Protestantismus und Prager Frühling, in: Umbrüche. Der deutsche Protestantismus und die sozialen Bewegungen in den 1960er und 70er Jahren, Göttingen 2007, S. 131-146.

[149]   Vgl. zum Kampf der SED gegen die Kirche (und dem Verhältnis von Staat, Kirche und Gesellschaft): Detlef Pollack: Kirche in der Organisationsgesellschaft. Zum Wandel der gesellschaftlichen Lage der evangelischen Kirchen in der DDR, Stuttgart [u.a.] 1994, für die fünfziger Jahre insbesondere S. 97- 174.

[150]   Vgl. Hermann Wentker: „Kirchenkampf in der DDR". Der Konflikt um die Junge Gemeinde 1950-1953, in: VfZ, Jg. 42, Bd. 1/1994, S. 95-127. Wentker weist, wie etwa Pollack auch, diesen offenen Konflikten eine eher geringe Wirkung zu. Erst mit der Propagierung (und Veralltäglichung) des Atheismus etwa in Form der Jugendweihe konnte der kirchliche Einfluss erfolgreich zurückgedrängt werden.

[151]   Vgl. hierzu Igor J. Polianski: Das Rätsel DDR und die „Welträtsel". Wissenschaftlich-atheistische Aufklärung als propagandistisches Konzept der SED. in: Deutschland Archiv, Jg. 40, Bd. 2/2007, S. 265-275; verwiesen sei auch auf den Sammelband von Christel Gärtner u.a.: Atheismus und religiöse Indifferenz, Opladen 2003.

gen.[152] Doch solange die Berliner Mauer nicht in Beton gegossene Realität geworden war, konnte der hohe Außendruck des SED-Regimes nur teilweise den Binnenzusammenhalt eines DDR-spezifischen protestantischen Milieus befördern. Überdies war das protestantische Milieu noch nie eine geschlossene Deutungsformation gewesen, vielmehr ein äußerst heterogenes Traditionsmilieu, mal ländlich-konservativ, mal städtisch-bildungsbürgerlich, mal eher geschlossen pietistisch wie im Erzgebirge, mal eher offen und fluide in den Großstädten. Auch war der Organisationsgrad des protestantischen Milieus weitaus unterentwickelter als der des katholischen oder sozialistischen Milieus, nicht zuletzt auch deshalb eines der größten Einfallstore des Nationalsozialismus.

Lehnte sich das protestantische Milieu im Nationalsozialismus noch an den starken Staat an, verwehrte ihr der neue, erstarkende Staat dieses Verhältnis. Da der Sozialismus als „politische Religion" mit absolutem Wahrheitsanspruch selbst grundlegende Prinzipien von Natur, Gesellschaft und Geschichte besaß, duldete dieser neben sich keine anderen Deutungsvarianten, setzte ihm vielmehr quasireligiöse Ersatzrituale entgegen. Ähnlich der Vereinnahmung sozialdemokratischer Rituale inszenierte der SED-Staat insbesondere die Jugendweihe als religiöse Ersatzhandlung.[153] Die Kirche, das Milieu blieb indes bis zur Schließung der Mauer – und zum Teil bis 1989 – über den Umgang mit dem Staat gespalten. Ein beständiger Aushandlungsprozess zwischen Kirche und Staat war die Folge, die bis zum Schluss das schwierige Verhältnis von Staat, Kirche und Opposition markierte. Und doch wurden Teile der Kirche zum Schutzdach oppositioneller Tätigkeiten, herausgefordert durch die offenen Angriffe des Sozialismus, als real existierender Gesellschafts- und Öffentlichkeitsersatz der geschlossenen Gesellschaft. Insbesondere an den Pfarrhäusern und kritischen Gemeinden lagerte sich ein protestantisches Teil-Milieu an.

Besonders stark war innerhalb dieses Milieus die Fraktion der Pastoren und Pastorenkinder, die bereits im real-existierenden Sozialismus als Mittler

---

[152] Vgl. auch Peter Helmberger: Blauhemd und Kugelkreuz. Konflikte zwischen der SED und den christlichen Kirchen um die Jugendlichen in der SBZ/DDR, München 2008.
[153] Ebd..

zwischen den Welten fungierten und besonders viele Oppositionelle hervor-
brachten. Sinnbildlich wurde dies in der Gründung der SDP durch Pastoren
bzw. Pastorenkindern, auch wenn deren Einfluss bereits im Verlauf der
Revolution zurückgedrängt wurde. Auch der „Demokratische Aufbruch" (DA)
wurde von Pastoren und Theologen dominiert[154], fast alle entsprangen dem
protestantischen Rest-Milieu der DDR, das sich besonders im ländlichen Raum
an die Pfarrhäuser anlagerte.

Aber auch in den Städten fungierten die Stadtkirchen als gemeinsamer
Ort protestantischer und bürgerlicher Rest-Milieus. „Die Tradition der
„Betreuungskirche" festigte zusammen mit dem bildungsbürgerlich-
protestantischen Habitus der Pastoren und der kultiviert-christlichen Lebens-
führung in den Pfarrhäusern ein kirchliches Submilieu", aus dem sich viele der
späteren Oppositionelle rekrutierten.[155]

Eine besondere Rolle kam dabei den Pastorenkindern als Träger eines mi-
lieuspezifischen Habitus und einer spezifischen Geisteshaltung zu, die
Selbstrekrutierungsrate lag weiter über dem von der SED gewünschten
Maß.[156] Pastorenkind zu sein bedeutete dafür häufig einen gleichsam vorgege-
benen Karriereweg, da die familiäre „Vorbelastung" ein Studium an einer
Universität der DDR in der Regel ausschloss. Es blieben häufig nur die
Alternativen einer theologischen oder der staatsseitig nachgefragten speziali-
sierten naturwissenschaftlichen Ausbildung oder das Begraben eigener
universitärer Karrierewünsche. Aber auch anderweitig unangepassten oder
durch ein bürgerliches Elternhaus „vorbelasteten" jungen Menschen stand
häufig nur ein Theologiestudium offen.

Das Bekenntnis zum Christentum war somit häufig eng verbunden mit
einem Bekenntnis gegen den Staat. Bereits in den 60er Jahren hatten sich
emanzipatorischer Protest und theologische Begründung verbunden, ein
Konnex, der prägend und entscheidend für die Revolution 1989 werden sollte.
Martin Gutzeit, späterer Begründer der SDP, beschreibt diesen Zusammenhang

---

[154] z.B. Rainer Eppelmann, Erhart Neubert, Rudi-Karl Pahnke Edelbert Richter, Friedrich
Schorlemmer
[155] Vgl. Bauerkämper: Sozialgeschichte, a.a.O., S. 99.
[156] Vgl. Bettina Ernst-Bertram/ Jens Planer-Friedrich: Pfarrerskinder in der DDR. Außenseiter
zwischen Benachteiligung und Privilegierung, Berlin 2008, S. 91-94.

so: „Es gab die Erfahrung aus dem christlichen geprägten Elternhaus auf der einen Seite und dieses Lebensgefühl aus der Gegenkultur der 60er Jahre auf der anderen Seite. Diese Erfahrung und dieses Gefühl waren wohl wichtiger für mich als die politische Indoktrination um mich herum. Es war wohl jener Widerspruch zwischen innerer Gewissheit und äußerer Realität, der mich zum Entschluss geführt hat, Theologie zu studieren."[157]

Dieser Konnex funktionierte zum Teil auch umgekehrt, der Staat trieb unangepasste Freigeister in kirchliche Kreise und „zwang" sie so zu einem offenen christlichen Bekenntnis, das bis hin zum Studium der Theologie führen konnte. Diese Entwicklung ging so weit, dass am theologischen Seminar ein prekäres Missverhältnis zwischen Studenten, die Pfarrer werden wollten und „verhinderten Architekten, Historiker, Mediziner, Psychologen, Journalisten" entstand, denn häufig stellte nur noch das kirchliche Milieu „ein Refugium für anderweitig nicht einlösbare Lebenskonzepte dar."[158] Aus den theologischen Seminaren strömten seit den siebziger Jahren kritische Köpfe in die gesamte DDR hinaus, die den real-existierenden Sozialismus offen anprangerten und fehlende Öffentlichkeit herstellten. Die Kirche stand inzwischen für einen „zunehmend linksliberalen Habitus, indem sie die fehlende „bürgerliche Öffentlichkeit" substituierte"[159]. Die *Offene Arbeit* mag ein weiterer Beleg für die wachsende Attraktivität der Kirche auch für atheistische, mit dem Staat in Konflikt geratene Personengruppen gewesen sein.

Wie in einem Brennglas schien sich der Konflikt zwischen Staat und Kirche, aber eben auch der Konflikt innerhalb der Kirche um das Verhältnis zum Sozialismus, in der öffentlichen Selbstverbrennung des Zeitzer Pfarrer Oskar Brüsewitz[160] verdichtet zu haben. Dies habe, so die Erinnerung Erhart Neuberts, „einen enormen Mobilisierungseffekt für kritische Theologen und

---

[157] Vgl. Herzberg/ zur Mühlen: Auf den Anfang kommt es an, a.a.O., S. 93ff.

[158] zitiert nach Christoph Kleßmann: Relikte des Bildungsbürgertums in der DDR; in: Kaelble/ Kocka/ Zwahr: Sozialgeschichte, a.a.O., S.254-270, hier S. 267

[159] Thomas Großbölting: Entbürgerlichte die DDR? Sozialer Bruch und kultureller Wandel in der ostdeutschen Gesellschaft, in: Manfred Hettling / Bernd Ulrich (Hrsg.): Bürgertum nach 1945, Hamburg 2005, S. 407-432, hier S. 430.

[160] vgl. Helmut Müller-Enbergs: Das Fanal. Das Opfer des Pfarrers Brüsewitz aus Rippicha und die evangelische Kirche, Münster 1999, vgl. jüngst aus der sehr persönlichen Sicht der Tochter: Renate Brüsewitz-Fecht: Das Kreuz und die Flamme, Halle 2009.

eine breite Solidarisierung in anderen gesellschaftlichen Bereichen auslöste."[161] Immerhin, das Fanal von Zeitz hatte, deutlicher als in den Jahren zuvor, wieder das Verhältnis von Kirche und Staat thematisiert, und, mehr noch, die Positionierung der Kirche im Sozialismus. In den Reaktionen auf Brüsewitz Selbstverbrennung wurde bereits 1976 deutlich, dass es jenseits der Kirchenleitung einige nachwachsende, immer kritischer zum Sozialismus in den Farben der DDR stehende Pfarrer gab.[162] Die relative Autonomie der Kirchen und auch der kirchlichen Ausbildungsstätten schuf hier seit den siebziger Jahren einen günstigen Rahmen.

Die bereits zuvor, aber nun durch einzelne engagierte Pastoren immer häufiger angebotenen öffentlichen (Frei-)räume der Kirchen wurden in den folgenden Jahren durch immer mehr kritische Kreise genutzt. Zu nennen wären hier etwa die Kriegsdienstverweigerer, ob Bausoldaten oder Totalverweigerer, die meist aus christlichen Motiven den Dienst an der Waffe verweigerten und Ende der 70er Jahre im Umkreis der Kirchen mit zu den wichtigsten Keimzellen der Friedensbewegung werden sollten.[163] Aber auch in den Frauen- und Dritte-Welt-Gruppen vermischte sich immer wieder Staatskritik mit christlichen Vorstellungen.

Der Staat war in diesem Bereich an die Grenzen des eigenen Anspruchs, in alle Gesellschaftsschichten und Institutionen hineinzuwirken, gestoßen. Die Grenzen der „Durchherrschbarkeit"[164] wurden an der Kirchenpforte offenbar. „Es gab vor allem einen kritischen Schwachpunkt: Die strukturell angelegte Formierung sowohl einer sozialen und generationellen Gruppe von Nonkonformisten als auch des institutionellen Freiraums, in dem diese sich entfalten konnte."[165] Dieses „Dissidentenmilieu" (Kleßmann) war aber nicht nur für die Überreste bürgerlicher und ländlich-protestantischer Milieus attraktiv, sondern

---

[161]   Erhart Neubert: Christen, Schutzdächer und der Geist des Protestantismus, in: Kowalczuk/
        Sello: Für ein freies Land, S. 185-235, hier S. 187
[162]   Vgl. Helmut Müller-Enbergs: Das Fanal., a.a.O., S. 146-187.
[163]   Vgl. dazu: Ilko-Sascha Kowalczuk: Wehrdienstverweigerung, Bausoldaten und unabhängige
        Friedensbewegung, in: ders./ Sello: Für ein freies Land, a.a.O., S. 236-271.
[164]   Jürgen Kocka: Eine durchherrschte Gesellschaft; in: Kaelble/ Kocka/ Zwahr: Sozialgeschich-
        te, a.a.O., S. 547-553.
[165]   Fulbrook: Methodologische Überlegungen, a.a.O., S. 292.

auch für nachwachsende jugendliche Subkulturen, denen der kirchliche Raum häufig offener stand als der öffentliche sozialistische Raum.

Auch dem *großstädtisch-bürgerlichen Milieu*[166], das bisweilen in enger bis deckungsgleicher Beziehung zum protestantischen Milieu stand, entstammten überproportional viele Oppositionelle. Wie bei den Pastorenkindern hat dies sowohl ethische als auch funktionale Gründe. Besonders stark war der Konflikt um die beständigen Angriffe auf bürgerliche Werte durch den „Arbeiter- und Bauernstaat", sowohl auf ideelle als auch materielle Werte, die dem Bürgertum seine politische und wirtschaftliche Rolle aberkannten. Der Verdrängungs- und Deutungskampf gegen Selbständige, private Unternehmer, die freie Bauernschaft, die Kirchen und das Bildungsbürgertum Anfang der 50iger Jahre hatte viele Betroffene zur Flucht genötigt und deren Milieus geschwächt.[167]

Das Bildungssystem und die staatliche Zentralverwaltungswirtschaft förderten hingegen ein kleinbürgerliches, „arbeiterliches" Milieu. Im Gegenzug sabotierte das Bildungssystem die für das Überleben der bürgerlichen Gesellschaft notwendigen kontinuierlichen Bildungschancen und Karrieremöglichkeiten[168]. Der asymmetrische Bildungszugang – Arbeiterkindern wurde der Studienzugang erleichtert, Akademikerkindern erschwert oder ganz verweigert – unterbrach bildungsbürgerliche Kontinuitäten und schuf im Gegenzug Abhängigkeiten und Loyalitäten in der studierenden Arbeiterschaft. Die Reste des bürgerlichen Milieus zogen sich zurück, verzichteten weitgehend auf die öffentliche Demonstration von Bürgerlichkeit.

Denn das bürgerliche Milieu war bereits der Verlierer der „zweiten deutschen Diktatur" im Gegensatz zur bundesrepublikanischen Entwicklung, die dem Bürgertum und der Bürgerlichkeit als Habitus eine Renaissance in der

---

[166] vgl. hierzu und im Folgenden: Thomas Großbölting: Bürgertum, Bürgerlichkeit und Entbürgerlichung in der DDR. Niedergang und Metamorphosen, in: APUZ, Jg. 2008, H. 9-10, S. 17-25; vgl. auch: Konrad H. Jarausch: Die Umkehr. Deutsche Wandlungen 1945-1995. Bonn 2004, S. 249ff..

[167] Vgl. Fulbrook: Ein ganz normales Leben, a.a.O., S. 212ff..

[168] Vgl. Ingrid Miethe: Bildung und soziale Ungleichheit in der DDR. Möglichkeiten und grenzen einer gegenprivilegierenden Bildungspolitik, Opladen 2007.

Adenauerzeit bescherte[169], wurde die moralische Last der Verbrechen Hitlers in der DDR politisch aufgeladen im bürgerlichen Milieu verortet. In der Tat hatte Hitler dort viele seiner fanatischen Anhänger gefunden, doch der Kampf gegen das Bürgertum in der DDR verselbständigte sich schnell zu einem generellen Abwehrkampf. Während sich in der Bundesrepublik das Bürgertum restaurierte und die Schuld am Aufstieg Hitlers kollektiv verdrängen konnte, griff die neue deutsche Diktatur mit Verweis auf genau jene Schuld die letzten verbliebenen Werte des Bürgertums an. Enteignungen, Entfernung aus wichtigen gesellschaftlichen Positionen, ideelle und materielle Entwertung von bürgerlichen Berufswegen, Verweigerung von Karrierewegen, Verbot von bürgerlichen Vereinen, Interessenvertretungen und Zeitungen und beständige öffentliche Diskreditierung sind die am häufigsten anzutreffenden Varianten dieses Entwertungskampfes des „Arbeiter- und Bauernstaates" gegen bürgerliche Überreste in der DDR.[170]

Ein großer Teil der bürgerlichen Eliten nutzte deshalb bis zum Bau der Mauer die exit-Option und verließ die DDR. Der Aderlass des Bürgertums, die „Flucht des Geistes"[171] aus der DDR war enorm, dies war umso schlimmer, da die jüdische Intelligenz bereits dem NS-Terror zum Opfer gefallen war. Der Verlust bürgerlicher Eliten konnte bis zum Ende der DDR und im Prinzip bis heute nicht wieder aufgeholt werden. Die letzten Überreste des Wirtschaftsbürgertums verschwanden endgültig Anfang der siebziger Jahre, als Honecker die letzte große Verstaatlichungswelle anordnete. Das Bildungsbürgertum wurde durch die „Brechung des bildungsbürgerlichen Bildungsprivilegs"[172] zum einen an der Selbstrekrutierung gehindert, zum anderen seiner bildungs-

---

[169] Hans-Ulrich Wehler: Deutsches Bürgertum nach 1945. Exitus oder Phönix aus der Asche?, in: GG, Jg. 27 (2001), H. 4, S. 617-634.

[170] Traurige Berühmtheit erlangte etwa die „Aktion Rose" vom 10. Februar 1953, bei der Besitzer privater Gaststätten und Hotels an der Ostsee in großer Zahl enteignet und in gelenkten Verfahren eingesperrt wurden, vgl. hierzu: Klaus Müller: Die Lenkung der Strafjustiz durch die SED-Staats- und Parteiführung der DDR am Beispiel der Aktion Rose. Frankfurt/M. u.a. 1995.

[171] Vgl. Helge Heidemeyer: Flucht und Zuwanderung aus der SBZ/DDR 1945/1949-1961. Die Flüchtlingspolitik der Bundesrepublik Deutschland bis zum Bau der Berliner Mauer, Düsseldorf 1994, zit. nach: Thomas Großbölting: Bürgertum, a.a.O., S. 22.

[172] Bauerkämper: Sozialgeschichte, a.a.O., S. 39.

bürgerlichen Exklusivität beraubt. Eine Renaissance des Bürgertums in der DDR erschien unmöglich.

Trotzdem gab es Überreste eines beharrenden bürgerlichen Milieus, besonders bei Ärzten, Pfarrern und Naturwissenschaftlern, da sie für die Volkswirtschaft entweder wichtig genug waren oder wie bei den Pfarrern eine noch stärkere sozialistische Domestizierung unmöglich erschien. Bildungsbürgerliche Kontinuitäten hielten sich deshalb in diesen Kreisen ebenso wie bildungsbürgerliche „Selbstverständlichkeiten" wie Opern- und Konzertsaal-Abos, Theaterskandale und Literaturbesprechungen, wie sie Uwe Tellkamp in *Der Turm*, seinem ebenso furiosen wie subjektiven Portrait des Dresdner Bildungsbürgertums, eingefangen hat.[173] Hier ist auch der Ort der nicht wenigen Vertreter der technischen Intelligenz in den Reihen der Oppositionellen, die indes zwar diesem Milieu oberflächlich anzugehören vermochten, sich innerlich jedoch vielfach an beide beschriebene Oppositionsmilieus anlagerten, etwa weil sie beruflich diskriminiert wurden[174] oder weil ihr Beruf sie an die Grenzen eigener Moralvorstellungen gebracht hatte.

Zudem entstand besonders in den Großstädten in den sechziger und siebziger Jahren eine „Kultur-Bohème", aus der sich in Anlehnung an die „silent revolution" (Inglehart) ein eher links-libertäres Bürgertum entwickelte. Aus beiden Milieus rekrutieren sich mit deutlichen Überschneidungen viele der Oppositionellen, die über das Revolutionsjahr 1989 hinaus politisch aktiv blieben. So stammen z.B. viele der Pastorensöhne aus klassisch bildungsbürgerlichen Familien, entwickeln aber geprägt durch die sechziger und siebziger Jahre ein bürgerliches Ideal, das den Wertewandel mit einbezieht[175] und übersetzen so innerhalb des eigenen Milieus ohne die üblichen generationellen Auseinandersetzungen altes in neues Bürgertum.

---

[173] Vgl. hierzu: Ruth Wunnicke: Uwe Tellkamp: „Der Turm". Eine literarische Quelle für bürgerliche Lebenswelten in der DDR, in: zeitgeschichte-online, März 2009, URL: http://www.zeitgeschichte-online.de/portals/_rainbow/documents/pdf Tellkamp%20(FIN).pdf [eingesehen am 15.3.2010].

[174] Danuta Kneipp: Im Abseits. Berufliche Diskriminierung und politische Dissidenz in der Honecker-DDR, Köln [u.a.] 2009.

[175] vgl. dazu die Interviews u.a. mit Wolfgang Templin, Markus Meckel, Steffen Reiche in: Herzberg/ zur Mühlen: Auf den Anfang kommt es an, a.a.O.

Trotz Diktatur hielten sich demzufolge Überreste des bürgerlichen Milieus, das sich der zweiten deutschen Diktatur nicht beugte. Überreste, wie sie
Uwe Tellkamp in *Der Turm* furios beschrieben hat. „Es waren gewissermaßen
die utopischen Überschüsse des bürgerlichen Projekts, die sich einer vollstän-
digen Funktionalisierung entzogen, die seine anhaltende Attraktivität ausmach-
ten und letztlich auch zu den mentalitätsgeschichtlichen Wurzeln der friedlichen Revolution 1989 gehörten."[176]

III.3.2 Die Milieus der Wendepolitiker

Für die Wendepolitiker gilt wie für die Bürgerrechtler, dass sie aus ähnlichen
Randmilieus stammten. Auch hier finden sich – im Gegensatz zur DDR-
Mehrheitsgesellschaft – fast immer stark protestantische oder katholische
geprägte, oft zutiefst bürgerliche Elternhäuser.[177] Doch im Unterschied zu den
Bürgerrechtlern gingen die Wendepolitiker diese Wege kaum nach, ließen sich
nicht vom Außendruck der Diktatur in kirchliche Kreise drängen, sondern
versuchten ein richtiges Leben im Falschen aufzubauen, verharrten nicht im
isolierten Milieu, sondern lösten sich von ihren Ursprüngen ab, ohne die
eigene Herkunft abzulegen. Nur selten finden sich bei ihnen bildungsbürgerliche oder theologische Ausbildungswege, vielmehr dominiert eine von theolo-
gischer Heilserwartung entkernte, pragmatische Sicht der Dinge ihr späteres
Handeln.

Um nicht mit der DDR zu kollidieren, wählten sie teils freiwillig, teils unter Druck, da andere Optionen nicht offen standen, den Weg einer technischen

---

[176] Ralph Jessen: „Bildungsbürger", „Experten" und „Intelligenz". Kontinuität und Wandel der
ostdeutschen Bildungsschichten in der Ära Ulbricht. In: Lothar Ehrlich / Gunther Mai
(Hrsg.): Weimarer Klassik in der Ära Ulbricht, Köln 2000, S. 113-134, hier S. 134.

[177] Angela Merkel ist Pastorentochter, Tiefensee entstammt einer katholischen Künstlerfamilie
(der Vater war Komponist, ein Bruder Priester und Professor für Philosophie). Thierse entstammt ebenfalls einem bürgerlich-katholischen Elternhaus, der Großvater war Mitglied der
Zentrumspartei, der Vater Rechtanwalt. Platzeck stammt aus einer bürgerlichen Familie, der
Vater war Arzt, die Mutter Pfarrerstochter wie Angela Merkel, die eine Großvater war ge-
standener Sozialdemokrat, der andere Pfarrer. Höppner ist Pastorensohn, Regine Hildebrandt
ist, so ihr Biograph Schütt, in der Versöhnungskirche in Berlin „quasi groß geworden" und
heiratete später den Sohn des Gemeindpfarrers. Claudia Nolte ist ebenfalls tief katholisch
geprägt.

oder naturwissenschaftlichen Ausbildung und wurden so Teil eines dritten starken DDR-Milieus, das zugleich ein typisches Kind der DDR war. Die sogenannte *„technische Intelligenz"* bzw. die *„werktätige Intelligenz"* war eine Art DDR-Avantgarde[178]. Damit sind die Wendepolitiker mehr „Kinder der DDR", Teile eines klassischen DDR-Milieus, wenngleich nicht Teil der arbeiterlichen Mehrheitsgesellschaft, als einigen geneigten Biographen gewahr ist. Als Teil des Milieus der „technischen Intelligenz" sollten sie die Entrepreneure des wissenschaftlichen Sozialismus sein[179]. Und doch produzierte dieses Milieu enorme Widerspruchskräfte, bot an der Realität desillusionierten Widersachern ein Sammelbecken. „Matthias Platzeck [ist] ein typischer Vertreter der technischen Elite der DDR: fern jeder SED-Propaganda, desillusioniert von der Ineffizienz des Wirtschaftssystems, frustriert angesichts der Borniertheit der Machthaber. Seit 1982 arbeitet er als Abteilungsleiter bei der Hygieneinspektion Potsdam - ein gut bezahlter Nischenjob für einen intelligenten jungen Mann, der mit dem ideologischen Alltagszirkus nichts mehr am Hut hat. Und ein Arbeitsplatz, der einen auf andere, politischere Zeiten offenbar ganz gut vorbereitet: Ein gewisser Günter Nooke, später Fraktionsvize der CDU im Bundestag, sammelt ganz ähnliche Erfahrungen bei der Arbeitshygieneinspektion in Cottbus und ein gewisser Werner Schulz bei der Kreishygieneinspektion in Berlin-Lichtenberg."[180]

Gleichwohl blieb dieses Milieu ein schillerndes, ein unverbindliches Konstrukt der sozialistischen Moderne. Derweil vermochte es nie, Sinnstrukturen zur kollektiven Wirklichkeitsdeutung zu vermitteln. Vielmehr verhält sich

---

[178] So ist Angela Merkel z.b. promovierte Physikerin, Matthias Platzeck Diplomingenieur für biomedizinische Kybernetik, Wolfgang Tiefensee Diplomingenieur für Elektrotechnik, Reinhard Höppner promovierter Mathematiker, Regine Hildebrandt war Diplom-Biologin, Claudia Nolte studierte Kybernetik und Automatisierungstechnik.

[179] Beispielhaft dafür steht Platzeck, der bereits mit 12 Jahren auf eine naturwissenschaftliche Spezialschule ging, die die Elite für Ulbrichts geplantes Großforschungszentrum ausbilden sollte. „Es war eine Schule, wo du Unterricht mit zehn Leuten hattest, super ausgerüstet, junge Lehrer, auf dem besten Stand. Da wurde man natürlich auch geformt. [...] Ich war dann mit 27 Jahren schon Verwaltungsdirektor in einem Krankenhaus in Bad Freienwalde. Einer den jüngsten in der DDR. Das war ein sogenannter Nomenklaturposten." Zit. nach: Andrea Beyerlein/ Thomas Leinkauf: Ich habe immer mal so gelebt und mal so. Interview mit Matthias Platzeck, Berliner Zeitung, 20.07.2002.

[180] Vgl. Jens König: Matthias der Geduldige, in: Die Tageszeitung, 14.11.2005.

dieses „Milieu" kongruent zur 68er Generation, bleibt in sich zerfasert und widersprüchlich, bringt ebenso Apologeten wie Gegner des Sozialismus hervor, gilt als neue Elite im Arbeiter- und Bauernstaat und bleibt doch blockiert, beheimatet den Idealtypus des gebildeten sozialistischen Ingenieurs, aber eben auch den vom Sozialismus abgewandten, an der Realität enttäuschten Naturwissenschaftler, der eben nicht expressive Elite, sondern zurückgezogene Nischenexistenz vorzieht, den Sozialismus nicht befördert, sondern ihn durch tägliches Arbeiten konterkariert und so gut es geht ignoriert.

Da die „technische Intelligenz" für die Wirtschaft der DDR besonders wichtig war, hatte sie einige Privilegien, wie z.b. die Intelligenzrente. Die monetären Vorteile konnten aber nicht aufwiegen, dass die Aufstiegsmöglichkeiten dieser Intelligenz mangelhaft waren. Zudem sahen sie viel eher als die „Arbeiter und Bauern" die Grenzen des Fortschritts in der DDR. Das ebenso ehrgeizige wie desaströse Luftfahrtprogramm, die ruinöse Mikrochip-Forschung und -herstellung[181] und die extreme Umweltverschmutzung zeigten die Grenzen der sozialistischen Kommandowirtschaft, die von Parteisekretären und eben nicht von der neuen technischen Intelligenz dominiert wurde.

Zur mangelnden Entscheidungsbefugnis gesellten sich Aufstiegs- und Akzeptanzprobleme[182]. Die „neue sozialistische Intelligenz" war Arbeitern, aber auch langgedienten Ingenieuren in Leitungspositionen ein Dorn im Auge. Neben den unterschiedlichen Qualifikationen, die im Alltag aufeinandertrafen und sich nur schwer vereinbaren ließen, existierte ein massives Aufstiegsproblem, mit hervorgerufen durch die generationelle Lagerung in den mittleren wirtschaftlichen Leitungsebenen. Die nachwachsenden Generationen stießen auf eine „nach unten tretende" Generation, die selbst am weiteren Aufstieg gehindert wurde. Die „KZ-Generation" beanspruchte die hohen politischen Ämter in Staat, Partei und gesellschaftlichen Leitungsfunktionen für sich und blockierte so den Aufstieg der „Aufbau-Generation" an die Spitze der Gesellschaft. Deshalb eroberte diese Generation nur den „Mittelbau" der DDR-Gesellschaft: leitende Funktionen in Kombinaten, LPG'n, Schulen, Universitä-

---

[181]   Vgl. dazu André Steiner: Von Plan zu Plan. Eine Wirtschaftsgeschichte der DDR, München 2004.

[182]   Vgl. im Folgenden: Bauerkämper: Sozialgeschichte, a.a.O., S. 38f., vgl. jüngst zu diesem Themenkomplex die Studie von Christoph Vietzke: Konfrontation und Kooperation, a.a.O..

ten, etc. Da der weitere Aufstieg blockiert blieb, hinderte diese Generation die nachwachsende 68er-Generation der „neuen technische Intelligenz" am Aufstieg in die eigenen Pfründe.

Der „Aufstand" der neuen technischen Intelligenz gegen die DDR äußerte sich demnach in mehreren Konfliktlinien: technische Kompetenz gegen Parteidoktrin, Fortschritt gegen technischen Rückstand der DDR, „68er-Generation" gegen „Aufbaugeneration". Da die „Verwirklichung" im Beruf zum Teil unmöglich erschien, hatte auch die „neue technische Intelligenz" nur die Möglichkeit von Rückzug oder Aufbegehren. Die Summe der Faktoren ist wohl am erklärungsmächtigsten für die hohe Zahl an systemkritischen Wendepolitkern aus dieser Generation und dieser sozialen Schichtung.

Doch der reale Aufstand der technischen Intelligenz bedurfte erst des Auslösers der friedlichen Revolution, vorbereitet und getragen von den Bürgerrechtlern, durchgesetzt von den Massen auf der Straße. Der Zenit der Bürgerrechtler wurde gleichsam zur Initialzündung der Wendepolitiker. Für den kurzen Moment der Revolution von 1989 und das Einheitsjahr 1990 war der scheinbar ungewöhnlichen Zusammenschluss des restlichen bürgerlich-protestantischen Milieus und liberaler Pfarrer mit Teilen der am Aufstieg gehinderten technischen Intelligenz manifestiert worden. Dieses Bündnis bildete den Kern der 89er Revolution,[183] zerfiel in der Folge aber auch wieder. Bereits im ersten gesamtdeutschen Bundestag zeigte sich dabei, dass vor allem die technische Intelligenz – selbst unter den Bürgerrechtlern[184] und noch deutlicher unter den Wendepolitikern – die dominierende Gruppe bildete.

Doch so ungewöhnlich der breite Anti-Eliten-Konsens wirkte, war er denn doch nicht gewesen. Das gemeinsame Dach bildete über all diese Teilmilieus das Streben nach Bürgerlichkeit, nach bürgerlicher Emanzipation. Während die Pastoren eher bildungsbürgerliche Ideale repräsentierten und die eigene Lehre verteidigten, standen die Stadtbürger vor allem für die kulturelle, auch die öffentliche Wiederherstellung bürgerlicher Distinktion, wohin auch

---

[183] Thomas Großbölting: Entbürgerlichte die DDR?, a.a.O., S. 430f..

[184] Klaus-Dieter Feige (Bü90, MdB 90-94), Gerd Poppe (Bü90, MdB 90-98), Werner Schulz (Bü90, MdB, 90-05), Günter Nooke (MdL, Bü90, später Bürgerbündnis, ab 96 CDU, MdL 90-94, MdB 98-05), Angelika Barbe (SDP, ab 96 CDU MdB 90-94), Arnold Vaatz (CDU MdL 90-98, MdB 98-...), Stefan Hilsberg (SPD, MdB 90-...).

die neue technische Intelligenz strebte, wenngleich erst die Revolution von 1989 und die anschließende Beendigung der sozialen Nivellierung auch die monetären Vorraussetzungen schaffte, in Ostdeutschland ein neues, bürgerliches Milieu zu erschaffen. Hier liegt überdies der Erklärungsschlüssel für den Erfolg dieses Milieus. Ihr Ankommen im wiedervereinten Deutschland verlief wesentlich günstiger, wohingegen die arbeiterliche Mehrheitsgesellschaft bis heute in großen Teilen „abgehängt" erscheint.

Die Entbürgerlichung Ostdeutschlands und Verbürgerlichung Westdeutschlands scheinen bis heute ursächlich für andauernde Mentalitätsunterschiede zwischen Ost und West[185]. Dies führt, so Ahbe, zu einer neuen „Ent-Identifizierung von Leitbildern und den diese repräsentierenden Institutionen."[186] Folgt man Ahbe, so erscheint der Erfolg ostdeutscher Politiker mit bürgerlichem Hintergrund in der Politik eben der genannten Logik zu folgen. Reste langer verinnerlichter ostdeutsch-bürgerlicher Emanzipationsbestrebungen treffen in einem bürgerlichen westdeutschen Umfeld auf fruchtbaren Nährboden. Dies würde auch erklären, warum es im Osten verbliebene Politiker anfangs und zum Teil bis heute ungleich schwerer haben, Resonanzraum in politischen Erfolg ummünzen zu können, als die Ost-Exporte in Bonn und später in Berlin.

Doch nicht allein die Milieuunterschiede, die in einem auf gesellschaftliche Nivellierung angelegten, sozialistischen Staat nicht immer trennscharf waren, überdies – durch mangelnde Vorfeldorganisationen und Vernetzung in einem auf sozialistischer Monotonie basierenden Öffentlichkeit – bei weitem nicht die Binnenkräfte und Verbindlichkeitsmechanismen nutzen konnten, wie die verbliebenen Milieus in der Bundesrepublik, sind hier ursächlich. Deshalb ist allein aus der generationellen Lagerung und der milieuspezifischen Prägung jenseits der nivellierten arbeiterlichen Gesellschaft noch nicht der Weg in die Politik vorgegeben, sind trotz der Überschneidungen die Wege von Bürgerrechtlern und Wendepolitikern in die Politik deutlich unterschiedlich.

---

[185] Vgl. Tagungsbericht Ideologie und Lebensalltag - Vom Kitt des DDR-Systems. 25.04.2008-27.04.2008, Schwanenwerder. In: H-Soz-u-Kult, 02.07.2008, http://hsozkult.geschichte.hu-berlin.de/tagungsberichte /id=2161 [eingesehen am 15.05.2009].
[186] Ebd.

IV Sozialisation im Sozialismus

Eine Ursache für die unterschiedlichen Wege in die und den Umgang mit der Politik liegt in der oberflächlich so ähnlichen, tiefgründig und in den persönlichen Schlussfolgerungen aber umso unterschiedlicheren politischen Sozialisation. Zwar sind Bürgerrechtler wie Wendepolitiker im gleichen Erfahrungsraum DDR politisch sozialisiert worden, allerdings mit völlig unterschiedlichen Schlüssen. Die Bürgerrechtler hatten bereits in der DDR den politischen Raum zu vermessen versucht und schienen mit der friedlichen Revolution den eigenen Zenit erreicht und im Lauf der Revolution auch überschritten zu haben. Anschließend hatten sie zudem einen Bonner Sozialisationsschock zu gewärtigen. Ganz anders die Wendepolitiker, die den Weg in die Politik nach der Diktatur – mithin am Beginn und eben nicht am Ziel eines politischen Weges – fanden. Sie hatten sich nicht bereits in der Diktatur zerrieben, vielmehr ausgeruht nach langer Inkubation fröhlich die Bonner Republik für sich erobert.

Am Beispiel Angela Merkels wird dies besonders deutlich, wie der Politikwissenschaftler Franz Walter anmerkt. Walter vergleicht Merkel mit dem starken Wanja Ottfried Preußlers, der sieben Jahre Sonnenblumenkerne kauend auf der Ofenbank lag und dann ausgeruht war und stark wie ein Bär. Und so betrat auch Merkel, und gleiches galt zumindest anfänglich für viele Wendepolitiker, „die politische Bühne der Bundesrepublik ausgeruht, neugierig, ohne den selektiven Blick routinierter Aktivisten."[187]

Der oppositionelle Versuch, in der Wahrheit zu leben, mag eine wichtige Vorraussetzung gewesen zu sein, der Bevölkerung der DDR die Hoffnung auf ein Ende der SED-Herrschaft aufrecht erhalten zu können. Doch für den Übergang in die bundesrepublikanische Realität bot das richtige Leben im falschen System, wie es die meisten Wendepolitiker und wohl auch große Teile der DDR-Bevölkerung gelebt hatten, die bessere Zugangsvorrausetzung.

---

[187] Vgl. Walter: Charismatiker und Effizienzen, a.a.O., S. 303f..

IV.1 Die Politische Sozialisation der Bürgerrechtler oder: vom Versuch, in der Wahrheit zu leben

„In den Gesellschaften des posttotalitären Systems[188] ist jegliches politisches Leben im traditionellen Sinne des Wortes ausgerottet. Die Menschen haben keine Möglichkeit, sich öffentlich zu äußern, ge-schweige denn, sich politisch zu organisieren. Die Lücke, die dadurch entsteht, wird voll mit dem ideologischen Ritual gestopft. Das Interesse der Menschen für politische Angelegenheiten wird in dieser Situation selbstverständlich geringer. Das unabhängige politi-sche Denken und die politische Arbeit – falls so etwas in irgendeiner Art überhaupt existiert – kommt den meisten Menschen irreal und abstrakt vor, als Spiel um des Spiels willen, was ihren harten alltäg-lichen Sorgen hoffnungslos fern steht. Es ist vielleicht sympathisch, aber ganz überflüssig, weil es einerseits utopisch und andererseits sehr gefährlich ist, denn jeder Versuch in dieser Richtung wird von der gesellschaftlichen Macht hart bestraft.

Trotzdem leben selbstverständlich auch in diesen Gesellschaften ein-zelne und Gruppen, die auf Politik, als ihre Lebensaufgabe, nicht verzichten. Die versuchen auf diese oder jene Art politisch unabhän-gig denken, sich zu äußern und eventuell auch zu organisieren – denn eben dies gehört zu ihrem ‚Leben in Wahrheit'.‟

Was Vaclav Havel in seinem 1980 erstmals veröffentlichen Essay „Ver-such, in der Wahrheit zu leben‟ anspricht, ist zum einen eine nahezu idealtypi-sche Beschreibung der Motive, die Bürgerrechtler immer wieder zu politischer Gegenwehr trieben. Es illustriert aber zugleich das eklatante Missverhältnis

---

[188] Havel beschreibt die sozialistische Diktatur in der ČSSR als posttotalitäres System, einer Logik, der man nicht unbedingt folgen muss, um die anschließenden Ausführungen nutzbar zu machen, gemeint ist die ČSSR und der real existierende Sozialismus in den osteuropäi-schen Staaten am Anfang der 80er Jahre, vgl. Vaclav Havel: Versuch in der Wahrheit zu leben a.a.O., S. 38f..

zwischen dem in der Wahrheit lebenden *homo politicus* und der schweigenden Mehrheit. Gleichwohl sieht Havel im Wirken dieser politisch wahrhaften Personen zwar mehr als den Kampf gegen Windmühlen, kritisiert zugleich aber deren konzeptionelle Schwächen: das Festhalten an vagen Utopien, mithin die Emanzipation von der Wirklichkeit, weshalb dieser Typ des *homo politicus* in der Diktatur zwar für die Kontinuität politischen Denkens an sich notwendig ist, das Sensorium für reale Veränderungsmöglichkeiten aber weitestgehend in utopische Reflexe auslagert.

Der Ausbruch aus diesem Dilemma schien schwierig, denn die harte politische Realität zwang einen jeden *homo politicus* zuvorderst zu einem innerlichen Bekenntnis. Ereignisse wie der kulturpolitische Kahlschlag 1965, die Niederschlagung des Prager Frühlings 1968, die Ausbürgerung Biermanns 1976, der beständige ökonomische, ökologische und auch moralische Niedergang der DDR spätestens seit den 80er Jahren verlangten nach Alternativen, nach Auswegen, auch nach Gegenwehr. Doch Gegenwehr, und sei es nur durch passive Verweigerung, galt als politisch und so tragen viele Bürgerrechtler neben den gesellschaftlichen Momenten auch konkrete Erfahrungen der staatlichen Repression in ihrer Biographie, die den Abwehrreflex verstärkten, teils schicksalhafte Folgen wie die Verbannung von der Universität, die Entfernung vom Arbeitsplatz, mithin Ausgrenzungserfahrungen aus der ungeliebten sozialistischen Gesellschaft nach sich zogen.[189] Diese Erfahrungen haben viele der Bürgerrechtler hart werden lassen gegenüber der verhassten Diktatur, gegenüber deren Handlangern sowie gegenüber Parteien und DDR-Medien, aber auch gegen sich selbst.

Zudem lehnten es die Bürgerrechtler in dem Moment, als sie die Möglichkeit hatten, ab, im Zuge der Revolution konkrete Angebote zu machen, wie die Gesellschaft zu verändern wäre, denn „präzise Programme oder vorgefertigte Zielkataloge hätten ein starres Gesellschaftsmodell durch ein anderes ersetzt und damit der erhofften Selbstentfaltung der Gesellschaft im Wege

---

[189] Vgl. Danuta Kneipp Berufsverbote in der DDR? Zur Praxis politisch motivierter beruflicher Ausgrenzung im Ost-Berlin der 70er und 80er Jahre, in: Potsdamer Bulletin für Zeithistorische Studien, Heft 36/37, 2006, S. 32-36.

gestanden."[190]. Genau dieses Dilemma sah Vaclav Havel bereits 1978 voraus, als er konstatierte: „Sie [die Bürgerrechtler] übernehmen nicht die messianische Rolle irgendeiner gesellschaftlichen ‚Avantgarde' oder ‚Elite', und wichtiger noch: sie wollen auch niemanden führen."[191] Havel sah mithin bereits 1978 die Gründe für das Scheitern der Bürgerrechtler am Ende des Jahrzehnts voraus, auch weil sein Konzept der „moralischen Revolte des Individuums gegen das System der Lüge"[192], welches großen Einfluss auf die tschechischen und die ostdeutschen Oppositionellen hatte, gezielt antipolitisch angelegt war.

Was ist nun aus den Bürgerrechtlern geworden, von denen der damalige Bundespräsident Roman Herzog sagte, dass sie zum Besten gehörten, was Deutschland hervorgebracht hat? Blickt man in die deutschen Parlamente, fällt die Antwort ob deren Nicht-Anwesenheit ernüchternd aus. Fragt man die Akteure selbst, ist die Antwort nicht wesentlich euphorischer. „Wir laufen immer als das schlechte Gewissen der anderen rum", so die Erkenntnis von Werner Schulz. Dass sie „in ihrer Einschätzung der DDR als Unrechtsregime Recht behalten und damit vielen westdeutschen Politikern den Spiegel vorgehalten haben, spüren sie noch heute", so Schulz weiter.[193]

„Wir haben erreicht, was wir im Großen und Ganzen wollten: Rechtsstaatlichkeit, Demokratie, Freiheit, Menschenrechte. Danach tat sich das Feld der demokratischen Auseinandersetzung auf. Da bin ich zurückhaltend, noch von Erfolgen der Bürgerrechtler als Gruppe zu sprechen", so Günter Nooke auf die Frage warum die ausgewiesenen Dissidenten der DDR eben keine

---

[190] Karsten Timmer: „Für eine zivile Gesellschaft zivilisierter Bürger" – Die ideellen Grundlagen der DDR-Bürgerbewegung 1989/90, in: Günther Heydemann u.a. (Hrsg.): Revolution und Transformation in der DDR 1989/90, Berlin 1999, S. 51-64, hier S. 61.

[191] Vaclav Havel: Versuch in der Wahrheit zu leben a.a.O., S. 75.

[192] Vgl. Ansgar Klein: Der Diskurs der Zivilgesellschaft. Politische Hintergründe und systemtheoretische Folgerungen, Opladen 2001, S.48f., vgl. auch Winfried Thaa: Die Wiedergeburt des Politischen. Zivilgesellschaft und Legitimitätskonflikt in den Revolutionen von 1989, Opladen 1996.

[193] Jens König: Der Bündnis-Fall, in: Die Tageszeitung 18.01.2002., vgl. auch Martin Lutz/ Uwe Müller: Niemand wollte die Bürgerrechtler, Gespräch mit Stephan Hilsberg, in: Die Welt, 15.1.2009.

politischen Karriere in der Bundesrepublik machten[194]. Symptomatisch dafür scheint die kleine Fraktion des Wahlbündnisses Bündnis90/Die Grünen im Bundestag von 1990-1994. Von den acht Parlamentariern blieben gerade Mal drei der Fraktion für eine weitere Wahlperiode erhalten: Werner Schulz, Gerd Poppe und Vera Lengsfeld.

Die Bürgerrechtler blieben in der Bundesrepublik politisch heimatlos und gespalten, was deren Machtpotential nachhaltig schwächte. Die einen wechselten von Grün und Rot zu Schwarz und sorgten für Verwirrung im „westdeutschen Lagerdenken". Die bei den Bündnisgrünen verbliebenen Bürgerrechtler wie Werner Schulz und Katrin Göring-Eckardt galten in ihren Parteien als Hyper-Realos und doppelt anachronistisch, zum einen als zu weit rückwärts gewandt, wenn es um die DDR-Vergangenheit und PDS ging und als zu visionär, wenn es um ernsthafte schwarz-grüne Optionen jenseits Fischerscher Machtspiele ging. „Hier zeigt sich nicht nur, dass die Fusion der westdeutschen Grünen mit den ostdeutschen Bürgerrechtlern zum Teil auch ein Missverständnis gewesen war: weil man sich im grünen Westdeutschland offenbar nicht vorstellen konnte, dass man gegen die Staatsmacht sein und auf der Seite persönlicher Bürgerfreiheiten stehen konnte, *ohne* links zu sein."[195]

Auf der anderen politischen Seite bekam der CDU-Vorzeige-Bürgerrechtler Rainer Eppelmann die Rolle des sozialen Gewissens in der CDU als CDA-Vorsitzender zuerkannt und in der SPD findet man die Bürgerrechtler in der absoluten Bedeutungslosigkeit versunken. Sie machten, so ihr Anspruch, nur Kompromisse um der Sache wegen, nie aber aus reinem Machtinteresse. Und wenn es um die PDS und die Stasi ging, waren sie kompromisslos, Günter Nooke hatte bereits die Regierungskoalition in Brandenburg platzen lassen, Vera Lengsfeld und Erhard Neubert wechselten wegen des „Schmusekurses zur PDS" das politische Lager. Rot-Rot-Grünen Optionen erteilten sie immer wieder eine Absage, in diesem Punkt waren und

---

[194]   Karin Priester: Loyalität und Dissidenz. Gespräch mit Stephan Hilsberg und Günter Nooke. Haben die „Helden von ´89" ausgedient?, in: http://www.frankfurterhefte.de/gespraech/gespraech0603a.html, [eingesehen am 15.05.2009].

[195]   Robert Leicht: Der Witz der Macht, in: Die Zeit, 19.06.2001, [Hervorhebung im Original].

sind sie unversöhnlich[196]. Konrad Weiß gab aus Protest gegen das rot-rot-grüne Planspiele in Berlin sein bündnis-grünes Parteibuch zurück.

„Dieses Unbeugsame, Stählerne, Hoch-Moralische, mit dem die Bürger-rechtler der DDR den Oberen in ihrem Staat die Stirn geboten hatten – und das sie im Politikbetrieb des geeinten Deutschlands so sperrig machte für Freund und Feind" unterschied die Bürgerrechtler vielfach von den Wendepolitikern, die auf das Moralisieren verzichteten, die den Rucksack DDR mit dem 3. Oktober 1990 öffentlich entsorgten und ihn fortan nur noch innerlich im Gepäck hatten.[197] Anders die Bürgerrechtler, die den DDR-Rucksack in der öffentlichen Wahrnehmung immer wieder schulterten.

Trotzdem wurde den ostdeutschen Bürgerrechtlern ein pragmatischer, un-ideologischer, konsensorientierter Politikstil unterstellt, der gleichzeitig aber ständig konfliktträchtige Themen anschneide. Unversöhnliches Moralisieren nannte Ludger Volmer das, was er selbst mal ganz gut konnte. Basisdemokra-tischer Fundamentalismus und Kungelei jenseits der Parteigrenzen war den Bürgerrechtlern zu Eigen, eine Art Herdentrieb, der bei DDR- und Ostdeutsch-land-Themen immer mal wieder fraktionsübergreifend aufflackerte.

Sinnbildlich ist dies in der ersten Bundestagsfraktion des Bündnis90 ge-worden, eine Art „Bürgerrechtler-WG"[198] verschiedenster politischer Welt-sichten. In Wollpullis gehüllte Ökos, Menschenrechtler, Feministen, Pazifis-ten, Linke, Bürgerliche, Konservative und Künstler mit einer verbindenden Idee, die allerdings schon verwirklicht war: die Brechung des Herrschaftsmo-nopols der SED und die Demokratisierung der DDR, die es zu diesem Zeit-punkt nicht mehr gab. Aus dieser Idee schöpften sie ihr politisches Weltbild und ihren Politikstil, ihre Themen und Argumente. Doch der Feind war tot und was nun? Wozu braucht es noch eine Bewegung, die ihr historisches Ziel erreicht hat, sich durch die teleologische Erfüllung des Selbstzwecks überflüs-sig macht?

---

[196] Eine Ausnahme bildete Hans-Jochen Tschische, der das „Magdeburger Modell" von Seiten der Bündnisgrünen mit ausgehandelt und gegen Widerstände verteidigt hat.

[197] Zitat: Anette Ramelsberger: Abschied von der „ungeheuren moralischen Kraft", in: Süddeutsche Zeitung, 21.09.2005.

[198] Vgl. König: Der Bündnis-Fall, a.a.O..

Die einende Konsens-Klammer – die Gegnerschaft zum SED-Regime – war jedenfalls mit der ersten freien Volkskammerwahl obsolet geworden. Zwar hatten sie die Demokratisierung der DDR mit angestoßen, waren aber größtenteils auch vom erweckten Souverän überrollt worden, weder programmatisch noch personell vermochten sie aus symbolischer Außenwirkung reale Macht zu generieren, auch weil die bürgerrechtliche Dialektik schwer vermittelbar war. Schließlich beförderte die erkämpfte Freiheit von Meinung und Presse die Möglichkeit, gar die Notwendigkeit, mit den Medien zusammenzuarbeiten, um im Parteienwettbewerb zu bestehen. Doch sich mit den geschaffenen Realitäten zu arrangieren und diese aktiv und offen zu gestalten, sich gleichzeitig von der Kultur des subversiven Diskurses zu verabschieden, überdies nicht mehr das Alleinvertretungsmonopol in westdeutschen Medien wie vor 1989 zu besitzen, schien die Bürgerrechtler in besonderem Maße zu belasten. Das schwierigste Unterfangen für die Bürgerrechtler war folglich die erforderliche Übersetzungsleistung des Politikmusters à la DDR in bundesdeutsche Realitäten. Der kollektive Seiteneinstieg der Bürgerrechtler in die „Medien- und Parteiendemokratie" musste sich mithin von im DDR-Untergrund erlernten Politikmustern lösen – indes die Zeit dafür war viel zu knapp bemessen.

Überdies musste nicht nur das Politikmuster, auch der Anspruch an politisches Handeln einer gründlichen – und zügigen – Revision unterzogen werden. Denn aus der Erfahrung des Machtmissbrauchs durch die SED heraus resultierte für die verschiedenen Kreise noch immer eine übergreifende latente Distanz zur Macht, die sich durch großes Misstrauen gegenüber jeglichen Parteien äußerte. Neben dem allfälligen Gegner der SED galt auch der „Parteienstaat West" als fehlerbehaftete Alternative, da der zum größten Teil nicht dem basisdemokratischen Grundverständnis vieler Bürgerrechtler entsprach, die offenere Konzepte zur Sammlung und Durchsetzung politischer Ideen favorisierten.[199]

---

[199] Vgl. hierzu auch: Charles S. Maier: Zur historischen Bewertung der DDR-Bürgerbewegung von 1989 – 90. Ein Essay, in: Deutsche Nationalstiftung (Hrsg.): Zivilcourage gestern und heute. Der Nationalpreis 2000. Eine Dokumentation, S.14-27.

Die Bürgerrechtler hatten in kleinen konspirativen Kreisen weniger aktive Politik gestaltet, vielmehr betrachteten sie ihre Aufgabe in der Herstellung einer kritischen Gegenöffentlichkeit[200]. Damit wollte man in die Gesellschaft hineinwirken, kritisch hinterfragen und Alternativen diskutieren und anbieten. Ein Denkmuster, von dem sich die Grünen zu diesem Zeitpunkt bereits unter starken Schmerzen verabschiedeten[201]. Doch dieser einzig gangbare Weg, in einer Diktatur politische Öffentlichkeit herzustellen, blieb auch über 1989 hinaus prägendes Grundmuster bürgerrechtlichen Politikverständnisses. Nicht das Durchsetzen von Entscheidungen im parlamentarischen Verfahren von oben nach unten, sondern das zivilgesellschaftliche Begleitung, die Kontrolle und Initiative von unten nach oben blieb dominierendes Leitbild[202].

Dies ist wohl einer der wichtigsten Erklärungsschlüssel für die schwache Vertretung von Bürgerrechtlern in hohen politischen Ämtern. Auf das reale „Politikmachen" in der Demokratie waren sie kaum vorbereitet. Ihre Glanzstunden hatten die Bürgerrechtler am „Runden Tisch"[203]. Er entsprach eher ihrem Naturell, nicht aber der plötzliche Wahlkampf, Kohls schnelles Agenda-Setting, das Spiel mit den Medien.

Am besten bewährte sich noch die SDP, die dank ihrer führenden Köpfe Martin Gutzeit und Markus Meckel konzeptionell am besten aufgestellt war und die – als erste und anfänglich einzige – eine Partei, und eben nicht eine offene Bewegung, gründeten. Im einfachen Vermitteln von Inhalten für das Wahlvolk waren sie aber den westdeutschen Wahlkampfmanagern, die es

---

[200]   Vgl. zu Konzept und Wirklichkeit der Gegenöffentlichkeit neben anderen: Patrik von zur Mühlen: Aufbruch und Umbruch in der DDR. Bürgerbewegung, kritische Öffentlichkeit und Niedergang der SED-Herrschaft, Bonn 2000.

[201]   Vgl. u.a Hubert Kleinert: Vom Protest zur Regierungspartei. Die Geschichte der Grünen, Frankfurt am Main 1992.

[202]   Ein buntes Bild dieses Denkmusters zeichnen die Veröffentlichungen im politischen Samisdat der DDR. Samisdat ist der sowjetische Begriff für Eigenverlag und stand für meist im kirchlichen Raum entstandene halblegale Zeitschriften der Oppositionellen-Szene, die auf primitive Weise erstellt und vervielfältigt wurden. Die Samisdat-Schriften dienten zur Schaffung einer „Gegenöffentlichkeit", waren gleichzeitig Veranstaltungskalender, Diskussionsplattform und Zeugnis einer regen Oppositionsarbeit in der DDR. Grundlegend zum Samisdat: Ilko-Sascha Kowalczuk: Freiheit und Öffentlichkeit. Politischer Samisdat in der DDR 1985-1989, Berlin 2002.

[203]   Uwe Thaysen (Hrsg.): Der Zentrale Runde Tisch der DDR. Wortprotokoll und Dokumente. Wiesbaden 2000.

vermochten, programmatisch überhaupt nicht vorhandene Blockparteien oder Parteineugründungen auf Wahlkampfniveau zu bringen, deutlich unterlegen[204].

Die Erfahrung des Politikmachens im Untergrund hatte den Bürgerrechtlern einen eigenen Politikstil beschert, der sich für die Wahlauseinandersetzungen des Jahres 1990 als hinderlich erwies. Politik braucht die Bühne, die Öffentlichkeit, die Interaktion, was den Bürgerrechtlern vor 1989 nicht zur Verfügung stand. Sie hatten vielmehr versucht eine Gegenöffentlichkeit zum Staat zu schaffen, kooperierten zu diesem Zweck zum Teil konspirativ mit bundesdeutschen Medien, was immer wieder zu Kontroversen führte oder publizierten halblegal im Samisdat, selten jenseits einer Auflage von einhundert Exemplaren.

Zudem war Politik in der DDR entschleunigt. Ständig wechselndes Agenda-Setting war ebenso unnötig wie der Umgang mit den öffentlichen Leitmedien oder die Vorbereitung anstehender Wahlen. Also kultivierte man die Basisdemokratie, die breit angelegte Diskussion, die teils utopische Programmarbeit – im Prinzip war ja Zeit bis zum Tag X, an dem die DDR mal zusammenbrechen würde. Zudem bestimmten die Oppositionellen weitestgehend selbst, welche Bilder und Themen man nach außen tragen wollte – ein deutlicher Unterschied zur heutigen „Mediendemokratie".

Letztlich scheiterten die Bürgerrechtler am eigenen zivilgesellschaftlichen Konzept, dessen dezentrale Organisationsform, programmatische Offenheit und Machtdistanz der Bewegung zwar in Gegnerschaft zur SED äußerst effektiv war, das aber in dem Moment kollabierte als die Herrschaft der SED gebrochen war.[205] „An diesem Punkt erwies sich die Bewegung als unfähig und unwillig, die – wie es damals hieß – ‚auf der Straße liegende Macht' zu übernehmen. Während ein großer Teil der Bevölkerung schnelle Lösungen forderte, blieb die Bewegung fixiert auf einen langsamen, an der Basis ansetzenden Aufbau einer zivilen Gesellschaft."[206]

---

[204] So etwa die DSU, die aus dem Stand 6,3% der Stimmen zur ersten Volkskammerwahl gewann.

[205] Vgl. Karsten Timmer: „Für eine zivile Gesellschaft zivilisierter Bürger", a.a.O., S. 64.

[206] Ebd.; wenngleich nicht alle Bürgerrechtler diesem Idealbild verblasster (grüner) Friedenskreisromantik entsprachen – wobei der Unterschied zum westdeutschen Diskurs die vielfach strikte Ablehnung von Ideologie, von absoluten Wahrheiten und großen Erzählungen war –

In den Diskussionszusammenhängen, wo diese zivilgesellschaftliche Überformung der politischen Realität am heftigsten geführt wurden, kam es folglich auch zu den heftigsten Auseinandersetzung zwischen Pragmatikern und fundamentalen Verteidigern des eigenen offenen anti-parteilichen Diskurses, der vor allem den Demokratischen Aufbruch und die SDP erfasste und bis zu Vereinigung von Bündnis90 und den Grünen immer wieder zu heftigen Aderlässen der Bürgerbewegungen geführt hatte und am Ende denen in die Hände spielte, die am ehesten und am schnellsten bereit waren, die politischen Realitäten des bundesdeutschen Parteienstaates anzuerkennen: den Wendepolitikern wie Merkel, Platzeck und Thierse.

---

so sind nach der deutschen Einheit kaum bürgerrechtliche Karrieren zu finden. Ausnahmen sind da noch am ehesten Werner Schulz, der allerdings in einer reinen Bürgerrechtler-Fraktion deren Vorsitz innehatte, 1994 aber von Joschka Fischer geschasst und seither vom grünen Establishment ignoriert oder bekämpft wurde oder Rainer Eppelmann (Vorsitzender der CDA, 1994-2001), einem frühen Förderer Angela Merkels. Beide müssen aber dem stark pragmatischen Flügel der Bürgerrechtler zugerechnet werden.

IV.2 Politische Sozialisation der Wendepolitiker oder: vom richtigen Leben im falschen System

„Acht Jahre nach der staatlichen Vereinigung [...] empfinde ich mich in einem gänzlich uneitlen Sinne als Stellvertreter, als Repräsentant meiner ostdeutschen Mitbürgerinnen und Mitbürger. Ich bin weder mein Leben lang ein Widerstandskämpfer gegen die SED-Herrschaft gewesen, noch habe ich mich jemals mit dieser Herrschaft identifizieren können oder wollen. Darin stehe ich vermutlich für eine große Mehrheit meiner Landsleute in den ostdeutschen Ländern. Es gab das wirkliche? – das richtige Leben im falschen System! Es bleibt weiterhin notwendig, was ich seit acht Jahren gewissermaßen als ‚politischer Wanderprediger' einfordere, nämlich einen Unterschied zu machen zwischen dem Urteil über das gescheiterte System und dem Urteil über die Menschen, die in ihm gelebt haben, leben mussten und die nicht alle gescheitert sind, nicht gescheitert sein dürfen!"[207]

Thierse steht mit dieser Sichtweise, dass es ein richtiges Leben im falschen System gegeben haben mag, wohl in der Tat für die Mehrheit der Ostdeutschen, die sich die eigenen Biographien nicht entwerten lassen wollen[208]. Er steht exemplarisch für die vielen, die keine Widerständler waren und sich mit der Herrschaft nicht identifizieren wollten[209]. Und doch stellen die

---

[207]   In Anlehnung an Adornos „Es gibt kein richtiges Leben im falschen" hat Thierse bereits Anfang der 90er Jahre mit der Umkehrung von Adornos Formulierung trotzig und nahezu mantrahaft versucht, die politische Passivität der DDR-Gesellschaft vor 1989, zwischen Akzeptanz und fehlender Identifizierung mit dem System, zu beschreiben. Vgl. Wolfgang Thierse: „Versöhnung mitten im Streit", Rede nach der Wahl zum Bundestagspräsidenten am 26. Oktober 1989 in Bonn, abgedruckt in: Wolfgang Thierse: Das richtige Leben, a.a.O., S. 44f..

[208]   Vgl. dazu auch die sehr eindringlichen, zugleich lebensnahen Reflektionen von Christoph Dieckmann: Das wahre Leben im falschen. Geschichte von ostdeutscher Identität. 2. Auflage, Berlin 1999.

[209]   Ähnlich etwa Reinhard Höppner: „Ich habe ein Leben gehabt, das ich gerne gelebt habe. Ich verstehe nicht, wenn Leute sagen, das waren 40 verlorene Jahre. [...] Ich bin auch nicht bloß

Wendepolitiker nur einen kleinen, exklusiven Ausschnitt dieser richtigen Biographien dar, die sich überdies stark von den wahrhaften Biographien im Havelschen Sinne schieden. Die Wegscheide, die Mehrheitsgesellschaft und Wendepolitiker trennt, wird erst 1989 erkennbar, als die einen sich der Politik widmen, während die anderen das richtige Leben im Prinzip einfach ins nächste System transferierten.

Die Entscheidung, 1989 in die Politik zu gehen, war jedoch bei den meisten Wendepolitikern eine innerlich früh angelegt Entscheidung. Unterbewusst oder eher am Rande hatten frühe Sozialisationserfahrungen die entscheidende graduelle Unterscheidung zwischen Leben *im und mit* dem System oder lediglich *innerhalb und am Rand* des Systems vorentschieden. Die politische Sozialisation der Wendepolitiker begann, wie bei den Bürgerrechtlern, ebenfalls mit den Erfahrungen der sechziger Jahre, auch der frühen Siebziger, den wirtschaftlich stabilsten Jahren der DDR. Da die Loyalität zum prosperierenden Sozialismus wenn nicht schon relativ gering ausgeprägt, so doch über die Realität teils erschüttert war, blieb Abweichung, von Passivität bis Verweigerung, häufig der Kern biographischer Prägung der Wendepolitiker, ohne daraus sogleich widerständiges Verhalten zu organisieren.[210]

So erinnert sich Angela Merkel zwar daran, dass sie die Niederschlagung des Prager Frühlings „furchtbar traurig" gemacht hatte und sie sich gegenüber den „Tschechen dafür sehr geschämt" hatte.[211] Interessant sind indes die Folgen für Merkels politisches Denken. Im Gefolge von 1968 gab es die Debatten über Kommunismus und Sozialismus, über sowjetische, chinesische und andere Wege und „immer theoretischere Hirngespinste über Gesellschaftsstrukturen. Für mich [...] konnte man nur so denken, wenn man das reale praktische Leben zu sehr ausgeblendet hat. Ich konnte das nicht Ernst nehmen und fand, dass das total verkopfte Theorien waren, in denen keiner der

---

mitgelaufen. Ich habe manchmal auch Nein gesagt, manchmal lautstark protestiert, manchmal auch mitgemacht – keine Frage. Ohne ein gewisses Maß an Anpassung geht es, glaube ich, nicht." Zit. nach Günter Gaus: Interview mit Reinhard Höppner, a.a.O., S. 11.

[210]   Vgl. Petra Bornhöft: Wolfgang Thierse. Die kluge Kassandra, in: Der Spiegel, 12.7.1993, vgl. auch: Angela Merkel: Mein Weg. Angela Merkel im Gespräch mit Hugo Müller-Vogg, Hamburg 2004, S. 70f..

[211]   Roll: Und es war Sommer, a.a.O., S. 10.

Beteiligten es nach meiner Auffassung im realen Leben auch nur eine geringe
Zeit seines Lebens ausgehalten hätte."[212] Eine klare Absage der späteren
Wendepolitikerin an die Debatten, die später in Bürgerrechtskreisen so populär
waren, mithin die Bestätigung von Havels Diagnose. 1968 bildete im Nachgang die Wegscheide, während der Einmarsch bei den einen Bedrückung und
Resignation ausgelöst hat, verstärkte es bei den anderen hingegen eine „Jetzt
erst recht"-Haltung[213].

Ersteres galt vor allem für die Wendepolitiker. Helden waren sie, wie
Thierse feststellt, deshalb nie. Obwohl die DDR sie eigentlich brauchte, gab es
derer nicht sehr viele.[214] Widerständler auch nicht, wohl aber lehnten die
Wendepolitiker die DDR innerlich entschieden ab, befanden sich in ständiger
kritischer Auseinandersetzung mit dem ungeliebten Staat. Sie richteten sich ein
in der DDR, weil sie sich einrichten mussten. Denn solange sozialistische
Alternativen Panzern weichen mussten, substituierten die Wendepolitiker die
Hoffnung durch distanzierte, „realistische Resignation".[215] Ähnliches galt auch
für Matthias Platzeck, wenngleich er 1968 noch an den Sozialismus glaubte.

„Ein Jahrzehnt später, die Russen sind auch in Afghanistan einmar-
schiert, vollzieht Platzeck seinen ‚endgültigen' inneren Bruch' mit
dem System. Es gibt in dieser Zeit ein zweites, ein berufliches
Schlüsselerlebnis. Platzeck arbeitet von 1979 bis 1980 am Institut für
Lufthygiene in Chemnitz. Dort misst er die radioaktive Strahlung
von Obst aus einer Kleingartenkolonie am Rande des Erzgebirges.
Eigentlich müsste er dessen Verzehr sofort verbieten, so hoch ist die
Strahlung, aber diese stammt vom nahen Uranabbau. Die Sowjetunion braucht das Uran für ihre Atomraketen, die Messdaten sind ein

---

[212] Roll: Und es war Sommer, a.a.O., S. 10f..
[213] Vgl. Arno Widmann: „Nehmt Euch in Acht." Die Schriftstellerin Christa Wolf über den
       Prager Frühling, existenzielle Kämpfe in der DDR und die widersprüchliche Rolle der West
       68er, in: Frankfurter Rundschau, 11.07.2008.
[214] Vgl. Wolfgang Thierse: Das richtige Leben, a.a.O., S. 31.
[215] Vgl. Wolfgang Thierse, in: Ariane Riecker u.a.: Laienspieler. Sechs Politikerporträts,
       Stuttgart 1991, S. 87-105, hier S. 94.

militärisches Geheimnis. Es wird nicht das letzte Mal sein, dass Platzeck seine berufliche Ohnmacht spürt."[216]

Solche Erlebnisse alltäglicher Grenzen im Beruf waren deshalb von so fundamentaler Natur, da unter den Bedingungen der Diktatur die berufliche Erfüllung häufig einen der wenigen Fluchtpunkt im DDR-Alltag bildete, zumindest half, so Merkel, sich „vom System nicht geistig degenerieren zu lassen".[217] Doch wie bereits beschrieben, waren es nicht allein die zentralen politischen Ereignisse, sondern überdies Benachteiligungserfahrungen aufgrund „falscher" Milieuzugehörigkeiten und alltägliche Erfahrungen der Unzulänglichkeit des real existierenden Sozialismus, die die innere Abwehr gegen das System in den Jahren 1989ff. in eine äußerst expressive Kompensation fehlender politischer Einflussnahme vor 1989 verwandelten.

Hatte man bis dahin irgendwie das richtige Leben im falschen System geführt, in der inneren Emigration verharrt, hatte sich nicht korrumpieren lassen, aber auch nicht lautstark widersprochen, so merkte man doch, dass das System auf sein Ende zuging, zumindest ökologisch und ökonomisch und fürchtete doch, dass die DDR ewig bestehen würde[218]. Mithin dürfte sich deshalb die Zeit bis 1989 als politische Inkubationsphase der Wendepolitiker bezeichnen lassen, die vollkommen ausgeruht, offen für Neues, ohne programmatische Scheuklappen ins „gelobte Land" aufbrachen.

Politisch aktiv wurden die Wendepolitiker aber erst dann, als sich ihnen reale Chancen erboten. Platzeck, Thierse, Merkel, Höppner, Hildebrandt und andere, unbelastet von offenen politischen Konflikten, wohl aber geschult an der sozialistischen Realität, deren Farben immer weniger schillerten, nutzten deshalb ab 1989 jeder für sich die einmalige Chance, politische Karrieren anzustreben.

---

[216] Christoph Seils: Wie viel DDR steckt in Matthias Platzeck?, in: Cicero, Heft 12/2005, S. 64-65, hier S. 64.

[217] Angela Merkel: Außenseiterin in der DDR, in: Angela Merkel: Mein Weg. Angela Merkel im Gespräch mit Hugo Müller-Vogg, Hamburg 2004, S 37-71.

[218] Vgl. Angela Merkel: Mein Weg. Angela Merkel im Gespräch mit Hugo Müller-Vogg, Hamburg 2004, S. 69f..

Während Bürgerrechtler und Politiker aus der alten Bundesrepublik sich einen Wettstreit um die ostdeutschen Wähler lieferten und die Wendepolitiker erste Gehversuche in der Politik unternahmen, sicherte sich auf lokaler und auf Landesebene zunächst eine andere Gruppe viele begehrte Plätze in der neuen ersten Reihe der Politik: die Altkader. Insbesondere in der CDU und LDPD – den Gewinnern des Einheitsplebiszits vom 18. März 1990 – hatten bereits im Vorfeld vielfach Mitglieder der Block-CDU – wie etwa Günther Krause[219] – die eigenen Pfründe gegen von außen Kommende zu sichern verstanden. Bessere Chancen hatten aufstrebende Politiker, die 1989/90 in die Politik gespült wurden, wie etwa die Wendepolitiker, außerhalb dieser Parteien, insbesondere in der SPD und in den Bürgerbewegungen, wo es keine Altkader gab und nur wenige Bürgerrechtler äußerst zögerlich die Macht ergriffen.

Thierse, der erst beim Neuen Forum unterschrieb – was in den ersten Revolutionswochen über 200.000 Menschen in der DDR auch getan hatten – trat erst im Januar 1990 der SDP bei und erklomm binnen fünf Monaten – nach dem furiosen Rücktritt des schillernden Vorsitzenden mit Stasi-Vergangenheit

---

[219] Krause, seit 1975 Mitglied der DDR-CDU, wurde 1989 zum Bezirksvorsitzenden und schließlich 1990 zum Landesvorsitzenden der CDU Mecklenburg-Vorpommern gewählt. Überdies war er Parlamentarischer Staatssekretär beim letzten Ministerpräsidenten der DDR – Lothar de Maizière – und somit in die Verhandlungen um den Einigungsvertrag involviert. Nach der Wiedervereinigung war er Parlamentarischer Staatssekretär von 1990 bis 1991 Bundesminister für besondere Aufgaben, ab 1991 bis zu seinem Rücktritt 1993 Bundesminister für Verkehr. Überdies gilt er in der Anfangsphase als einer der wichtigsten Förderer Angela Merkels, sicherte ihr, da Diestel sich in Brandenburg gegen sie sperrte, Mandat und Parteiamt in Mecklenburg-Vorpommern. Andere Beispiele für erfolgreiche (und verdrängende) Altkader wären in etwa Maria Ludwiga Michalk, CDU-Mitglied seit 1972 und von 1991-1994 stellvertretende Fraktionsvorsitzende und familienpolitische Sprecherin der CDU/CSU-Bundestagsfraktion, Sabine Bergmann-Pohl, letzte Volkskammervorsitzende, später Staatssekretärin im Gesundheitsministerium bis 1998, oder etwa der letzte Ministerpräsident der DDR, Lothar de Maizière, der heutige Ministerpräsident von Sachsen, Stanislaw Tillich und eine Vielzahl an Abgeordneten im Bundestag und in den ostdeutschen Landtagen („Von 27 CDU-Abgeordneten, die wir im ersten Brandenburger Landtag hatten, waren drei neue. 24 waren schon seit Jahrzehnten in der Blockpartei, einer von ihnen seit 1952! Der war schon am 17. Juni auf der falschen Seite.", zit. nach Reinhard Höppner (Hrsg.): Fragen zur deutschen Einheit. Reinhard Höppner im Gespräch mit Regine Hildebrandt, Halle/Saale 1998, S. 153.

Ibrahim Böhme[220] – die Spitze der Macht in der Ost-SPD, auch weil er, der wirkte wie ein Mann von gestern, im Gegensatz zur Führungsspitze eben doch ein Mann von morgen war. Das lag ebenso an der selbstbewussten Rückschau auf ein „normales Leben in der DDR", aber vor allem auch an seinem im Gegensatz zur pastoralen Parteiführung stark gebremsten moralischen Dogmatismus. So war Thierse als Gegner einer Großen Koalition mit der Allianz für Deutschland – insbesondere der äußerst konservativen DSU – nach der Volkskammerwahl im März 1990 in die Koalitionsverhandlungen geschickt worden und als Befürworter einer solchen wieder herausgekommen. „Wenn ich sehe, da kann man etwas erreichen, dann muss man die Chance ergreifen"[221], so Thierse über seine pragmatische Sinneswandlung. „Er habe begriffen, sagt er, dass politisch Denken und politisch Handeln ein großer Unterschied ist. Gerade deshalb hält er sich für den richtigen Vorsitzenden der jungen SPD"[222]

Auch Platzeck machte schnell Karriere, vermochte es dabei immer wieder Parteien und Loyalitäten abzustreifen, wenn es seiner Karriere förderlich erschien. So kam er von einem dreimonatigen Intermezzo bei der LDPD, die er im Zuge der Wahlfälschungskampagne auf seiner Seite wähnte – obschon er kein Liberaler war – zur Grünen Liga und von da (für die dortigen radikalen, basisdemokratischen Debatten hatte er kein Verständnis) zur Grünen Partei – obwohl er „schon 1989 kein Grüner mehr ist."[223] Weitsicht beweist Platzeck allerdings schon früh, als er seine Aktivitäten zu Wendezeiten verschweigt, das – nur eingeschränkt passende – Bürgerrechtler-Image weit von sich weist. Denn „nicht nur der moralische Rigorismus vieler Bürgerrechtler störte ihn. In

---

[220]   Vgl. zu Ibrahim Böhme jüngst: Christiane Baumann: Manfred „Ibrahim" Böhme. a.a.O., vgl. auch Ernst Elitz: Der vergessene Medienstar, in: ders: Ostdeutsche Profile von Bärbel Bohley zu Lothar de Maizière, Stuttgart 1991, S. 61-69; Lahann: Genosse Judas, a.a.O..

[221]   Zit. nach Brigitte Fehrle: Ein bärtiger Vorsitzender mit integrativen Fähigkeiten, in: Die Tageszeitung, 11.6.1990.

[222]   Ebd., Ähnliche Erfahrungen machte auch Regine Hildebrandt, die sich in den Verhandlungen ebenfalls zu einer Befürworterin der Koalition mit der Allianz für Deutschland wandelte, gleichwohl sie später zu einer der schärfsten Kritikern von Lothar de Maizière und Günter Krause wurde, vgl. auch: Regine Hildebrandt: „Das Parteiwesen ist mir zuwider.", in: Riecker: Laienspieler, a.a.O., S. 54-69.

[223]   Christoph Seils: Wie viel DDR steckt in Matthias Platzeck?, a.a.O., S.65.

kleiner Runde erzählt er, lange bevor er Ministerpräsident von Brandenburg wird, es würde ihm politisch eher schaden. Schließlich haben die DDR-Bürgerrechtler bei der Mehrheit der ostdeutschen Bevölkerung ein schlechtes Image."[224] Für einen, der sich erst spät für die Fortsetzung der politischen Karriere entschieden haben will, eine bemerkenswerte Einsicht.

Und so trat er – wiewohl er kein klassischer Sozialdemokrat ist – 1995 in die SPD ein. Einen ähnlichen Weg ging Wolfgang Tiefensee, der wie Platzeck am Runden Tisch erstmals Politik betrieb. Für die Bürgerbewegung *Demokratie Jetzt* saß er 1990 am Leipziger Runden Tisch, wurde als Mitglied des Bündnis90 Stadtverordneter und Bürgermeister und fand erst 1995 den Weg in die SPD, wäre aber, so seine Kritiker, hätte man ihm es empfohlen, auch in die CDU eingetreten[225].

Schließlich gelang es Angela Merkel, vom Demokratischen Aufbruch kommend – vorbei an den CDU-Altkadern – schnell die Karriereleiter emporzusteigen. Dass sie dabei viele Verrenkungen machen musste, um neben dem Schutz des Kanzlers auch ein Standbein in der Partei und an der Parteibasis aufzubauen, hat ihr dabei hingegen wenig geschadet, ihr vielmehr die Arithmetik der Macht offenbart.[226] Doch was allen vier Wendepolitikern gemein schien, war der unbedingte Wille, sich in der Politik festzubeißen, nicht wieder zurück in ihr altes richtiges Leben im Falschen bzw. dann im Richtigen zu müssen.

Einen ähnlich starken inneren Antrieb findet man bei allen Wendepolitikern. Doch nicht nur der Wille, etwas verändern zu wollen, den besaßen in der Tat in den Wendemonaten viele, sondern die Durchsetzungsfähigkeit war der entscheidende Faktor. Dabei waren sie allesamt keine Senkrechtstarter, hielten sich anfänglich vielmehr abseits des Geschehens[227]. Auch Peter-Michael Diestel, der ebenso illustre wie gescheiterte Gründer der DSU (eines konservativen CSU-Ablegers[228]) – letzter Innenminister der DDR und anfänglicher Partei- und Fraktionschef der Brandenburger CDU, lief am Anfang brav auf

---

[224] Ebd.

[225] Peter-Michael Diestel, in: Riecker: Laienspieler, a.a.O., S. 9-30.

[226] Vgl. u.a. Schumacher: Die zwölf Gesetze der Macht, a.a.O., S. 54ff..

[227] Vgl. Ulrich Schacht: Aus dem Osten kommt das Licht, in: Cicero, Band 12/2005, S. 60-63.

[228] Vgl. Carl-Christian Kaiser: Ein Hauch von Kreuth, in: Die Zeit, 30.03.1990.

den Leipziger Montagsdemos mit und ging ebenso brav wieder nach Hause,
um dann um den Jahreswechsel 1989/90 bis in den Sommer 1990 eine dieser
vielen, schillernden Karrieren vom Parteigründer zum ausgegrenzten Überläu-
fer hinzulegen.[229]

Einer, der als Innenminister die Staatssicherheit aufzulösen hatte und sich
dabei von Staatssicherheits-Offizieren beraten ließ, der Volkes Zorn und
Volkes Bewunderung gleichsam auf sich zog, bei einem Misstrauensvotum in
der Volkskammer Gegenstimmen aus allen Parteien erhielt (ebenso aber auch
die Unterstützung), der medienwirksam in der DDR untergetauchte RAF-
Terroristen demaskierte und heute MfS-Größen und Dopingsünder verteidigt.
Auch er besaß jenen inneren Drang, verändern zu wollen, harrte aber der
Dinge bis sie zum Jahreswechsel 1989/90 greifbar wurden, stürzte sich mit
seiner gesamten Energie in die Politik, konnte endlich die überschüssigen
Kräfte abbauen, die er in der DDR hatte kompensieren und unterdrücken
müssen[230]. Die Beispiele ließen sich nahezu beliebig fortsetzen: auch Regine
Hildebrandt[231], Claudia Nolte, sie alle fanden plötzlich und vielfach zufällig
zur und in die Politik. Den sich öffnenden Chancen stand der Wille der
Protagonisten gegenüber aus der Lethargie auszubrechen, der langen Inkubation im Falschen ein Ende zu setzen, auch dem lästigen Alltag voller Erfahrungen der Unzulänglichkeit des real existierenden Sozialismus zu entfliehen.
Abenteuerlust dürfte dabei ebenso eine Rolle gespielt haben, wie die politische
Sozialisation fernab der arbeiterlichen Mehrheitsgesellschaft. Doch reichte das
nicht aus, um eine dauerhafte erfolgreiche Karriere zu meistern. Um sich
dauerhaft zu etablieren, galt es sich zu professionalisieren, wem dies nicht
gelang, der fiel häufig wieder ab.

---

[229] Vgl. Peter-Michael Diestel, in: Riecker u.a.: Laienspieler, a.a.O.
[230] Vgl. ebd., S. 12.
[231] „Ich habe mich eigentlich nie für Politik interessiert. Das kam nur durch die Wende. Das war
        die Einsicht in die Notwendigkeit: Wenn nun etwas anders werden soll, müssen das auch
        andere Leute machen." Zit. Nach: http://www.fembio.org/biographie.php/frau/biographie
        /regine-hildebrandt, [eingesehen am: 01.08.2008].

IV.3 Bürgerrechtler vs. Wendepolitiker

Was unterscheidet nun also Bürgerrechtler und Wendepolitiker, wo liegen die Restriktionen und Ressourcen der politischen Karrieren beider, die Revolution und die Transformation, mithin den Einheitsprozess begleitenden und mitprägenden, ostdeutschen Politikertypen? Die schwierigste Wandlung, die den Bürgerrechtlern anno 1989/90 abverlangt wurde, war die Anpassung an die Parteien- und Wettbewerbsdemokratie. Die in Friedens-, Umwelt-, Menschenrechts-, Frauen-, Eine-Welt- und Kriegsdienstverweigerer-Gruppen sozialisierten Bürgerrechtler einte lange Zeit das gemeinsame Feindbild: die SED-Diktatur.

Innerhalb dieser Grenzen kämpften sie gemeinsam gegen das alte System. Nach der Revolution sahen sie sich nun gezwungen im gemeinsamen, neuen System gegeneinander zu kämpfen. Überdies verloren sie im Parteienwettbewerb zwangsläufig ihr programmatisches, organisatorisches und ideelles Selbstbild. Moderation, programmatische Debatten und Sinnsuche in Programmkommissionen auszulagern, um die Parteiintellektuellen zu beschäftigen und ein bisschen Sinnstiftung zu betreiben, war den meisten Bürgerrechtlern nicht nur zu wenig, es entsprach auch diametral ihrem Politikansatz. Doch die geborgte Legitimation der Straße verstanden die Bürgerrechtler nicht umzusetzen – nicht programmatisch, schon gar nicht organisatorisch.

Und so war es, Karsten Timmer folgend, eine nachgerade zwangsläufige Entwicklung, dass sich die Bürgerbewegung spaltete, dass infolge des „Plattformfiebers" nicht eine, sondern gleich mehrere Initiativen entstehen mussten[232]. An dessen Ende waren neben der substantiell inzwischen geschwächten IFM[233] die SDP, der Demokratische Aufbruch, Demokratie Jetzt und das Neue Forum und andere entstanden. Aber nicht nur konzeptionell waren die Gräben

---

[232] vgl. hierzu und im Folgenden: Karsten Timmer, Vom Aufbruch zum Umbruch. Die Bürgerbewegung in der DDR 1989, Göttingen 2000, S. 132ff.

[233] Vielmehr bildete die IFM einen nicht zu unterschätzenden Rekrutierungspool für die im Herbst 1989 entstehenden Initiativen, nicht wenige hatten hier ihre erste politische Heimat gefunden gehabt, auch aus der bereits 1982 entstandenen Gruppe „Frauen für den Frieden" rekrutierten sich einige Initiatorinnen.

innerhalb der Opposition bereits vor Ausbruch des Gründungsfiebers teilweise unüberbrückbar. Denn neben inhaltlichen und konzeptionellen Differenzen haben auch personelle Irritationen, etwa zwischen Rainer Eppelmann (DA) und Bärbel Bohley (NF), ihr Übriges zur Ausdifferenzierung beigetragen.[234]

Doch die bald anstehenden Wahlen verlangten identifizierende Programme und in der absoluten Verkürzung des anbrechenden Frühlings 1990 ein Bekenntnis zur „deutschen Frage". Einige prominente Bürgerrechtler waren aber noch nicht im Stande zu erkennen, dass ihre Forderungen nach einer Reform des Sozialismus systemsprengend waren.[235] Sie erkannten nicht, dass ihre radikaldemokratischen Forderungen eine sozialistische Alternative obsolet machten und waren demzufolge kaum in der Lage, bereits den übernächsten Schritt, wohin der deutsche Weg führen solle, zu denken. Das Neue Forum und besonders Bärbel Bohley stehen für diesen schwierigen Erkenntnisdiskurs, den das Wahlvolk der gesamten Bürgerbewegung zuordnete und sie dafür bei den anstehenden Wahlen „abstrafte".[236] Überdies standen sie öffentlich, vielfach bis heute, unter latentem Sozialismusverdacht.[237] Zwar gab es aus den Reihen der Bürgerrechtler, etwa bei Edelbert Richter, Bekenntnisse zur deutschen Einheit, trotzdem gewann die „Allianz für Deutschland aus CDU, DSU und DA mit der Verkürzung auf die Einheitsfrage die Wahl.

---

[234]   Timmer: Vom Aufbruch zum Umbruch, a.a.O., S. 131f..

[235]   Vgl. Rainer Eckert: Das Programm einer demokratischen Revolution. Die Debatten der DDR-Opposition in den „radix-Blättern" 1987-89. in: Deutschland Archiv, Jg. 32, Band 5/1999, S. 773-79; Vgl. zu den Positionen der DDR-Opposition u.a.: Gerhard Rein (Hrsg.): Die Opposition in der DDR. Entwürfe für einen anderen Sozialismus. Berlin 1989.

[236]   Vgl. hierzu jüngst: Lühmann: Aufbruch 89, a.a.O..

[237]   Die Ablösung vom, in den achtziger Jahren vielfach, als schützende Worthülse der Oppositionsdebatten, genutzten, Begriff des Sozialismus , ist in der medialen Verkürzung des Winters 1989/90 kaum wahrgenommen worden, vgl. zur Bedeutung des Sozialismus für die DDR-Opposition in etwa: hier Detlef Pollack, der die Nutzung des Sozialismus-Begriffs als eher taktisch motiviert betrachtet, um die SED „mit ihren eigenen Mitteln zu schlagen" und sich gegen den Generalvorwurf der Staatsfeindlichkeit abzusichern, vgl. Detlef Pollack: Wie alternativ waren die alternativen Gruppen in der DDR. Bemerkungen zu ihrem Verhältnis zu Sozialismus, Demokratie und deutscher Einheit, in: Forschungsjournal Neue Soziale Bewegungen, Bd. 1/1998, S. 92-102, Zitat S. 96, vgl. zur Debatte auch: Karsten Timmer: 1989 – Vom Ereignis zum Gegenstand der Geschichtswissenschaft, in: Deutsche Nationalstiftung (Hrsg.): Zivilcourage gestern und heute. Der Nationalpreis 2000. Eine Dokumentation, S. 94-109.

Und schließlich gewann die Partei, die am wenigsten bürgerrechtlich–
Bedenken tragend daherkam – die CDU. Westdeutsche Ankündigungspolitik,
die „blühenden Landschaften" Kohls oder das Kokettieren mit der deutschen
Frage à la Lafontaine teilten den politischen Himmel Ostdeutschlands in
Schwarz und Weiß. Die vielfältigen Grautöne der Bürgerrechtler gingen indes
in der Neuauflage des „Nie-wieder-Sozialismus"-Wahlkampfes unter. Dennoch, die Ursache für das schlechte Abschneiden der Bürgerbewegungen lag
nicht allein in der vermeintlichen Unmündigkeit des Volkes begründet,
sondern auch in der Gestalt der Bürger*bewegung*, in deren zivilgesellschaftlichen Handlungsmustern, selbst begründet.[238]

Den Wendepolitikern war die innerliche Verweigerungshaltung der Bürgerrechtler unverständlich, vielmehr schreckte sie die Machtaversion, die
Diskussionskultur, ja das Unentschlossene ab. Sie wollten agieren, nicht
diskutieren, kehrten der *Bewegung* den Rücken und traten *Parteien* bei,
genügten nicht sich selbst, sondern hefteten sich an Förderer, versuchten nicht
unscheinbar der Machtfrage auszuweichen, sondern machten sich unentbehrlich und traten zeitgleich in alle Richtungen, um die eigenen Pfründe zu
sichern.

Im Gegenzug flohen nun viele Bürgerrechtler dorthin, wo die Wendepoli-
tiker herkamen: in die innere Emigration, wo sie teilweise heute noch, oder
wieder, verharren. Nur einmal, so scheint es, kreuzten sich die Wege der
Wendepolitiker und der Bürgerrechtler. Während die letzteren den Weg
bereiteten und dann Angst vor der eigenen Courage bekamen, nahmen Merkel,
Platzeck und Co. erst im Hintergrund und nach einem Jahrzehnt beständigen
Lernens auch in der ersten Reihe der Berliner Republik ihre Plätze ein.
Hervorgegangen aus den Überresten des bürgerlichen-protestantischen oder
katholischen Milieus, leisteten sie schon in der DDR, um dem systemischen
Dauerkonflikt aus dem Weg zu gehen, eine hohe Anpassungsleistung ohne
sich gleichwohl auf Dauer mit dem System zu identifizieren. Und doch trugen
sie das System mit als Teile der technischen Intelligenz.

---

[238] Vgl: Timmer, Vom Aufbruch zum Umbruch, a.a.O., S. 384ff..

Sie entschieden sich allerdings nie für eine der Seiten, waren nie am Krater des Vulkans, sondern immer ein bisschen abseits[239]. Weder organisierten sie sich in der kirchlichen Opposition, noch wurden sie als Naturwissenschaftler Entrepreneure des Sozialismus, sie erfüllten als Kinder der DDR nicht die staatlichen Anforderungen, wurden aber auch keine Rebellen. Das Ende der DDR bedeutete gleichsam das Ende der politischen Inkubation und der biographischen Fixierung auf die Vergangenheit.

Sie besaßen mithin eine unschätzbar wertvolle unbelastete ostdeutsche Biographie, waren überdies nicht moralinsauer, dafür aber lernwillig, zurückhaltend und neugierig. Sie verurteilten nicht das neue System, bevor sie ein Teil dessen wurden, sondern fügten sich als ein Teil dessen ein. Eine noch honorigere Biographie besaßen indes die Bürgerrechtler, die es doch in den ersten deutschen Bundestag geschafft hatten. Schließlich waren sie echte Helden, doch sehr schnell ward die Bonner Republik derer überdrüssig, die 1989 angeschoben hatten. Auch die Wendepolitiker selbst versuchten, sich an ihnen vorbeizuschieben. Das Beispiel von Angelika Barbe verdeutlicht diese Bewegung. „Ihre Sturmläufe gegen Manfred Stolpe oder gegen Höppners ‚Magdeburger Modell‚ erzeugten am Ende nur politische Allergien."[240], so das zeitgenössische Urteil über das Zuviel an Moral in der Politik Barbes.

Eine Schlüsselfigur in diesem Streit war damals Wolfgang Thierse, der mit seinem Strategiepapier eine Öffnung hin zur PDS befürwortete und sich gleichzeitig „dafür engagierte, ihr [Angelika Barbe] die Chance auf einen aussichtsreichen Listenplatz zu verwehren"[241] Der Konflikt war deshalb umso brisanter, da mit Thierse der populärste SPD-Wendepolitiker der SDP-Gründergeneration offen entgegenstand. Ähnliche Debatten führte Platzeck in Brandenburg mit seinem Parteifreund Günter Nooke. Der verließ Partei, Fraktion und letztlich die Regierung, weil er Stolpe fortdauernd dessen Stasi-Kontakte vorhielt. Platzeck hingegen verließ zwar auch die Partei, die ihm nach dem Zusammenschluss mit den Grünen keine Heimat mehr bot, folgte allerdings seinem umstrittenen Ziehvater, rettete so seine Macht und wurde

---

[239] Vgl. Ulrich Schacht: Aus dem Osten kommt das Licht, in: Cicero, Band 12/2005, S. 60-63.

[240] Klaus Hartung: Parteiwechsel, a.a.O..

[241] Ebd.

von Stolpe trotz Parteilosigkeit ins reine SPD-Folgekabinett aufgenommen[242]. Einer der prominentesten Bürgerrechtler bringt den Unterschied zwischen seiner Provenienz und den Wendepolitikern mit einigen bissigen Sätzen gegenüber dem *Spiegel* auf den Punkt:

> „Bis Mitte der neunziger Jahre hat Templin gebraucht, um zu begreifen, ,dass der Westen die Unangepassten in der DDR weder gesucht noch gewollt' hat. Zu lange seien er und andere Oppositionelle in der ,hochgestochen-historischen Arroganz verharrt, eine Revolution geschafft zu haben'. Dies habe zu einem Realitätsverlust und dann in die politische Bedeutungslosigkeit geführt. Sie als Oppositionelle hätten ,so lange die Zähne zusammengebissen, dass wir kompromissunfähig waren.' Heute habe er begriffen, dass es vor allem in puncto Vergangenheit ,wichtig gewesen wäre, elastisch zu sein. Platzeck hat sich mit Stolpe arrangiert und ist heute an der Macht.'"[243]

Es mag letztlich stimmen, dass Politiker wie Merkel, Platzeck und Co. die nobleren Tribünenplätze in der vereinigten politischen Bundesrepublik eingenommen haben, dass die Bürgerrechtler politisch in der Bundesrepublik weit weniger erreicht haben. Indes, ohne den Mut der Wenigen lägen all die Wanjas noch immer auf der Ofenbank, von ihrer Stärke würde man sich bis heute nicht viel erzählen können.

---

[242] Vgl. u.a.: Anja Sprogies: Das Bündnis knipst die Ampel aus, in: Die Tageszeitung, 23.3.1994; Ute Scheub: Der Liebhaber der Uckermark, in: Die Tageszeitung, 27.10.1995.

[243] Stefan Berg u.a.: Die Gnade der zweiten Reihe, in: Der Spiegel, 8.11.2004, zur Kritik an dieser eindimensionalen, weil alle Bürgerrechtler über einen Kamm scherenden Meinung vgl. etwa: Marko Martin: Gastkommentar. Das Schweigen der Anderen. Vom verleugneten Erbe der DDR-Bürgerrechtler, in: Die Welt, 21.1.2009.

V Aufstieg der Wendepolitiker

V.1 In den Wirren der Revolution – Sediment des Aufstiegs

Die friedliche Revolution von 1989 öffnete für viele DDR-Bürger erstmals seit dem Scheitern der Weimarer Republik wieder die Teilhabe am politischen Entscheidungsprozess. Die Zivilgesellschaft erzwang auf der Straße die Demokratie, die Wendepolitiker griffen nahezu zeitgleich, zusammen mit den westdeutschen Parteistrategen, die auf der Straße liegende Macht mehr oder minder erfolgreich auf und sicherten sich so die Grundlagen für eine spätere politische Karriere. Dass der Beginn einer erfolgreichen politischen Laufbahn dabei mehr verlangte, als nur zufällig am richtigen Ort zu sein, dürfte die Karrierewege aller Wendepolitiker begleitet haben, wenngleich Fortune eines der wichtigsten Vorraussetzungen für sie war.

Doch durchsetzen mussten sich diese politisch Unbefleckten in einer Arena, die schon immer politisch war, sei es gegen politisierten, mit heroischen Biographien ausgestatteten Bürgerrechtler auf der einen[244] oder die politisch Gewendeten, die Altkader und „Blockflöten" auf der anderen Seite.[245] Schneller als andere schienen die Wendepolitiker in diesem Kontext zu begreifen, dass sie für ihren Aufstieg Verbündete brauchten, wenn sie an den etablierten Oppositionellen und den alten Seilschaften vorbeistürmen wollten. Denn natürlicherweise besaßen sie noch keinerlei Netzwerke, brauchten deshalb zumindest beim Einstieg in die Politik bereits einen hohen Durchsetzungswillen, praktische oder rhetorische Kompetenzen und natürlich Fortune.

Meist wurde der Einstieg, jedoch nicht der Aufstieg, ins politische Alltagsgeschäft auf den ersten Blick durch äußerst banale Faktoren begünstigt. So

---

[244] Vgl. Schneider: Mühelos überrundet, a.a.O..

[245] Vgl. u.a.: Jens Rübsam: Das schlechte Gewissen der CDU, in: Die Tageszeitung, 12.9.1998; Michael Lühmann: Verdrängte Vergangenheit. Die CDU und die "Blockflöten", in: Deutschland Archiv, Jg. 42 (2009) H. 1, S. 96-104.

war es Angela Merkel, die, aus der Forschung kommend, den Umgang mit Computern verstand, sich so in der Zentrale des Demokratischen Aufbruchs unentbehrlich machte. Platzeck macht hingegen, so die Legende, der Besitz eines Telefons ministrabel. Thierse war schlichtweg kein Pfarrer oder Theologe. Als die junge ostdeutsche Sozialdemokratie ihren schillernden Vorsitzenden Ibrahim Böhme verlor, war er es, der dem Wunsch der Basis nach Distanz zu den geistigen Gründungsvätern, die im Juni 1990 zum Teil schon weit abseits standen, am ehesten entsprach, der als sprachgewandter und pragmatischer Nicht-Theologe über Nacht vom Nobody zum Chef der ostdeutschen Sozialdemokratie wurde – so zumindest auch hier die Legende.[246]

Ebenso Regine Hildebrandt, die anfänglich froh gewesen sei, nicht in der Politik gelandet zu sein, deren Mann, ein Pfarrer, sie zur Gründungsversammlung der Ost-Berliner SDP schleppte, die sich erst auf Drängen der Schwägerin, die selbst bereits einen Vorstandsposten innehatte, um einen Listenplatz für die Volkskammer bewarb.[247] Die wenigsten Wendepolitiker schienen sich in Ämter gedrängt zu haben, das zumindest suggerieren sie häufig, wenn sie auf den Einstieg in die Politik angesprochen werden.

Fast scheint es, ein jeder hätte das schaffen können, Merkel, Platzeck, Thierse, alles Zufallsprodukte wirrer Wendezeiten, schließlich war Revolution, da gelten schon mal andere Gesetze, so zumindest die Erklärung des ersten Ministerpräsidenten Mecklenburg-Vorpommerns Berndt Seite.[248] Ihnen allen fehlt – scheinbar – das Zielstrebige, das Machtbewusste. Dieses Understatement wirkt indes umso aufgesetzter, je länger das Jahr 1989 entfernt liegt, je offenkundiger wird, wie die Wendepolitiker die Pfade der Macht ausgetreten, wieweit sie doch sehr sorgsam ihre Karriere geplant und gesteuert haben. In der Tat, im Anfang, im Revolutionsjahr 1989, mag vieles zufällig gewesen

---

[246] Ernst Elitz: Wolfgang Thierse. Genosse Rotbart, in: ders.: Ostdeutsche Profile, a.a.O., S. 197-211, hier S. 205f. Dass Thierse zu diesem Zeitpunkt bereits Vorsitzender des Berliner Parteirats, Volkskammerabgeordneter und stellvertretender Fraktionsvorsitzender war, überdies in Richard Schröder einen einflussreichen Förderer besaß und schon Wochen vor dem Parteitag als Mitfavorit um den Vorsitz galt, verschweigt er, der das Außenseitertum zu seiner Legende machte, dabei gern. Vgl. o.V.: Weltkind auf der Linken, in : Der Spiegel, 18.6.1990.

[247] Vgl. Schütt:. Regine Hildebrandt, a.a.O. S. 194ff..

[248] Günter Gaus: Gewissermaßen war ich Mitläufer. Natürlich war ich das auch. Interview mit Berndt Seite, in: ders.: Zur Person, Band 2, Berlin 1998, S. 58-80, hier S. 78.

sein, ist manches gefügt worden. Und doch war bei den meisten Wendepolitikern der Machtwille – und eben nicht nur die Lust ein bisschen mitzumachen –
die stärkste Antriebsfeder für den Einstieg in die Politik. Zu lange haben sie
machtlos danebengestanden, um sich der Attraktivität der Drogen Macht und
Einfluss entziehen zu können, nachdem diese ihr Leben lang immer bei
anderen, bei den Gerontokraten in Berlin oder bei den Parteisekretären an der
Arbeitsstelle, gelegen hatte. Wenn dabei ein paar Grundüberzeugungen mit
umgesetzt werden konnten, umso besser.

So setzte Platzeck mit immenser Energie durch, dass seine Grüne Liga
mit an den Potsdamer Runden Tisch durfte, geht dabei „erstaunlich effizient,
systematisch und zielstrebig vor. Nicht wie einer, der unentschlossen ist und
nach Orientierung sucht, sondern wie einer, der ziemlich genau weiß, was er
will: politische Verantwortung übernehmen."[249] Anschließend führte er seinen
politischen Bündnispartner, den Unabhängigen Frauenverband der DDR
(UFV), vor. Als seine Grüne Partei, im Wahlbündnis mit dem UFV, acht
Stimmen in der Volkskammer errang, erklärte er deren Listenplätze allein der
Grünen Partei zugehörig, auf den UFV entfiel kein Sitz.

Auch die Brandenburger SPD eroberte er binnen kürzester Zeit. Erst 1995
beigetreten, verdrängte er parteiintern alsbald die SDP-Gründer Steffen Reiche
und Stephan Hilsberg und stellte diese letztlich ebenso kalt wie seine Konkur-
rentin Regine Hildebrandt. „Matthias Platzeck legt in nicht einmal 20 Jahren
eine atemberaubende politische Karriere hin, ausgerechnet er, der von sich
behauptet, ‚kein Parteimensch' zu sein. Erst 1995 tritt der bis dahin Parteilose
in die SPD ein. Das Auffälligste an seinem Weg nach oben ist, dass scheinbar
nichts daran geplant ist, fast so, als sei ihm die Karriere zugestoßen. Das passt
zu dem Bild, das er gern von sich zeichnet: ein Mann, der das Leben, den
Rotwein und die Frauen liebt. Der seinen Kiez in Potsdam-Babelsberg genauso
braucht wie seine Freunde um sich herum. Das ist natürlich nur die halbe
Wahrheit. Der Charmeur kann seinen Ehrgeiz und seine Härte ganz gut hinter
seiner Fröhlichkeit verstecken."[250]

---

[249] Vgl. Mara/ Metzner: Matthias Platzeck., a.a.O., S. 77ff.
[250] König: Matthias der Geduldige, a.a.O..

Merkel indes war immer zur Stelle, wenn jemand gebraucht wurde. Sie stellte ihre Arbeitsstelle zurück und stürzte sich vollends ins politische Abenteuer, griff jemand nicht sofort eine Chance beim Schopf, nutze sie die Lücke und baute in kürzester Zeit eine Vielzahl von Kontakten auf. Sie besuchte Seminare und die damals noch öffentlichen Vorstandssitzungen, brachte sich so bei vielen ins Gedächtnis und legte die Basis dafür, dass an ihr kein Weg vorbeiführte.[251] Noch in der Wahlnacht, als viele im Demokratischen Aufbruch ob des enttäuschenden Abschneidens anfingen, die Wunden zu lecken, ging Merkel zu Thomas de Mazière, um nochmals die bedeutende Rolle des Demokratischen Aufbruch in der Allianz für Deutschland aufmerksam zu machen – und wurde prompt stellvertretende Regierungssprecherin.[252] Sie erarbeitete sich bei de Maizière den Ruf, unentbehrlich zu sein. Sie sollte dies für die Partei bleiben und so stieg Merkel – binnen zehn Jahren – zur Bundesvorsitzenden der CDU auf.

Thierse wiederum spielte ebenso opportunistisch wie geschickt erst auf dem Parteitag der Ost-SPD, wo er zum Vorsitzenden gewählt wurde, die nicht-pastorale Karte und sicherte sich so nicht nur den Vorsitz in der Ost-SPD[253], sondern auch das künftige Amt des Partei-Vizes in der gesamtdeutschen Sozialdemokratie. Wie bei vielen Ämtern Thierses überspielte auch hier die Legende des Außenseiters die eigentlichen Machtambitionen. Er, „der eigentlich nie wollte, es dann aber immer machte." Thierse: „Es reizt mich schon."[254] Überdies spielte er fortan nach Belieben die Karte des Quoten-Ossis, der andere Quoten-Ossis neben sich zu dulden kaum bereit war. Das erzeugte allerdings auch vielfältige Allergien nicht nur in der Partei, sondern auch bei

---

[251] Vgl. Angela Merkel: Mein Weg. Angela Merkel im Gespräch mit Hugo Müller-Vogg, Hamburg 2004, S. 78ff..

[252] Ebd., vgl. auch Schlieben: Angela Merkel, a.a.O., S. 435f..

[253] Nachdem der bisherige Vorsitzende Ibrahim Böhme als Mitarbeiter des Ministeriums für Staatssicherheit enttarnt wurde (vgl. Reiner Kunze: Deckname "Lyrik". Eine Dokumentation, Frankfurt am Main 1990.), hatte zunächst Markus Meckel das Interregnum ausgefüllt, doch die vorgeschlagenen Nachfolger waren, wie Meckel, Pastoren, was die Basis nicht wünschte. „Neben Meckel, dem Fraktionsvorsitzenden Schröder, den Geschäftsführern Martin Gutzeit (Fraktion) und Stephan Hilsberg (Partei) wäre Timm [der Kandidat des Vorstands] der fünfte Hirte." Vgl. o.V: Unverschämte Art, in: Der Spiegel, 14.5.1990.

[254] O.V.: Weltkind auf der Linken, in: Der Spiegel, 18.6.1990.

seinen Wählern. 1994 verlor er seinen Wahlkreis an den PDS-Kandidaten Stefan Heym, 1998 an die ehemalige Pionierleiterin Petra Pau. Doch überlebt hat Thierse alle Anfeindungen, ist noch heute der letzte verbliebene wahlweise Ostdeutschland-Versteher, -Erklärer oder -Verteidiger, überdies noch immer Vizepräsident des Deutschen Bundestages.

Der ehemaliger Leipziger Oberbürgermeister und heutige Bundesminister Wolfgang Tiefensee, wenngleich am Leipziger Runden Tisch nicht eben einer der Auffälligsten, sicherte sich indes im Hintergrund frühzeitig einen Posten in der Leipziger Stadtverwaltung, Peter-Michael Diestel hingegen, einer der wenigen, der nie sein Licht nie unter den Scheffel stellte, nutzte und formte die DSU als Sprungbrett für die eigene Karriere, verließ sie nach ihrem Rechtsruck, nicht ohne sich vorher in der CDU abzusichern.[255]

Von Machtdistanz und Zufall, von an die Macht Getriebenen, die nie ganz nach oben wollten, kann bei Wendepolitikern keine Rede sein. Eine wichtige Rolle auf dem Weg nach oben spielten dabei die Medien. Nichts war in den Wendezeiten spannender und aufregender für westdeutsche Zeitungen, Magazine und Fernsehsender, als echte Ost-Politiker und Revolutionshelden zu treffen. Doch während die sperrige Intellektualität eines Richard Schröder oder Friedrich Schorlemmer, die selbstverliebte und weltfremde Couragiertheit einer Bärbel Bohley bald nicht mehr druckreif waren, galten die Wendepolitiker als die angenehmeren Gesprächspartner. Die „Maschinengewehrsprache" einer Regine Hildebrandt, das schon 1990 smarte Auftreten Platzecks, die bisweilen scheu wirkende Merkel, die sprachlich noch nachvollziehbare Nachdenklichkeit eines Wolfgang Thierse, das überbordende Ego eines Peter-Michael Diestel zog man im Einheitstaumel bald den Bedenkenträgern der DDR-Opposition vor.

Bereits hier erwarben sie die Medienkompetenz, die ihnen später zum Vorteil gereichen sollte. Während sich die Bürgerrechtler über die Möglichkeiten und Grenzen der Stasiaufarbeitung den Kopf zermarterten, forderten Wendepolitiker wie Peter-Michael Diestel, dass man die Geister ruhen lassen sollte, sich statt mit dem Gestern lieber mit dem Morgen befassen müsse. Hier schon bekamen die, auch als Laienspieler bezeichneten, eher reformorientierte

---

[255] Vgl. Peter-Michael Diestel, in: Riecker: Laienspieler, a.a.O., S. 22ff..

Attribute zugeschrieben, die insbesondere Platzeck und Merkel später in vielen Porträts nachgetragen wurden – als moralische Bedenkenträger sind sie indes nicht in Erinnerung geblieben. Vielmehr bauten insbesondere Merkel und Platzeck ihre Medienkompetenz aus[256].

Auch hatten sich diese Laienspieler bereits in der untergehenden DDR durchgesetzt, an den Runden Tischen, in den Parteiorganisationen, in der letzten Volkskammer der DDR ihr politisches Gespür und ihre Befähigung unter Beweis gestellt. Während viele Bürgerrechtler die Runden Tische und die Volkskammer bisweilen romantisch verklären und den Chancen einer Selbstfindung der ostdeutschen Demokratie nachtrauern, haben viele Wendepolitiker hier bereits Machtarithmetik, politisches Kalkül und Durchsetzungsfähigkeit erproben können. Reinhard Höppner (Vizepräsident der letzten DDR-Volkskammer), Regine Hildebrandt (Ministerin für Arbeit und Soziales), Peter-Michael Diestel (stellvertretender Ministerpräsident letzter DDR-Innenminister), Matthias Platzeck (parlamentarischer Geschäftsführer der Fraktionsgemeinschaft von Bündnis90 und den Grünen), sie hatten hier ihre ersten großen Auftritte, galten bereits früh als Hoffnungsträger der ostdeutschen Politik. Denn einzig sie besaßen eine offene Vorstellung von dem, was kommen mochte, hatten keine durchdeklinierten alternativen Utopien im Kopf, vielmehr suchten sie die Pfade, die aus Utopia herausführten. Sie erlernten die Politik im Schnelldurchlauf und entwickelten nebenbei bereits früh ein Sensorium für Bündnisse und Loyalitäten jenseits der etablierten Bürgerrechtsbewegung.

So suchten viele überdies frühzeitig Kontakt zu den westdeutschen Parteien. Diestel hofierte und ließ sich von der CSU hofieren[257], Thierse gehörte zwar vordergründig zu den Ost-Genossen, die die ostdeutsche Identität in der gesamtdeutschen Sozialdemokratie bewahren wollten, trotzdem aber drängte er offensiv Richtung Bonn. Ebenso unterstützte Merkel den Kurs des Demokratischen Aufbruch auf die Kohl-CDU zuzugehen und als sie bereits Mitglied

---

[256]   Einer, der Platzeck schon lange kennt, schildert Platzeck als Taktiker: Er wisse die Medien vortrefflich für sich zu nutzen. [...] Nicht einmal Honecker, heißt es in Potsdam, war häufiger in der Zeitung als Platzeck." Barbara Nolte: Der Graf lässt bitten, in: Der Tagesspiegel, 23.5.2000.

[257]   Vgl. Peter-Michael Diestel, in: Riecker: Laienspieler, a.a.O., S. 21.

der CDU war, galt sie als Verfechterin des Zusammenschlusses, schon weil sie den Blockflöten in der CDU weniger zugeneigt war als den westdeutschen Parteistrategen – und damit Kohl schon von Anbeginn ihrer politischen Karriere inhaltlich nahe war.[258]

Zwar waren diese Weichenstellungen bei den ostdeutschen Sozialdemokraten, aber auch bei den Blockparteien alles andere als unumstritten, doch der innerparteiliche Zwist wog geringer als die Chance auf bundespolitische Bedeutung. Schließlich gingen die Ost-Parteien relativ geräuschlos in den gesamtdeutschen Parteien auf, die wichtigsten Protagonisten auch in die wichtigsten Posten über. Aber weder de Mazières Forderung nach einem neuen Grundsatzprogramm, mithin einer sozialeren Ausrichtung der CDU[259], noch eine, wie vom letzten Ost-FDP-Vorsitzenden Ortleb erwünschte, sozialliberale Tendenzverschiebung in der FDP[260] war nach den Parteivereinigungen durchgesetzt worden. Auch von den ostdeutschen Sozialdemokraten sind, trotz Lafontaines krachender Niederlage, kaum mehr als sperrige Einlassungen zu Grundsätzlichem überliefert, die SPD verändern oder aus der Krise zu führen vermochten sie nicht, wohl auch weil der Wille dazu kaum vorhanden war[261].

Doch allein aus Macht- und Proporzgründen drängten besonders die Wendepolitiker ihre Parteien nicht zu den westlichen Partnern, vielmehr waren sie schon hier absolute Realisten. Die eigenen finanziellen Möglichkeiten und die Deutsche Einheit vor Augen sahen sie schlichtweg keinen Sinn in parteilicher Unabhängigkeit, wo doch ihre Rückbindung zu eigenen Partei sowieso mehr dem Zufall einer unverbindlichen Übereinstimmung der eigenen Ziele oder der konkreten persönlichen Perspektive geschuldet waren. So berichtet

---

[258] Vgl. o.V.: Chance der Läuterung. CDU-Chef Kohl will mit der Ost-CDU nicht zusammenarbeiten, in: Der Spiegel, 29.01.1990. Trotzdem: „Ohne Skrupel schluckte die Kohl-Partei die Ost-CDU mitsamt ihren SED-Strukturen, ihrem Vermögen, ihren Immobilien und Funktionären – und verschaffte sich dadurch einen gewaltigen Startvorteil im wiedervereinten Deutschland." Vgl. Schlieben: Angela Merkel, a.a.O., S. 437.

[259] Vgl. o.V.: Dienende Rolle, in: Der Spiegel : 25.06.1990.

[260] Vgl. o.V.: Letzte Zuckungen, in: Der Spiegel, 1.10.1990.

[261] Vgl. ebd. Vgl. grundlegend zur Vereinigungsgeschichte der Ost-SPD mit der West-SPD: Daniel Friedrich Sturm: Uneinig in die Einheit. Die Sozialdemokratie und die Vereinigung Deutschlands 1989/90, Bonn 2006, insbesondere Kapitel VIII, „Ökologisch, sozial, wirtschaftlich stark": Der steinige Weg zu einer gesamtdeutschen Sozialdemokratie, S. 355-388.

etwa Angela Merkel, dass sie zwar bei einer Veranstaltung der Berliner Sozialdemokraten war, aber „alle duzten sich, sie sangen ‚Brüder, zur Sonne, zur Freiheit' – das war nichts für mich. [...] Mir war das alles zu egalitär. [...] beim ‚Neuen Forum' störte mich das basisdemokratische Prozedere, beim ‚Demokratischen Aufbruch' sah ich dagegen zumindest ein Fünkchen von dem, was ich mir für die Zukunft vorgestellt hatte."[262]

Wenngleich sich die Wendepolitiker – so sie nicht über Affären, die eigene Unfähigkeit, alte Seilschaften oder von anderen Wendepolitikern gelegte Fallstricke gestolpert sind – über die Jahre in Bonn, Berlin und anderswo professionalisiert und profiliert haben, sind dies die Grundlagen ihrer Karriere, die sie bereits in den Wirren der Revolution besaßen oder sich zugelegt hatten: Realismus, Pragmatismus, der Sinn für Macht, der lockere Umgang mit den Medien, das Spielen der ostdeutschen Karte, die unbelastete Biographie. All das findet sich in fast allen Wendepolitiker-Karrieren, all das prädestinierte sie im Gegensatz zu den „Blockflöten" oder den Bürgerrechtlern erfolgreiche politische Karrieren in der vereinten Bundesrepublik zu beginnen.

Es waren auch dies die Kriterien, die eben jenen Politikertypus – nachdem sich die Bürgerrechtler ob ihrer Unfähigkeit sich im neuen System einzusortieren selbst disqualifiziert hatten – so interessant machten für die bundesrepublikanischen Parteien. Es wurde ein nahezu symbiotisches Verhältnis insbesondere zwischen Kohl und „seinen" Wendepolitikern, wohingegen die Symbiose der Lafontaine-SPD mit der nicht mehr ganz so pastoralen, doch aber bürgerlich-protestantischen SPD durch starke atmosphärische Störungen gestört war.[263]

Und doch nutze auch die SPD-West die SPD-Ost, um sich zügig in den Osten auszudehnen. Jedoch hätte sie ihr Ost-Pendant wohl nicht so stiefmütterlich behandelt, wenn sie nicht dem Glauben an den Mythos des „Roten Mitteldeutschlands"[264] verfallen gewesen wäre. Überdies schadete der Partei

---

[262] Angela Merkel: Mein Weg. Angela Merkel im Gespräch mit Hugo Müller-Vogg, Hamburg 2004, S. 77f..

[263] Vgl. Daniel Friedrich Sturm: Uneinig in die Einheit., a.a.O., S. 372ff.

[264] Vgl. zur Dekonstruktion dieses Mythos: Franz Walter u.a.: Die SPD in Sachsen und Thüringen - zwischen Hochburg und Diaspora, Bonn 1993. Zudem vertraute auch die Bonner SPD den Meinungsumfragen zur Jahreswende, die die SPD bei bis zu sechzig Prozent gese-

ein zynischer Einheitskritiker wie Lafontaine, der es trotz vielfacher Aufforde-
rungen nicht übers Herz bracht, den Ostdeutschen mitzuteilen, dass die
Sozialdemokratie sich wenigstens ein bisschen über die Einheit und über die
Ostdeutschen freue.[265] Ein SPD-Spitzenkandidat Willy Brandt hätte den Osten
Deutschlands wohl hinter sich gewusst.

V.2 Mächtige Mentoren

Für die Wendepolitiker sollte die Anbindung an die westdeutschen Parteien –
neben finanzieller und organisatorischer Hilfe im Wahlkampf und mehr oder
minder erfolgreicher Wahlkampagnen[266] – vor allem auch die Unterstützung
durch Mentoren bringen. Zweifellos war Helmut Kohl dabei der wichtigste,
wenngleich nicht selbstlose Förderer ostdeutscher Politiker. In der SPD war
diese Förderung im Prinzip auf Wolfgang Thierse – der sich vor allem selbst
förderte – beschränkt, weshalb die ostdeutsche Nachwuchsförderung in der
SPD auch eine rein ostdeutsche Angelegenheit blieb – bis heute.

Denn was allen Wendepolitkern per se fehlte, war die Ochsentour-
Erfahrung in den Parteien. Kein Grünkohlessen, keine Juso- oder JU-
Sozialisation, keine Gewerkschaftsabende. Sie waren nie Parteitagsdelegierte,
sondern immer schon aussichtsreiche Kandidaten für Posten mit einer schönen
Aussicht – oder aber sie machten gar keine Karriere.[267] Mehr oder weniger
wichtige Epigonen hielten jederzeit und zumeist von Anfang an schützend ihre
Hand über deren politische Biographien.

---

hen hatten, ignorierten indes, dass bei solchen Telefonumfragen nur eine ganz spezifischer
Teil der DDR-Bevölkerung erreicht werden konnte, mithin solche Umfragen nicht repräsen-
tativ sein konnten.

[265] Daniel Friedrich Sturm: Uneinig in die Einheit, a.a.O., S. 372f..

[266] Vor allem die ostdeutsche Sozialdemokratie hätte wohl lieber einen Wahlkampf entkoppelt
von Lafontaine gemacht, wohingegen die „Allianz für Deutschland" massiv von Kohl und
der CDU-West profitierte.

[267] Merkel sah etwa ihre erste ganz normale Wahl in der Wiederwahl auf dem CDU-Parteitag
2002, das sie dort erstmals quasi ohne Schutz und historischer Ausnahmesituation sich regu-
lär einer Wahl stellen musste, vgl. Angela Merkel: Mein Weg. Angela Merkel im Gespräch
mit Hugo Müller-Vogg, Hamburg 2004, S. 110.

Was für Angela Merkel Helmut Kohl war, ist für Matthias Platzeck Manfred Stolpe gewesen.[268] Wolfgang Tiefensee hatte im Leipziger SPD-Oberbürgermeister Hinrich Lehmann-Grube ebenso einen mächtigen Fürsprecher. Das Motiv schien häufig dasselbe und findet sich im Bezug auf Ostdeutschland immer wieder. Unbelastete Gesichter der Revolution, ohne moralische Selbstüberhöhung, auf Pragmatismus und vor allem Dankbarkeit gegenüber dem Förderer getrimmt, konnten die offenen ostdeutschen Flanken der Förderer kaschieren.

Kohl hatte mit Claudia Nolte, Angela Merkel, und Peter-Michael Diestel gleich drei Wendepolitiker an seiner Seite, doch nur Merkel erfüllte ihre Aufgabe souverän genug. Stolpe konnte mit Platzeck – und vor allem mit Platzecks Hilfe – aber auch mit Regine Hildebrandt die eigene, belastete Vergangenheit wenn nicht kaschieren, so doch relativieren. Denn „der Sozialdemokrat hat sich erfolgreich zum Symbol ostdeutschen Trotzes gegen westdeutsche Bevormundung hochstilisiert – assistiert von seiner nicht minder populären Sozialministerin Regine Hildebrandt."[269] Der Leipziger OB Lehmann-Grube hingegen baute in Tiefensee einen ostdeutschen Nachfolger für die Leipziger Stadtverwaltung auf, die sich ansonsten fast ausschließlich aus Politikern der alten Bundesrepublik speiste, was immer wieder zu Spannungen und öffentlicher Kritik führte.

Einzig Wolfgang Thierse hatte keinen echten Förderer, zumindest nicht der Person nach.[270] Doch beeindruckte er ob seiner Nachdenklichkeit und Intellektualität die Vordenker der SPD, wirkte gegen einen Oskar Lafontaine als passables Sedativ, stellte das einzige Kontinuum an der Spitze einer die Führung verschleißenden Partei dar, obgleich sie ihn nie fragte, ob er über den Stellvertreterposten hinaus Verantwortung zu übernehmen bereit wäre. Wohl auch, weil der anfänglich so begeisternde Vordenker in der eigenen Partei

---

[268]   Vgl. Stefan Berg: Monarch aus Potsdam, in: Der Spiegel, 19.6.2000; Wolf Burschardt: Matthias Platzeck ist ein Mann, der nicht Nein sagen kann, in: Berliner Morgenpost, 22.5.2000.

[269]   Wolfgang Bayer: Intrigen am Abend, in: Der Spiegel, 21.7.1997.

[270]   Brandt und Vogel waren nach der Wahl Thierses „erst einmal verwirrt und ungläubig.", da sie sich einen anderen Vorsitzenden erhofft hatten. Vgl. o.V.: Wolfgang Thierse. Neuer Vorsitzender der Ost-SPD, in: Süddeutsche Zeitung, 11.6.1990.

immer weniger Anhänger hatte,[271] nur anfänglich tatsächlich mehr als nur der Quoten-Ossi war, schon deshalb gefördert, weil er kein Bürgerrechtler, sondern schon immer Pragmatiker war, einer der wenigen in der jungen ostdeutschen Sozialdemokratie.

Wie bei Thierse war es auch dies, was Merkel den Vize-Vorsitz in der eigenen Partei sicherte: einigermaßen jung, ostdeutsch, keine sperrige Bürgerrechtlerin. Schon früh, so scheint es, war sich Merkel bewusst, dass ein Förderer allein zu wenig sein könnte. Und so einigte sie sich mit Günther Krause, der damals wichtigsten Eminenz der ostdeutschen CDU (neben dem letzten Innenminister der DDR, Peter-Michael Diestel, und dem Vorsitzenden der DDR-CDU und letzten DDR-Ministerpräsidenten Lothar de Mazière), auf einen ihr zuerkannten Wahlkreis in Mecklenburg-Vorpommern. Einen Listenplatz in der heimischen Uckermark hatte ihr Diestel verwehrt, ebenso scheiterte sie in einer Kampfabstimmung um den Vorsitz der Brandenburger CDU 1991 gegen den „West-Import" Ulf Fink.

Doch nachdem alle drei Eminenzen der ostdeutschen CDU über Stasi-Verstrickungen, Skandale oder das eigene, überbordende Ego gestolpert waren, war Merkel schon stellvertretende Bundesvorsitzende der CDU, Ministerin im Kabinett Kohl und Vorsitzende der CDU Mecklenburg-Vorpommerns, sie besaß mithin eine der letzen unbefleckten Ost-Biographien, hatte überdies bereits einen enormen Wissensvorsprung, wie politische Macht zu sichern war. „Am Ende hat sich herausgestellt, dass ich bei der Landesentscheidung von vornherein keine Chance hatte. Ulf Fink war der Profi, ich dagegen noch unerfahren und nicht vertraut mit den Finessen eines Parteitags. Aber ich habe dort gelernt, wie man das macht, wie man Mehrheiten organisiert, wie man sich durchsetzt."[272] Während sich in der Folge Diestel und de Mazière selbst disqualifizierten, behauptet Krause noch bis heute, dass er Merkels erstes Opfer auf dem Weg zur Macht gewesen sei – was sie, wie so oft, völlig abwegig findet.[273] Doch Merkel sollte noch weitere politische

---

[271] Vgl. Petra Bornhöft: Die Kluge Kassandra, in: Der Spiegel, 12.7.1993.

[272] Angela Merkel: Mein Weg. Angela Merkel im Gespräch mit Hugo Müller-Vogg, Hamburg 2004, S. 92f..

[273] Angela Merkel: Mein Weg. Angela Merkel im Gespräch mit Hugo Müller-Vogg, Hamburg 2004, S. 83ff..

Karrieren beenden, um am Ende selbst auf dem Olymp der Macht anzukommen.

Auch Matthias Platzeck, der bei weitem nicht immer selbst die Lunte entzündete, die andere die Karriere kosten sollte, ist da, obwohl das Bild in der Öffentlichkeit häufig ein anderes ist, nicht weniger durchsetzungsstark und - willig als Angela Merkel.[274] Als Stolpe 1999 der schwarz-roten Koalitionsvariante gegenüber einer rot-roten sein Placet gibt, nicht aber die Überzeugungsarbeit in der Fraktion, insbesondere gegen die populäre Regine Hildebrandt, leisten wollte, übernahm Platzeck diese Arbeit für ihn. Platzeck isolierte Hildebrandt innerparteilich, die populäre Sozialministerin selbst verließ daraufhin die Regierung und sicherte so die Zustimmung zur großen Koalition.[275]

Als Platzeck 2004 selbst zur Wahl steht, nutzt er seine Macht und beendet erneut sämtliche rot-rote Gedankenspiegel seiner Genossen, entsorgt überdies alte Gesichter der Stolpe-Regierung, so auch den Ost-SPD-Gründer Steffen Reiche, den er zum europapolitischen Sprecher degradierte.[276] „Es gibt Stimmen, die meinen, Platzeck sehe Reiche als Bedrohung. Der Ministerpräsident wollte der von Amtsvorgänger Manfred Stolpe verzärtelten ‚kleinen

---

[274]   Auch Platzeck vertraut den Fähigkeiten seines informellen Führungszirkels, der „Boys Group", bestehend aus dem SPD-Geschäftsführer Klaus Ness, dem Fraktionsvorsitzenden Günter Baaske und dem heutigen Finanzminister Rainer Speer, die sich zu DDR-Zeiten einen Autoanhänger teilten und der bereits 1994 Staatssekretär in Platzecks Umweltministerium wurde und den Potsdamer Kardinal Richelieu gibt, besonders Speer wird in dieser „Denkfabrik" die Rolle des Wegbereiters für Platzecks Karriere zugewiesen. Vgl. Daniel Schulz: Platzeck verprellt seine treuen Genossen, in: Die Tageszeitung, 11.12.2006; Andrea Beyerlein: Der Platz hinter Platzeck, in: Berliner Zeitung, 24.5.2008. Platzecks Biographen Metzner und Mara zählen zu den „Platzeckianern" zudem die Politologen Dürr und Kralinski.

[275]   Vgl. Barbara Möller: Stolpe soll abdanken - Akt 1 eines unblutigen Königsmordes, in: Hamburger Abendblatt, 23.5.2000.

[276]   Vgl. Christoph Seils: Wiedergeburt eines Lieblings, in: Frankfurter Rundschau, 13.10.2004. Auch die Entfernung Alwin Ziels aus dem Amt des Arbeits- und Sozialministers nur wenige Wochen nach dessen Ernennung zum Ziele der Verjüngung des Kabinetts hat viele Sozialdemokraten überrascht, insbesondere „wie resolut Platzeck dem dienstältesten Minister Alwien Ziel , einem SPD-Mann der ersten Stunde, der schon 1990 dabei und zeitweise stellvertretender Ministerpräsident war, nun den Stuhl vor die Tür setzt. [...] Wie Platzeck kurzen Prozess macht, das hinterlässt Wirkung, [...]. Es nervte ihn ziemlich, dass ihn alle nur als Sonnyboy ansahen, erinnert sich Rainer Speer." Vgl. Mara/ Metzner: Matthias Platzeck., a.a.O., S. 167.

DDR' eine Rosskur verordnen – Millionen einsparen, zehntausende Landesbedienstete entlassen, Härte zeigen. Hätte ihm seine Partei in diesem Kurs nicht mehr folgen wollen, wäre ein Bildungsminister Reiche eine natürliche Führungsfigur gewesen."[277]

Platzeck und Merkel entwuchsen ihren Mentoren, Tiefensee folgte seinem Förderer leisen Schrittes, Thierse hingegen war lange Zeit selbst sein eigener Mentor. Damit erging es ihm, wie vielen anderen SPD-Wendepolitikern, die zwar auf kommunaler oder Landesebene Förderer hatten bzw. selbst den politischen Nachwuchs förderten, doch auf Bundesebene gab es jene Unterstützung, die Kohl „seinen" Ostdeutschen angedeihen ließ, nicht. Nun hatte Kohl in der Tat – ganz im Gegensatz zur SPD – auch Posten zu vergeben, doch auch 1998 bewies der neue SPD-Kanzler Gerhard Schröder, wie viel er von den ostdeutschen Wendepolitikern hielt, bzw. wie wenig Vertrauen diese in die Bundesspitze der Partei hatten.

So bootete Schröder seinen Vorzeige-Ossi Wolfgang Thierse mehrfach aus. Nicht Thierse, sondern Manfred Stolpe wurde Vorsitzender des „Forums Ostdeutschland". Überdies ernannte Schröder („Was will der Thierse eigentlich, der gewinnt ja nicht einmal seinen Wahlkreis") nach dem furiosen Wahlsieg von 1998 lieber den blassen Rolf Schwanitz zum Ostbeauftragten.[278] Anderen Wendepolitikern in der SPD dürfte der eher stiefmütterliche Umgang mit ihnen durchaus bewusst gewesen sein, sah man doch, wie die SPD seit 1990 mit ihren Bürgerrechtlern umging.

Und so schien es nur konsequent, dass Matthias Platzeck ebenso wie Wolfgang Tiefensee, anfänglich den Lockrufen des Kanzlers widerstand. Denn ohne Netzwerk und doppelten Boden wären sie schnell zu Schleudersitzkandidaten im Kabinett Schröder geworden, zumal das Ostdeutschland-Ressort in Anbetracht der starken sozialen und wirtschaftlichen Schwierigkeiten im Osten kaum als sonderlich prestigeträchtig und krisensicher gegolten haben dürfte. Zudem reklamierte Schröder die „Chefsache Ost" derart heftig für sich, dass der entsprechende Minister immer in dessen Schatten gelebt hätte, fürs

---

[277] Vgl. Daniel Schulz/ Christian Füller: Neben mir kein zweiter Bundesboy, in: Die Tageszeitung, 12.1.2005.

[278] Vgl. Klaus Hartung: Der Prediger, in: Die Zeit, 29.10.1998.

Verkünden der schlechten Nachrichten ebenso wie für ein Scheitern der großspurigen Kanzlerambitionen hätte herhalten müssen. Nichts aber schien Platzeck mehr zu fürchten als den Schatten Schröders. Und so blieb er lieber, wie ein verständnisloser Kanzler feststellen musste, „Dorfbürgermeister" statt Kabinettsmitglied zu werden.[279] Platzeck wagte sich erst aus dem Hintergrund als er und nicht mehr Schröder der umjubelte Star der bundesdeutschen Sozialdemokratie sein sollte.

Platzeck, Höppner, Ringstorff, Stolpe – sie alle wussten, dass sie in den Ländern ihre Netzwerke hatten, dass ihnen in der Bundespolitik aber die Loyalitäten fehlten. Ein Grund dafür war wohl auch immer Wolfgang Thierse. Zum einen hat er den ostdeutschen Preis aufgrund seiner Sperrigkeit enorm in die Höhe getrieben, zum anderen sich nie um die Förderung anderer ostdeutscher Wendepolitiker gekümmert. Während Ringstorffs bundespolitische Ambitionen sich bereits früh erschöpft hatten und Höppner sich in Sachsen-Anhalt gewaltig verspekuliert hatte – und ihm wohl bewusst gewesen sein dürfte, dass seine parteiinternen Fürsprecher von 1994, Schröder und Lafontaine, ihn bereits 1998 abgeschrieben hatten –, Stolpe wiederum zu alt für bundespolitische Ambitionen schien, hatte Platzeck sein Potsdamer Netzwerk perfektioniert.[280] Was als Zurückhaltung und Karriereverweigerung gedeutet wurde, dürfte vielmehr der behutsamen Vorbereitung seiner bundespolitischen Ambitionen gedient haben. Denn bei aller gespielten Zurückhaltung, Platzeck ließ bereits in Brandenburg zu viele verdiente Landesgrößen in der Partei hinter sich, als dass er nur „so ein netter Mensch" sein könnte.[281]

Aber auch in der CDU besaßen nicht alle Wendepolitiker die gleiche Zuneigung wie Angela Merkel. Peter-Michael Diestel war viel zu egozentrisch um einen Förderer anzunehmen, sah er sich doch im Anbeginn seiner Karriere als den kommenden Star, der bestenfalls selber Patron, nie aber Untertan hätte

---

[279] Vgl. Peter Ehrlich: Matthias rennt, in: Financial Times Deutschland, 3.11.2005; Platzeck war zu diesem Zeitpunkt Oberbürgermeister Potsdams.

[280] Vgl. Anette Ramelsberger: Wenn Fröhlichkeit zur Waffe wird, in: Süddeutsche Zeitung, 4.10.2002.

[281] Burga Kalinowski: So ein netter Mensch, in: Freitag, 4.9.1998.

sein können – und scheiterte wie Merkel an West-Import Ulf Fink.[282] Claudia Nolte wiederum fehlte diese spezifische Durchsetzungskraft einer Angela Merkel, nie schaffte sie es mehr zu sein als ein Aushängeschild Kohls. Schließlich erschöpften sich ihre Emanzipationsfähigkeiten bereits im Begriff der Emanzipation. Merkel hingegen stieg auf und sicherte sich ab, blieb kronloyal und war im Wettlauf gegen Kohl doch die schnellste, setzte sich entschieden von ihm ab, bevor der lange Schatten des Förderers übergroß und ihr zum Verhängnis werden konnte. Gleichwohl, die Zweifel an ihrer Person blieben so hartnäckig wie ihre Durchsetzungskraft.

Und so zeigt sich bereits hier eine bedeutsame Wegscheide in den Karrieren von Platzeck und Merkel auf der einen und den vielen anderen Wendepolitikern auf der anderen Seite. Der spezifische Hang zur Macht, das Erlernen und Beeinflussen politischer Entscheidungsprozesse, das Unterwerfen unter den Förderer war mindestens ebenso wichtig wie die spezifische unbelastete ostdeutsche Biographie. Und diese Klaviatur beherrschten beide besser als andere Wendepolitiker, auch weil sie es verstanden, sich zu vernetzen und vom eigenen Mentor unabhängiger zu machen, ohne diesen das öffentlich und deutlich spüren zu lassen. Konspirative Fähigkeiten, Menschenkenntnis, das Einsortieren in Freund-Feind-Schemata, langwierige Überzeugungsfähigkeiten in Einzelgesprächen, Gefahren- und Risikoabschätzung, all das erlernten sie nicht in den Jugendorganisation der Parteien, diese Fähigkeiten brachten sie bereits am Beginn ihrer Karriere mit, als Erfahrungshorizont des intelligenten Außenseiters in einer Diktatur, wo all diese Fähigkeiten überlebensnotwendiges Rüstzeug darstellten.

Diese Fähigkeiten aber auch in die Politik zu übersetzen und nicht an die überzeugende Macht des Wortes zu glauben, woran die meisten pragmatischrealistischen Wendepolitiker scheitern mussten, machte sie zu den erfolgreichsten Vertretern ostdeutscher Politik-Emporkömmlinge.

---

[282] Christoph Dieckmann: Der wilde Westler. Ulf Fink zwingt Brandenburgs CDU seinen Kurs auf, in: Die Zeit, 15.5.1992.

V.3 Alte und neue Seilschaften

Der Schutz des Förderers konnte sich über Nacht in Luft auflösen. Und so mussten sich die Wendepolitiker früh im Gewirr alter und neuer Seilschaften zurechtfinden und sortieren und eigene Netzwerke aufbauen – im Osten wie im Westen, wenn sie nicht auf ewig nur Geförderte sein wollten. Und die Seilschaften und möglichen Netzwerke, die Machtbasen, die Gruppen und Grüppchen gab es in hoher Zahl. Doch während sich die bundesrepublikanisch sozialisierten Politiker bereits vielfach in die politische Machtarithmetik der Bonner Republik einsortiert hatten, mussten die ostdeutsch sozialisierten sich im Bonner Haifischbecken erst zurechtfinden.

War das schon eine hohe Anforderung an die Neulinge, mussten sie sich überdies in den Organisationszusammenhängen der Wendezeit orientieren – Bürgerrechtler hier, Altkader dort, sie alle waren bereits vernetzt. Dazu gesellten sich eine unübersichtliche Parteienlandschaft und ständige Stasi-Enthüllungen, die jedes noch so zarte Netz über Nacht zerstören konnten. Vor diesem Hintergrund ist es nur wenig erstaunlich, dass viele Wendepolitiker scheiterten, andere, vor allem Sozialdemokraten, sich in ihrem Landesverband einigelten und erstmal dort die Fäden zusammenzogen.

Insbesondere in der CDU, die außer in Brandenburg die neuen Minister-präsidenten stellte, hatten Wendepolitiker kaum eine Chance. In Thüringen, in Sachsen-Anhalt und in Mecklenburg-Vorpommern waren es zuvorderst die Altkader, die sich das erste Zugriffsrecht auf die Fleischtöpfe der Macht sicherten.[283] Hinzu kamen die vielen Politimporte aus der Bundesrepublik, die vielfach mit den gestandenen Profis des Politischen besser harmonierten als mit den durch naturwissenschaftliches Denken geprägten Politnovizen. Während auf Bundesebene – ganz in Kohls Sinne – vor allem die Politiker aus der Allianz für Deutschland, die nicht der Block-CDU angehört hatten, wie etwa Angela Merkel oder der Bürgerrechtler Rainer Eppelmann, prestigeträchtige Karrieren machen sollten, hatten diese in den Landesverbänden der

---

[283] Vgl. Michael Lühmann: Verdrängte Vergangenheit. Die CDU und die „Blockflöten", in: Deutschland Archiv, Jg. 42, Bd. 1/2009, S. 96-104.

ostdeutschen CDU nur sehr geringe Chancen[284]. Kooperationen der CDU mit dem Demokratischen Aufbruch etwa, um das politische Personal aufzufrischen, wurden von den Altkadern auf kommunaler und auf Landesebene immer wieder blockiert.[285]

Und so waren es mit Josef Duchač in Thüringen, Alfred Gomolka in Mecklenburg-Vorpommern und Gerd Gies in Sachsen-Anhalt neben dem „West-Import" Kurt Biedenkopf in Sachsen vor allem Altkader und bundesrepublikanische Politiker, die in die hohen ostdeutschen Staatsämter vorstießen. Einzig in Brandenburg, wo die SPD mit Manfred Stolpe den Ministerpräsidenten stellte, sollte ein ins alte System involvierter Ministerpräsident werden, der ob seiner Tätigkeit als Konsistorialpräsident der evangelischen Kirche als Nahtstelle zur Politik aus dem Wendepolitiker-Schema deutlich heraus fällt. Interessanterweise stand ihm mit Peter-Michael Diestel der einzige CDU-Wendepolitiker in einem Bundesland gegenüber – ob Diestel deshalb die Wahl nicht gewinnen konnte, bleibt Spekulation.

Erst als die Altkader aufgrund von Stasi-Verstrickungen oder durch Intrigen der eigenen Parteifreunde – die durch die Spaltung der Fraktionen insbesondere der CDU in Reformer und Altkader und Westimporte immer wieder auf fruchtbaren Boden fielen – bereits frühzeitig wieder zurücktreten mussten,[286] war der Weg frei für einen zweiten Anlauf der Wendepolitiker. Doch außer in Mecklenburg-Vorpommern, wo mit Berndt Seite in der Tat ein solcher in die Staatskanzlei einzog, war die erste Wahlperiode in den Neuen Bundesländern keine verheißungsvolle für die unbelasteten Neulinge. In Brandenburg musste Diestel dem Westdeutschen Ulf Fink weichen, der bereits die von Kohl favorisierte Angela Merkel ausgestochen hatte, in Thüringen und

---

[284] Mitentscheidend dürfte für die kohlsche Protektion gewesen sein, dass er in den „Erneuerern" bzw. „Reformern" zum einen die Zukunft der CDU sah, zum anderen in ihnen ein Gegengewicht zur sozialer, ja linker eingestellten Ost-CDU sah. Gleichwohl hat Kohl auch die extrem gewendeten Altkader, wie etwa Günther Krause mit einbezogen, vgl. ebd..

[285] Vgl. ebd..

[286] So trat der Ministerpräsident Sachsen Anhalts, Gerd Gies 1991 nach nur 242 Tagen im Amt zurück. In Thüringen zwangen die Rücktritte dreier Minister den amtierenden Ministerpräsidenten Josef Duchač aufgrund seiner belasteten Vergangenheit 1992 zum Rückzug und Gomolka stürzte 1992 über die eigene Fraktion, vgl. o.V.: Schwarzer Container, in: Der Spiegel, 30.03.1992.

Sachsen-Anhalt gelangten mit Bernhard Vogel und Werner Münch zwei sogenannte „Westimporte" an die Spitze der Landesregierungen. Allerdings konnte sich Münch auch nur fast ein Jahr in Magdeburg halten, bevor mit Christoph Bergner erneut ein CDU-Altkader die Macht übernahm. Dass diese Problematik bis heute nicht ausgestanden ist und den wenigen Wendepolitikern in CDU-Reihen bis dato der Weg an die Macht versperrt wird, sieht man an den Beispielen Thüringens und Sachsens, wo die „Westimporte" erneut durch Altkader – Tillich in Sachsen und Althaus in Thüringen – ersetzt wurden.

Die Logik dieser Prozesse war für die Wendepolitiker fast ausweglos. Auf der einen Seite standen die „neuen" ostdeutschen Landesverbände der alten Blockparteien, sie verachteten die Wendepolitiker, die vor allem aus anderen Organisationszusammenhängen der Revolutionszeit kommend nun die Landesverbände zu erobern versuchten und in Opposition zu den sogenannten Blockflöten standen. Auf der anderen Seite standen die altbundesrepublikanischen Parteivertreter, die für den Neuanfang in den Neuen Bundesländern möglichst nicht auf Altkader zurückgreifen wollten – es aber doch immer wieder taten.

Es waren dies die optimalen Startbedingungen für bundesdeutsche Exporte, nicht aber für die am Beginn ihrer Karriere befindlichen Neupolitiker, denen neben mangelnder Loyalität der eigenen Partei oftmals die fehlende politische Erfahrung den Weg in politische Ämter verbaute. Waren sie während der Revolution in oftmals ebenso euphorischen wie chaotischen Parteiversammlungen in wichtige Ämter gespült worden, übernahmen als sich die Wogen geglättet hatten wieder die das Ruder, deren Rückhalt nicht die Euphorie der Wendetage bildete, sondern die Erfahrung des Politikmachens bereits zu DDR-Zeiten oder in der alten Bundesrepublik.

Doch selbst in der SPD, die ja nun per se zumindest keine Altkader in ihren Reihen hatte und wo sich aufgrund des Drucks von der Basis die Bürgerrechtler frühzeitig zurückgezogen hatten, waren die Chancen der sozialdemokratischen Wendepolitiker, in Regierungsverantwortung zu gelangen, erst über die Jahre gestiegen.[287] Zwar profitierte Höppner in Sachsen-Anhalt von der extremen Instabilität der schwarz-gelben Koalition und konnte 1994 als erster der Laienspieler als Ministerpräsident vereidigt werden, doch verhinderte die strukturelle Unterlegenheit der ostdeutschen Sozialdemokratie das Entstehen politischer Karrieren in der SPD. Den Spitzengenossen der ostdeutschen SPD fehlte aber auch scheinbar die politische Härte, sich in den Landtagswahl-kämpfen 1990 durchzusetzen. „Sie sind eher „Diskutierer", wie sie ein Spitzen-Sozi vom Rhein leicht abschätzig beschreibt. Ihre Landtagswahlkämp-fe bestreiten sie im Stile von Anwälten und Seelsorgern. Begierig wollen sie ihr Demokratiedefizit aufarbeiten. Sie fühlen sich in der Opposition wohler als in der Regierung."[288]

Mithin blieben die Wendepolitiker in Ostdeutschland zumeist außen vor, lediglich in Brandenburg, das allerdings in vielerlei Hinsicht ein bisschen anders tickt als die anderen Neu-Bundesländer[289], wurden mit Platzeck und Hildebrandt zwei Wendepolitiker ministrabel, die auch über die Landesgren-zen hinaus populär waren. Hier konnten sich beide im schützenden Schatten des Patriarchen Stolpe entwickeln (– der sie zur Imagewahrung auch gut brauchen konnte).

In der, dank absoluter Mehrheiten sicheren, sozialdemokratischen Provinz Brandenburg sollten sie sich auf ihre künftige Rolle in der Politik vorbereiten – vorbei konnten sie allerdings erst, als der Alte den Weg freigemacht hatte. Doch zu dem Zeitpunkt war Regine Hildebrandt, die allerdings schon 1999 politisch kaltgestellt worden war, bereits verstorben und so wurde Platzeck zum alleinigen ostdeutschen Hoffnungsträger und Nachfolger Stolpes. Überhaupt ist Brandenburg – und das war schon vor dem Abgang Stolpes so – zu dem Machtzentrum der ostdeutschen Sozialdemokratie avanciert, hier hat

---

[287] In Sachsen trat 1990 gegen Biedenkopf gar die aus der Bundesrepublik importierte Anke Fuchs gegen Biedenkopf an, in Thüringen machte man den „West-Import" und Lafontaine Vertrauten Richard Dewes zum Kronprinzen, der die Partei immer wieder herausforderte.

[288] Vgl. o.V.: Letzte Zuckungen, in: Der Spiegel, 1.10.1990.

[289] Vgl. zur Einführung: Jakob Lempp (Hrsg.): Parteien in Brandenburg, Berlin 2008.

Platzeck seine Vertrauten, beste Verbindungen zu den Netzwerkern in der SPD aufgebaut[290], von hier hat er seine Karriere gesteuert und geplant.

Doch während Platzeck nie aus dem Biotop Potsdam heraus musste und dabei überdies von der Nähe zu Berlin profitierte, war Merkel anfänglich sehr weit weg, allein in Bonn mit einigen wenigen anderen Ostdeutschen, eine Exotentruppe im politischen Ausland.[291] Einzig Merkel war die Unbedarfte ohne politische Erfahrung, Krause und Ortleb hatten erste politische Sporen bereits in den DDR-Blockparteien und in führenden Parteiämtern in der Übergangszeit 1989/90 erworben.

„Wenn ich die Freude an der Arbeit in Bonn verliere, dann steige ich aus“,[292] ein erstaunlicher Merkel-Satz in der Rückschau und doch konnte er nur von ihr kommen. Eine Legislaturperiode später waren die beiden anderen nicht mehr da, nur Merkel und eine neue Wendepolitikerin, Claudia Nolte.[293]

Und wieder vier Jahre später verschwand auch sie, die Strebsame, erst aus der Regierung und, als Merkel schon den nächsten Karriereschritt zur Generalsekretärin der CDU vollzogen hatte, aus dem Präsidium der CDU. Was hatte Merkel besser gemacht als die anderen? War es nur der mächtige Schutz des übermächtigen Kanzlers?

In der Tat war dieser wichtig, doch schon vorher überzeugte sie die mächtigen Männer des Demokratischen Aufbruchs, Rainer Eppelmann und Wolfgang Schnur, später die Eminenzen der Ost-CDU, Lothar de Mazière und Günter Krause und dann auch die entscheidenden Leute in der West-CDU: Volker Rühe, Wolfgang Schäuble und allen voran Helmut Kohl. Der erkannte schnell,

---

[290] Vgl. zu den Netzwerkern: Daniela Forkmann: Konsens statt Konflikt. das sozialdemokratische „Netzwerk junger Abgeordneter Berlin“, in: Vorgänge, Jg. 46, Bd. 4/2007, S. 67-76. So studierte etwa der SPD-Generalsekretär Hubertus Heil in Potsdam, gehört seither zu den engsten Vertrauten Platzecks, auch Frank-Walter Steinmeier hält gute Kontakte nach Potsdam. So galt Potsdam zwischenzeitlich als Nebenzentrale des Willy-Brandt-Hauses, von wo aus „die Potsdamer“ die Ausrichtung der SPD massiv zu beeinflussen suchten, vgl. etwa Daniel Friedrich Sturm: Er konferiert, kommuniziert, koordiniert, in: Die Welt, 25.7.2008.

[291] Vgl. Christian Wernicke: Vereint aber anders. Die drei ostdeutschen Minister in Helmut Kohls Kabinett, in: Die Zeit, 25.1.1991.

[292] Ebd.

[293] Vgl. Schumacher: Claudia Nolte, a.a.O.

„dass Merkel über eine rasche Auffassungsgabe und ein gewisses Organisations- und Redetalent verfügte. Außerdem erfüllte sie trefflich einige Kriterien, die in sein Anforderungsprofil an eine ostdeutsche Ministerin passten. Nicht nur, dass sie protestantisch und belastbar war. Sie repräsentierte auch keinen der zerstrittenen Flügel der für Kohl undurchsichtigen Ost-CDU, sie hatte keine Stasi-Vergangenheit und keine Hausmacht. Kurz: Die junge Frau mit den wachen Augen, der Strickjacke und dem harmlos altmodischen Pagen-Haarschnitt muss koscher auf Kohl gewirkt haben. Das war keine nervige Querulantin, keine junge Süßmuth, keine Hyper-Ambitionierte."[294]

Doch Seilschaften waren dies noch nicht, vielmehr kam sie zumeist ohne sie aus, so das gängige Klischee über Merkel. In der Tat hatte sie anfänglich keinen Rückhalt in der CDU, die von Altkadern dominierte Ost-CDU verübelte ihr die Positionierung als Erneuerin, die alte Block-CDU-Zöpfe nicht schätzte.[295] In der West-CDU blieb sie über lange Zeit eine unterschätzte Außenstehende, die weder die Sprache, noch die kulturellen Grundanforderungen der politischen Führungskaste der CDU besaß[296]. Und doch hatte sie Anfang 1994, nach nicht einmal einer Legislaturperiode, nominell eine schwindelerregende Machtfülle: Bundesministerin, Parteivize und Landesvorsitzende. Ihre Seilschaften hingegen blieben brüchig,[297] ihr mecklenburg-vorpommerischer Landesverband war anfänglich ebenso wenig sicheres Hinterland wie ihre ostdeutsche Herkunft. Merkels Seilschaften waren indes die ihres Förderers, die ihr halfen, weil er es wollte. Ihre Karriere hätte mit dem Ende Kohls eigentlich vorbei sein müssen, doch genau in diesem Mo-

---

[294] Schlieben: Angela Merkel, a.a.O., S. 437.

[295] Michael Lühmann: Verdrängte Vergangenheit., a.a.O., S. 99ff..

[296] Vgl. Schlieben: Angela Merkel, a.a.O., S. 435ff..

[297] Hajo Schumacher verweist etwa auf ein mächtiges Frauennetzwerk, dass ihr als wichtigstes Netzwerk dient, vgl. Schumacher: Die zwölf Gesetze der Macht, a.a.O., S. 82-91.

ment, als sie höchst selbst den König in der FAZ meuchelte,[298] war dies ihr größter Vorteil – sie als ostdeutsche Außenseiterin besaß als nominell mächtigste Politikerin der CDU die geringsten Anknüpfungspunkte an das System Kohl, der Katzentisch war mithin ihr glaubwürdiges Sprungbrett an die Spitze der CDU. Zudem waren Seilschaften und Netzwerke am Ende des Systems Kohl vielfach diskreditiert oder zumindest für kurze Zeit konsterniert, wie etwa der Anden-Pakt um Koch und Wulff. Überdies passte Merkel Anfang des neuen Jahrtausends ob „ihrer unverkennbaren und ungestellten Pose des ‚Lernens' kongenial in die Landschaft."[299]

Doch ist Merkel selbst unter den ostdeutschen Seiteneinsteigern in die Politik die strahlende Königin, Thierse längst nicht mehr so einflussreich wie in den Jahren vor Schröder und Platzeck „nur" noch graue Eminenz im Potsdamer Hintergrund. Überdies sind auch die anderen Wendepolitiker unlängst am Ende ihrer Karriere angekommen, etwa die Ministerpräsidenten Höppner, Ringstorff und Böhmer, ohne je starken partei- oder bundespolitischen Einfluss gewonnen zu haben.

Gleiches gilt in Anbetracht von Ambitionen und Einfluss etwa für Wolfgang Tiefensee, Rolf Schwanitz oder den in Thüringen so glücklosen Christoph Matschie. Gerade an Matschie, aber auch an der Nachfolge Ringstorffs schärft sich das betrübliche Bild.

Während der Thüringer Ministerpräsidentenkandidat kaum Chancen hat aus der sozialdemokratischen Depression des alten Kernlandes auszubrechen, beerbte Ringstorff nicht etwa ein Wendepolitiker, sondern mit Erwin Sellering ein in der alten Bundesrepublik sozialisierter Jurist und Sozialdemokrat. Mithin erscheinen ostdeutsche Wendepolitiker-Karrieren nicht unbedingt als strahlende Erfolgsfolie.

---

[298]   Angela Merkel: „Die von Helmut Kohl eingeräumten Vorgänge haben der Partei Schaden zugefügt", in: Frankfurter Allgemeine Zeitung, 22.12.1999
[299]   Walter: Charismatiker und Effizienzen, a.a.O., S. 305.

VI Zwischen Bonn und Berlin – und die DDR im Gepäck

VI.1 Der kurze Weg zur Macht

Denn ob „das Ostdeutsche" überhaupt ein Vorteil ist, in der Bundesrepublik langfristig Karriere zu machen, muss bezweifelt werden. „Frau, aus dem Osten und auch noch jung, das war alles kein Schaden"[300], so Merkel zu ihrem Einstieg in die Politik. Und in der Tat, als 1989/90 sich das Gelegenheitsfenster öffnete, schlüpften viele Wendepolitiker hindurch. Doch die meisten von ihnen erlitten früher oder später doch den Fenstersturz, weder die ostdeutsche CDU noch die ostdeutsche SPD verfügte über die Macht, in den Parteiorganisationen eigene Leute durchzudrücken, noch schienen die Laienspieler in der Lage, sich im Politikbetrieb durchzusetzen. Denn wenngleich Platzeck und Merkel ohne Ochsentour und Parteierfahrung aufstiegen, schadete dieser Mangel an Loyalitäten, Erfahrungen und Verbindlichkeiten den meisten Wendepolitikern, deren Karrieren anfänglich alles andere als zukunftsweisend erschienen.

Vielmehr waren Merkel, Nolte und Co. für Kohl, was Platzeck und Tiefensee für Schröder nicht sein wollten, was Thierse am Anfang für die SPD war und in der Ära Schröder nicht sein durfte, was dann Stolpe auszufüllen hatte: die Aushängeschilder für den Osten. Seht her, der Westen vergisst Euch im Osten nicht. Besonders deutlich wird dies bei Schröder, der ganz bewusst Stolpe den Vorzug gab, sei es beim Forum Ostdeutschland oder als Minister. Er ging am gnädigsten mit der Vergangenheit um, hatte sein Brandenburg in eine kleine Nische verwandelt. Umgekehrt war es bei Merkel die nahezu bewusste Abwesenheit alles Ostdeutschen, die sie so erfolgreich sein ließ. „Während Angela Merkel oft den Anschein erweckt, als wäre das Jahr 1989 ihre biographische Stunde Null, steht Platzeck selbstbewusst zu seiner Her-

---

[300] Angela Merkel: Mein Weg. Angela Merkel im Gespräch mit Hugo Müller-Vogg, Hamburg 2004, S. 86.

kunft. Ja, er sieht sie sogar als Vorteil, als Umbruchkompetenz für die Moder-
nisierungsanstrengungen, die nun ganz Deutschland bevorstehen."[301]

Die unbefleckte DDR-Biographie war anfänglich schlechterdings eine
optimale Vorraussetzung, um als Ostdeutscher in der Politik zu reüssieren.
Doch wer – wie viele der Wendepolitiker – verpasste, diese Attitüde irgendwann abzulegen, der bekam bald zu spüren, dass dies mehr Ballast als Treib-
stoff für eine politische Karriere in der Bundesrepublik war. Doch wie sollten
sich die Ostdeutschen von einem Erfahrungshorizont lösen, der für sie täglich
erfahrbar war, wo sie doch tagtäglich mit dieser Realität konfrontiert wurden.
Die lange Riege der Ministerpräsidenten und Landespolitiker unter den
Wendepolitikern lebte ja weiterhin auf dem Territorium der ehemaligen DDR,
kultivierte auch aus Überlebenszwecken, da man gegen die Bevölkerung nun
mal keine dauerhaft erfolgreiche Politik machen kann, dieses spezifisch
Ostdeutsche. Höppner war darin in Sachsen-Anhalt ebenso ein Meister wie
Stolpe in Brandenburg, wenngleich Stolpe eher den gütigen, verzeihenden
Landesvater gab und Höppner eher als das personifizierte Leid ostdeutscher
Transformationserfahrungen daherkam – und darin auch Regine Hildebrandt
stark ähnelte.

Auch Berndt Seite und Harald Ringstorff blieben als Ministerpräsidenten
Mecklenburg-Vorpommerns ihrer Scholle, ihrer Erfahrungen, verhaftet, sind
kaum bundespolitisch sozialisiert. Das trifft noch am ehesten auf Matthias
Platzeck zu, der sich als Brandenburger Minister und Nachfolger Stolpes auch
nie von der DDR-Thematik freisprechen konnte, so er nicht das Gros seiner
Wähler verprellen wollte. Und selbst der bundespolitisch sozialisiert Thierse
wurde dieses Ostdeutsche nie los, wenngleich er mehr als viele der vorgenann-
ten die bundesdeutsche Machtarithmetik verinnerlicht und zu nutzen gewusst
hatte, aber auch oft genug deren Opfer geworden war.

Doch somit übernahmen sie auch die leidige Verteidigung der DDR-
Biographien, wirkten selbst immer moralisierender. Die einzige, die von all
dem weit weg war, ist Angela Merkel, über die Hellmuth Karasek einmal
meinte, bei ihr sei – anders als bei Herrn Thierse – nicht mehr feststellbar, ob

---

[301] Matthias Ehlert: Elastischer Hoffnungsträger, in: Welt am Sonntag, 6.11.2005.

sie aus dem Osten oder aus dem Westen käme, und Lothar de Mazière qualifizierte sie gar als eine Westpolitikerin.[302]

Doch während Merkel die Zuschreibung des Literaturkritikers als Kompliment versteht, verwahrt sie sich gegen die de Mazièrsche „Abwertung" als Westpolitikerin, findet diese, wie so oft, abwegig. Überhaupt sieht sich Merkel, und das unterscheidet sie in ihrem Selbstbild deutlich von allen Wendepolitikern, in erster Linie als naturwissenschaftlich – und nicht als ostdeutsch – geprägte Persönlichkeit. Das einzig Ostdeutsche sei daran, dass im Osten naturwissenschaftliche Politikerbiographien viel häufiger zu finden seien, als bei westdeutschen Politikerbiographien, so ihr Diktum.[303]

Merkel hat frühzeitig erkannt, dass „Ostdeutschtum nicht als politische Kategorie"[304] taugt, dass es ihr im alt-bundesrepublikanisch geprägten Politik- und Medien-Alltag auf die Dauer auf die Füße fallen könnte. Ihre Rolle als Ostdeutsche ist nur eine symbolische, auch verschleierte. Sie hat sich die „melancholische Arbeit am Erinnerungsgebirge DDR"[305] nicht aufgebürdet, das erledigen schließlich andere. Und spricht sie doch mal über Ostdeutschland, die Revolution, das Leben in der DDR, „das Land, aus dem ich herkomme"[306], dann sind mit Sicherheit Adenauer, die Freiheit und die soziale Marktwirtschaft nie weit, relativieren und umhüllen ihre Äußerungen. Denn nichts fürchtet Merkel mehr, als das Etikett der mahnenden oder vielmehr der nörgelnden Ostdeutschen. Das hat schon Thierse und bei ihm soll das Etikett ruhig kleben bleiben.

---

[302]   Vgl. Angela Merkel: Mein Weg. Angela Merkel im Gespräch mit Hugo Müller-Vogg, Hamburg 2004, S. 131f., vgl. auch Evelyn Finger: Der Ossi als Wessi. Wie und warum Angela Merkel im Wahlkampf ihre Herkunft verleugnet, in: Die Zeit, 25.8.2005; Matthias Geis: Fremdeln in der Uckermark, in: Die Zeit, 28.7.2005.

[303]   Vgl. Angela Merkel: Mein Weg. Angela Merkel im Gespräch mit Hugo Müller-Vogg, Hamburg 2004, S. 131f..

[304]   Dieckmann: Weisheit des Neustarts, a.a.O.

[305]   Ebd.

[306]   Vgl. Evelyn Finger: Der Ossi als Wessi, a.a.O..

VI.2 Ankunft in der Berliner Republik

Unabhängig davon, dass Platzeck erst fünf Jahre nach Merkel den Vorsitz der eigenen Partei übernahm, bleibt der Aufstieg beider, wie so oft und doch zutreffend geschrieben wird, kometenhaft. Binnen zehn Jahre vom Parteieintritt an die Spitze der Partei zu gelangen, das zumal in mitgliederstarken Volksparteien mit langen Rekrutierungswege an die Spitze, bleibt bis heute ein singulärer Vorgang in der Geschichte der deutschen Parteienlandschaft nach 1945. Die Musterkarrieren eines Roland Koch oder Helmut Kohl mit Stationen bei der Jungen Union, dann der CDU, einer stetigen Verbreiterung der Macht durch immer neue und höhere Ämter, über die Kärrnerarbeit des Fraktionsvorsitzes und beständige Partei- und Gremienarbeit an die Spitze der Partei[307] weist Merkel ebenso wenig auf, wie Platzeck (oder auch Thierse) die Musteraufstiege der sozialdemokratischen Parteiführer fehlen, die politische Sozialisation bei den Jusos, die Verankerung in den Gewerkschaften[308].

Dass diese Außenwirkung insbesondere bei Merkel nicht ganz der Realität entspricht – war sie doch quasi von Anfang an Präsidiumsmitglied, auch Fraktionsvorsitzende im Bundestag und Landesvorsitzende in Mecklenburg-Vorpommern – gereichte ihr indes im entscheidenden Moment zum Vorteil. Überhaupt scheint dies eine entscheidende Ressource Merkels: Nicht nur die inhaltliche, auch die biographische Unschärfe der Kanzlerin macht sie so wenig angreifbar.

Trotzdem brauchte sie ebenso wie ihr zwischenzeitliches Pendant im SPD-Vorsitz Platzeck im Gegensatz zu Thierse, der von Anfang an in Bonn und Berlin angekommen war, einen längeren Anlauf. Thierse nutzte diesen strategischen Vorteil, um sich das zweithöchste Staatsamt zu sichern, in der Partei indes blieb er immer häufiger außen vor, auch weil er sich ihr im

---

[307] Vgl. Hajo Schumacher: Roland Koch. Verehrt und verachtet. Frankfurt am Main 2004; Bösch/ Brandes: Die Vorsitzenden der CDU. S. 23-63.

[308] Vgl. Anne-Kathrin Oeltzen/ Daniela Forkmann: Charismatiker, Kärrner und Hedonisten. Die Parteivorsitzenden der SPD, in: Forkmann/ Schlieben: Die Parteivorsitzenden, a.a.O., S. 64-118.

Berliner Landesverband in kritischen Situationen verweigert hatte,[309] es überdies nicht vermochte, seinen Wahlkreis gegen die PDS zu behaupten. Thierse war nie Parteisoldat, leitete aus seiner Sonderstellung heraus vielmehr eine Unabhängigkeit ab, die ihn so sperrig erscheinen ließ, wie er von seinen Parteigenossen auch wahrgenommen wurde. Das imponierte zwar einigen ebenso sperrigen Ost-Genossen, war aber in der Gesamtpartei – die im Prinzip seit Helmut Schmidt Grundsätzliches, Unbequemes, ja Visionäres à la Ehmke, Eppler oder Glotz gerade noch in Programmkommissionen ertrug – nicht tragfähig.

Merkel und Platzeck hingegen stiegen, dienend und duckend, im Schatten ihrer Förderer auf und standen so urplötzlich im Moment der Krise wie Phönix aus der Asche an der Spitze der Partei. Ihr Bonus war die reale Entfernung zum als marodierend wahrgenommenen Politikbetrieb. Kurzum, sie galten nicht als fossile Relikte der Bonner Republik, sondern vielmehr als Produkte der neuen, unverbindlichen Moderne der Berliner Republik.[310]

Merkel hatte keine Anknüpfungspunkte an die männerbündische Kohl-sche Machtarchitektur, sie gehörte nicht zu denen, die mit ihm untergehen mussten, weil er sie nie in den Nahbereich seiner Herrschaftspraxis eingeweiht hatte. Gleichwohl hatte sie die Kohlsche Praxis des Inkludierens und Exkludie-rens, die Wagenburgmentalität des CDU-Vorsitzenden, die sie bereits aus dem uckermärkischen Pfarrhaus kannte, kopiert und perfektioniert. Und so war es umso einfacher für sie, sich aus dem exklusiven Kreis, dem sie nie ganz angehörte, herauszustehlen. Nur so konnte sie, und nur sie, Kohl über die FAZ[311] den Scheidungsbrief zukommen zu lassen, um sich anschließend von der Basis krönen zu lassen, da alle anderen Gremien der Kohl-CDU ohnehin in Misskredit geraten waren.

Auch Platzeck war einer der wenigen, der nicht in die leidigen Enkel-kämpfe der Sozialdemokratie verwickelt war. Erst als der gemeinhin als selbstloser Parteisoldat apostrophierte Franz Müntefering bei erster Gelegen-

---

[309] Klaus Hartung: Der Zweifel ist sein Erfolgsrezept, in: Die Zeit, 28.08.1992.

[310] Vgl. Oliver D'Antonio: Schlingerkurs in die Berliner Republik. Wie die Parteiendemokratie ihre Stabilität verlor, in: Vorgänge, Jg. 48 (2009) H. 3, S. 118-128.

[311] Angela Merkel: „Die von Helmut Kohl eingeräumten Vorgänge haben der Partei Schaden zugefügt", in: Frankfurter Allgemeine Zeitung, 22.12.1999.

heit den Bettel hinwarf, kam Platzeck aus der Deckung.[312] Dass er dort nicht lange verweilte, hatte auch viel damit zu tun, dass er als Retter angetreten war, ohne dass die Partei ihm das zugetraut hätte. Und so ist dann eben doch wieder ein gewaltiger Unterschied zwischen Merkel und Platzeck offensichtlich. Nur ostdeutsch, naturwissenschaftlich-analytisch denkend und pragmatisch handelnd reicht noch lange nicht aus, um in der Politik zu reüssieren, wenngleich die umjubelten Kommentare zur Ankunft zweier Ostdeutscher an der Macht es gleichsam suggerierten.

Neben den unterschiedlichen Einstiegen und Rückversicherungen auf dem Weg nach oben ist es aber auch die Partei gewesen, die den Unterschied ausmachte. Merkel hatte die CDU einer Freibeuterin gleich gekapert[313], die ohnehin angeschlagene Funktionärsebene durch das Votum der Basis delegitimiert und die starken Ministerpräsidenten der CDU vorgeführt. Die ersten Regierungsjahre als Kanzlerin haben dabei ihre Machtbasis weiter gestärkt. Die gefühlte, wenngleich bei Wahlen noch nicht bestätigte Beliebtheit der Kanzlerin indes ist wohl deren stärkste Rückversicherung, eine Absicherung die aber per se äußerst instabil ist und keine Rückendeckung der Partei ableiten lässt.

Anders erging es Platzeck in der SPD. Wenngleich das Spitzenamt des Parteivorsitzenden ihm nicht rein zufällig in den Schoß fiel und ihm, außer Beck, keine starken Ministerpräsidenten den Weg an die Macht verwehren konnten, hatte er den Posten so doch von Gnaden der SPD-Funktionärskaste erhalten, in der er aber eigentlich keinen Rückhalt besaß. Zwar versucht Platzeck die Parteizentrale nach und nach mit Getreuen zu besetzen, doch ganz untergründig versagten ihm, diesem völlig untypischen, pragmatischen Sozialdemokraten zu viele die Gefolgschaft. Letztlich scheiterte Platzeck am Fehlen der eigenen Hausmacht, am mangelnden Rückhalt in der eigenen Partei, die lieber einen blassen, dafür aber klassischen Sozialdemokraten wie Beck an der Spitze sehen wollte, als diesen pragmatischen Sozialdemokraten

---

[312]   Vgl. dazu die Porträts zu Platzeck und Müntefering in: Walter: Charismatiker und Effizien-
        zen, a.a.O., S. 267-277.
[313]   Vgl. Schumacher: Die zwölf Gesetze der Macht, a.a.O., S. 53-81.

aus dem Osten. Erfolg ist denn doch das Elixier, aus dem sich Karrieren speisen – und Platzeck hatte, gemessen am hochgesteckten Selbstbild der Partei, nie eine Chance. Wohl auch, weil die Partei, verblendet vom Beinahe-Wahlsieg Gerhard Schröders 2005, die SPD schon wieder in Richtung 40 Prozent Marke ziehen sah – eine Erwartung, die Platzeck ebenso wenig erfüllen konnte wie die Hoffnung, eine die Sozialdemokratie revitalisierende Idee finden und formulieren zu können. Woher die allerdings kommen sollte bei dem Mangel an Tradition und der Ideologieferne, die alle Wendepolitiker eint, ist fraglich. Und so scheiterte der Wendepolitiker Platzeck auf dem Zenit seiner Macht, war damit aber immerhin deutlich höher gestiegen als die meisten der anderen.

VI.3 Gescheiterte Karrieren

Und so finden sich auf Merkels, Platzecks und Thierses Weg nach oben viele gescheiterte oder verzögerte Karrieren. Denn nicht jeder der Wendepolitiker vermochte es, sich so geräuschlos und abgesichert in das neue System einzuordnen. Manchmal beendete bereits der leise Verdacht einer Verstrickung mit dem Ministerium für Staatssicherheit die politische Karriere. Doch auch später zeigte sich, dass mangelnde politische Sozialisation innerhalb der Partei vielfach aufstrebende politische Karrieren zu beenden vermochte. Überdies bedurfte es für eine politische Karriere außerhalb der ausgetretenen Selektionspfade von Parteien mehr als nur des Gelegenheitsfensters und eines mächtigen zugeneigten Förderers. Es bedurfte auch einer gewissen Beharrlichkeit, einem ausgeprägten Machtwillen, der Fähigkeit zur Unterordnung, ständiges Lernen war zudem ebenso wichtig wie ein innerer Anspruch, eine Überzeugung, die nicht unbedingt moralisch, sondern auch ganz zweckrational begründet sein konnte.

Wendepolitiker, die diesem Katalog nicht entsprachen, verschwanden schnell von der Bildfläche oder schafften es gar nicht erst nach oben. Ibrahim Böhme, der am Anfang einer der liebsten Gesprächspartner der damals noch Bonner Hauptstadtjournaille war, verbrannte an Stasi-Verstrickungen[314].

---

[314] Vgl. Christiane Baumann: Manfred „Ibrahim" Böhme, a.a.O., S. 145ff..

Andere, wie Peter-Michael Diestel, waren viel zu sehr Hasardeure, Glücksritter auf der Suche nach Macht und Einfluss, überschätzten vielfach die eigene Bedeutung und sind neben vielen anderen nur illustre Gestalten am Wegesrand des deutsch-deutschen Einigungsprozesses und der wilden postrevolutionären Jahre.[315] Doch nicht nur Diestels Ego stand seiner Karriere im Weg, auch die Unfähigkeit oder vielmehr der Unwillen, sich eingespielten Normen bundesrepublikanischen Politikmachens unterzuordnen. Ulf Fink verzweifelte nahezu an der schieren Unmöglichkeit die Brandenburger CDU-Fraktion, sich auf ein einheitliches Abstimmungsverhalten festzulegen.[316] Immer wieder stimmten Parlamentarier, auch auf Anraten Diestels, für Anträge der Stolpeschen Ampelkoalition. Auch am Kesseltreiben gegen Stolpe wollte sich Diestel nicht beteiligen. Zwar war er deswegen noch lange kein die eigenen Befindlichkeiten zurückstellender Sachpolitiker, aber eben auch mehr als ein reiner Taktiker der Macht. Er – der Spieler allein[317] – entschied für sich, was er wie zu unterstützen gedachte. Fraktionsdisziplin, Parteitaktik – das fiel alles weit hinter seinem eigenen Erkenntnishorizont ab.

Merkel, Platzeck und Thierse verstanden es hingegen, sich auf die Prozesse der bundesrepublikanischen Politik einzulassen, wirkten unbekümmert und dabei nie so selbstreferenziell wie etwa Diestel oder der für die ostdeutschen Novizen oft so befremdliche professionelle Politiker der Bonner Republik. Eine gewisse Sonderrolle nahm Thierse ein, der einsame ostdeutsche Denker, der SPD-Intellektuelle, der sich an den Gralshütern ostdeutscher SPD-Intellektualität wie Richard Schröder, Martin Gutzeit, Friedrich Schorlemmer – allesamt Bürgerrechtler – vorbei im Parteivorstand als der Vorzeige-Ossi seinen Platz gesichert hatte.

Viele andere Wendepolitiker glichen Getriebenen, getrieben von der inneren Überzeugung, alles verändern zu müssen und dabei selbst am besten befähigt zu sein. Regine Hildebrandt steht dafür ebenso wie Peter-Michael Diestel oder Reinhard Höppner. Sie glaubten an ihre Mission, besaßen dieses spezifische Sendungsbewusstsein, das sie für eine gewisse Zeitdauer zu

---

[315]   Vgl. etwa: Nadja Klinger: Die Generäle und der Gentleman, in: Der Tagesspiegel, 8.6.2002.

[316]   Vgl. o.V.: Schwarzer Container, in: Der Spiegel, 30.03.1992.

[317]   Peter-Michael Diestel, in: Riecker: Laienspieler, a.a.O., S. 29.

wichtigen Vertretern dieses Politikertypus machte. Doch in eben jener Mischung aus Mission und Sendung lag vielfach schon der Keim des späteren Scheiterns. Während Diestel in allen Belangen zu überbordend für den Politikbetrieb war, scheiterte Hildebrandt letztlich an ihrem – in der Bevölkerung Ostdeutschlands hoch geschätzten, im Politikbetrieb jedoch immer ungeliebteren – fundamentalen Rigorismus, der dazu führte, dass sie 1999 von Platzeck und Stolpe in der Partei isoliert wurde. „Mit den Arschlöchern von der CDU"[318] wollte sie nicht koalieren, die inhaltliche und lebensweltliche Selbstblockade Hildebrandts war dafür zu groß. Gleichzeitig war sie aber pragmatisch genug, um auf die PDS zuzugehen. Damit stand sie aber der Parteilinie entgegen und – statt sich zu beugen – wollte sie mit dem Kopf durch die Wand und fand sich vor der Tür wieder. Es ist dieser Zorn, wie es ihr Biograph Hans-Dieter Schütt nennt, der Hildebrandt ausbremste, obwohl sie selbst in der Bundespartei hoch geachtet war, beim Bremer Parteitag 1991 bereits die meisten Stimmen bei der Vorstandswahl auf sich vereinen konnte und dies bis zu ihrem Tod 2001 immer wieder vermochte. Doch ob ihres Rigorismus blieb sie doch die tragische Figur der ostdeutschen SPD, die nicht einzubinden war in die Partei, die ihre Popularität für ihre eigenen Ideen nutzte und damit zwangsläufig irgendwann nicht mehr deckungsgleich mit der Partei sein konnte. So zog sie sich 1999 aus der Landespolitik zurück, denn sie besaß im Gegensatz zu einer Merkel oder einem Platzeck etwas nicht, was ostdeutschen Wendepolitikern doch so gern zugeschrieben wird: pragmatische Anpassungsfähigkeit und parteipolitische, auch inhaltliche Flexibilität.

Auch Reinhard Höppner, lange Zeit die Identifikationsfigur der ostdeutschen Sozialdemokratie, scheiterte an seiner sperrigen, kompromisslosen Art, war zu sehr Überzeugungstäter, zu wenig Pragmatiker. Obwohl doch alles äußerst pragmatisch begonnen hatte. Schließlich erkannte Höppner als erstes die Chance, die im Magdeburger Modell lag und erweiterte so neben der eigenen Machtperspektive die Bündnisoptionen der ostdeutschen Sozialdemokratie gleichermaßen – damals noch mit stiller Zustimmung Lafontaines und Schröders, aber im Gegensatz zum SPD-Vorsitzenden Scharping. Doch vier

---

[318] Zit. Nach Dorit Kowitz: Die öffentliche Kranke, in: Süddeutsche Zeitung, 29.3.2001.

Jahre später verweigerte Schröder, inzwischen selbst Kanzlerkandidat der SPD, Höppner das Placet, schickte seinen vertrauten Hombach, der sich sieben Stunden lang an Höppner die Zähne ausbiss. Doch Höppner setzte sich durch und scheiterte mit seinem Magdeburger Modell nach acht Jahren fulminant.[319]

Höppner dürfte als einer der unglücklich Gescheiterten in Erinnerung bleiben, stellvertretend abgestraft für die Agenda-Politik Schröders und die bereits aus DDR-Zeiten herrührende Strukturschwäche des Landes. Andere Ministerpräsidenten hatten da mehr Fortune, neben Höppner ist etwa der Wendepolitiker Harald Ringstorff viele Jahre erfolgreich im Amt des Ministerpräsidenten verblieben, auch Wolfgang Böhmer ist noch immer im Amt. Allein auf Bundesebene, in der eignen Partei sollten sie alle nie reüssieren. Während die bundesrepublikanische Enkelgeneration aus den Staatskanzleien en gros in die Bundespolitik stürmte,[320] blieben die ostdeutschen Ministerpräsidenten der SPD immer Außenseiter in ihrer Partei. Und auch Matthias Platzeck vermochte es nicht, sich an der Spitze der Partei zu halten. Selbst Thierse erscheint vielfach mehr nur noch geduldet als erwünscht.

Die ostdeutsche Sozialdemokratie scheint mithin insgesamt kaum angekommen zu sein in der Berliner Republik, die doch so nah dran am Osten sei, wie es ihre Befürworter immer wieder suggeriert hatten. Doch auch in der CDU konnte man als ostdeutscher Wendepolitiker kaum erfolgreich sein. Claudia Nolte, Peter-Michael Diestel, der Berndt Seite, Wolfgang Böhmer – auch sie haben es in der Bundes-CDU nie weit gebracht. Einzig Angela Merkel erscheint als strahlende Außenseiterin, die es an die Fleischtöpfe der Macht geschafft hat, wohl auch weil sie unter den Ostdeutschen diejenige ist, die am wenigsten sperrig ostdeutsch wirkt.

---

[319] Wowereit in Berlin und Ringstorff in Mecklenburg-Vorpommern haben sogleich auf stabile, echte Koalitionen mit der PDS gesetzt, vgl. etwa zur Sichtweise von Harald Ringstorff: Peter Pragal: „Wer regiert, muss Kompromisse eingehen", in: Berliner Zeitung, 25.5.2002.

[320] So etwa der schleswig-holsteinische Ministerpräsident Björn Engholm, der Saar-MP Oskar Lafontaine, der niedersächsische MP Schröder, der rheinland-pfälzische MP Rudolf Scharping, der hessische MP Eichel, der Saar-MP Klimmt aber auch die nordrhein-westfälischen MPen Clement und Rau, sie alle waren entweder Vorsitzende der Partei, Kanzlerkandidaten, Minister oder Staatspräsident mit SPD-Parteibuch.

VI.4 Opfer oder Nutznießer eines zweigeteilten politischen Systems?

Die Parteienlandschaft in Ostdeutschland ist eine andere, auch der ostdeutsche Wähler erscheint bis heute oft als undurchschaubares Wesen. [321] Es ist dies der politische Raum, in dem die meisten Wendepolitiker Politik betreiben oder betrieben haben. Allesamt haben sie ihre Wahlkreise in Ostdeutschland, viele von ihnen sind nie über ihre Rolle in Ostdeutschland hinausgekommen – haben nur in Ostdeutschland mehr oder weniger erfolgreich agiert. Doch angesichts der Tatsache, dass die Wendepolitiker, die es in die höchsten Staats- und Parteiämtern geschafft haben, eben jene waren, die sich auf Landesebene sichtlich zurückhielten und viel mehr durch Bonn und Berlin, statt der ostdeutschen Provinz sozialisiert wurden, kann wohl kaum davon gesprochen werden, dass Wendepolitiker in den Neuen Bundesländern günstige Startbedingungen hatten. Das Gegenteil ist aus unterschiedlichen bereits erörterten Gründen der Fall gewesen.

Mangelnder Rückhalt in den Parteien, fehlende Seilschaften, zum Teil fehlende Mentoren, Unerfahrenheit waren teils personelle Faktoren, die nicht alle Wendepolitiker ins Positive zu verkehren verstanden. Doch eben auch das Nicht-Angenommen-Werden durch die ostdeutschen Wähler scheint ein weiterer Teil der Wahrheit zu sein. Wendepolitiker galten, wie auch die Bürgerrechtler, als nicht sonderlich populär. Sie lagen in der Wahrnehmung häufig zwischen dem Aufbauversprechen Kohls auf der einen und der verständnisvollen Umarmungspolitik der PDS und auch Manfred Stolpes auf der anderen Seite.

Die Hoffnung der ostdeutschen Polit-Neulinge im Zuge der anstehenden Wahlen 1990 als unbelastete Alternative wahrgenommen und gewählt zu werden, schlug jedenfalls fehl. Die Wendepolitiker der SPD – und mit Diestel

---

[321] Vgl. in etwa das Kapitel „Die neuen Bundesländer: Eine andere Parteienlandschaft, in: Inka Jörs: Postsozialistische Parteien. Polnische SLD und ostdeutsche PDS im Vergleich, Wiesbaden 2006, S. 43-65; Ursula Birsl/ Peter Lösche: Parteien in West- und Ostdeutschland: Der gar nicht so feine Unterschied, in: Zeitschrift für Parlamentsfragen, Jg. 29, Bd. 1/1998, S.7-23; vgl. jüngst: Michael Lühmann: Die Zukunft der „anderen" Vergangenheit., a.a.O.; Uwe Jun: Wandel des Parteien- und Verbändesystems, in: APUZ, Jg. 31, Bd. 28/2009, S. 28-33.

der eine Spitzenkandidat der CDU – scheiterten bei den Landtagswahlen an Westimporten und Altkadern. Vielmehr etablierten sich mit dem Brandenburger Stolpe und den beiden vormalig bundesrepublikanischen Ministerpräsidenten Biedenkopf in Sachsen und Vogel in Thüringen drei Patriarchen, die ein Emporkommen interner Konkurrenz verhinderten – auch, weil sie aus deren Sicht nicht in der Lage gewesen wären, den Übergang vom Alten ins Neue zu repräsentieren.[322] Protegierte Biedenkopf langzeitig seine hauptsächlich aus Nordrhein-Westfalen importierten Mitstreiter, baute Vogel in Thüringen den schon zu DDR-Zeiten in der Block-CDU engagierten Althaus als Nachfolger auf.[323] Einzig Platzeck setzte sich in Brandenburg durch, aber auch erst nachdem er frühe Weggefährten wie Steffen Reiche, Stefan Hilsberg und Regine Hildebrandt ins Abseits gedrängt hatte und überdies im Mikrokosmos Brandenburg die Konkurrenz westdeutscher Politiker ebenso wenig zu fürchten hatte wie Altkader, die es in der SPD per se nicht gab.

Anders verhält es sich ebenso in Sachsen-Anhalt, wo mit Reinhard Höppner und Wolfgang Böhmer zwei Wendepolitiker Ministerpräsidenten wurden, wie auch in Mecklenburg Vorpommern, wo mit Bernd Seite und Harald Ringstorff ebenfalls zwei ehemalige Laienspieler in die Staatskanzlei einzogen. Schon die Nachfolge von Ringstorff zeigt aber, dass auch die mecklenburg-vorpommerische Sozialdemokratie eher auf externe, denn auf eigene Talente vertraut.[324]

Gleichwohl konnten alle Genannten nie die Erfolge der Patriarchen kopieren und mit den Amtsübergaben von Stolpe, Vogel und Biedenkopf auf deren Nachfolger scheint die Zeit absoluter Mehrheiten und stabiler Verhältnisse in Ostdeutschland – vor dem Hintergrund des häufig suggerierten sprunghaften ostdeutschen Parteiensystems – endgültig vorbei[325]. Unabhängig von diesen Befunden dürfte klar sein, dass, trotz allem ostdeutschen Lamento über die „West-Importe" in Politik und Verwaltung, der ostdeutsche Wähler seinen ostdeutschen Politikern nicht sehr viel zutraut, mithin lokale Verbundenheit

---

[322] Vgl. Jan Ross: Patriarchendämmerung, in: Die Zeit, 14.3.2002.
[323] Vgl. etwa: o.V.: Der Alte hält die Zeit jetzt für reif. Vogel lässt Dieter Althaus ran, in: Stuttgarter Zeitung, 26.5.2003.
[324] Vgl. Frank Pfaff: Ein Westfale in Greifswald, in: General-Anzeiger, 27.8.2008.
[325] Vgl.: Lühmann: Sehnsucht nach dem starken Mann, a.a.O.

und Nähe der Biographien sich nicht unbedingt in Wählerstimmen nieder-
schlägt. Ostdeutschland ist und bleibt damit nicht das Refugium, in dem
Wendepolitiker die Ressourcen ihrer Karrieren beziehen.

Wichtig erscheint hier auch ein psychologischer Effekt, den der ostdeutsche Schriftsteller Lutz Rathenow in der Gebrochenheit der Biographien von
ehemaligen Blockflöten entdeckt haben will.[326] Das Nicht-Verwickelt-Sein im
alten System und die erfolgreiche Integration im neuen System, dieses
Verwirklichen einer zweiten Chance, wie es die erfolgreichen Wendepolitiker
erlebt haben, diese Erfahrung, so Rathenow, fehlt vielen Ostdeutschen. „Ist es
eine ostdeutsche Komponente, mehr Verständnis für eine zweite oder dritte
Chance aufzubringen? Viele brauchten sie in den letzten zwanzig Jahren,
andere hätten sie gern gehabt.", so sein Einwurf. Schon deshalb sehen sie, was
Rathenow am Skiunfall Althaus' erkannt haben will, dieses biographische
Scheitern, dieses Brüchige als sympathisch, weil deckungsgleich zum eigenen
Leben an.[327]

Scheinbar viel einfacher hatten es anfänglich die Wendepolitikern im
Bonner Alltag. Denn hier galten sie als Exoten, nicht wirklich als Bedrohung,
vielmehr als öffentliches Angebot an den Osten. Merkel, Thierse und der
unauffällige Rolf Schwanitz machten in Bonn schneller Karriere als ihre
ostdeutschen Kollegen in Ostdeutschland. Und auch Platzecks Rückhalt und
Status ist auch eine Kopfgeburt der Berliner Republik, nicht nur das Ergebnis
beharrlicher auf Ostdeutschland bezogener Karriereplanung. Denn der Sprung
Platzecks von Brandenburg an die Spitze der SPD sollte eigentlich erst über
den Nachweis der Ministrabilität im Bundeskabinett und Bewährung in der
Partei erfolgen – nur zu diesem Zweck wollte oder sollte Wolfgang Thierse
seinen Vizevorsitz in der SPD 2005 niederlegen. Doch es kam alles anders und
über Nacht galten die Ostdeutschen Merkel und Platzeck als die Gewinner der
jüngsten deutschen Geschichte.

Und doch war Platzeck bald wieder von der Bildfläche verschwunden,
ebenso wie schon seit längerem Thierse, der mit der angestrebten Übernahme

---

[326] Lutz Rathenow: Quo vadis, Thüringen?, in: http://www.dradio.de/dkultur/sendungen/
politischesfeuilleton/937097/, [eingesehen am 16.5.2009].

[327] Ebd.

der Leitung der SPD-nahen Friedrich-Ebert-Stiftung endgültig zum Parteimas-
kottchen ohne Macht werden sollte. Einzig Merkel blieb, hielt aus, was Thierse
und Platzeck und all die anderen Wendepolitiker nicht aushielten - die Spitze
der Macht souverän zu verteidigen.

Doch hat ihr das Ostdeutsche dabei geholfen, ist sie damit eine Gewinnerin des zweigeteilten politischen Systems? Ist sie als am weitesten Außenstehende gar die einzige Gewinnerin der geteilten politischen Wahrnehmungswel-
ten zwischen Ost- und Westdeutschland? Mitnichten, denn auch sie ist vor
allem ein Produkt bundesrepublikanischer Parteienstaatlichkeit, sie hat ihren
Rückhalt anfänglich in Bonn und Berlin und nicht in der ostdeutschen Provinz
gehabt. Und sie hat – trotz der inzwischen hohen Zustimmungsraten zu ihrer
Person – 2005 das schlechteste Ergebnis der CDU in Ostdeutschland bei
Bundestagswahlen eingefahren, weniger Zweitstimmen gewonnen als Edmund
Stoiber 2002.[328] Der Osten Deutschlands ist und bleibt ein schwieriges Pflaster
für die Wendepolitiker, das Ostdeutsche erscheint kaum kontinuierlich als
Machtbasis. Verbaute es in den Neuen Bundesländern anfänglich den Weg zur
Macht, beförderte es in der Bundespolitik, zumindest in den frühen neunziger
Jahren, Karrieren. Über die Jahre nimmt der Ost-Bonus in der Bundespolitik
allerdings ab, während er in den ostdeutschen Ländern kaum an Bedeutung
gewinnt.

VI.5. Ressourcen und Restriktionen der Wendepolitiker-Karrieren

Was sind also die entscheidenden Ressourcen der Wendepolitiker-Karrieren,
wo lagen und liegen die Fallstricke versteckt, die die hoffnungsvoll gestarteten
Seiteneinsteiger wieder aus der Politik katapultierten bzw. nur den Katzentisch
der Macht für sie bereithielten?

Entscheidend waren viele Faktoren, dabei jeder zu seiner Zeit. Schon
deshalb setzten sich die durch, die am lernwilligsten und -fähigsten waren.

---

[328]   Stoiber holte 2002 einen Zweitstimmenanteil von 28,3% im Wahlgebiet Ost, Merkel drei
         Jahre später nur noch 25,3%. Vgl. zu den Zahlen: http://www.election.de/cgi-
         bin/tab.pl?datafile=btw05l.txt [eingesehen am 16.5.2009].

Wenngleich sich viele Wendepolitiker mehr oder weniger zufällig in die Politik verirrten, bei den Erfolgreichen war der Machthunger von Anfang an ausgeprägt. Merkel, Platzeck und Thierse dominierten von Anfang an in ihren organisatorischen Zusammenhängen, übernahmen die Sprecherplätze in einer Zeit, wo einem Sprecher bei jeder Gelegenheit ein Mikrophon unter die Nase gehalten wurde und eine Kamera dazu lief. Und so waren es eben gerade jene Meister des Bündelns der politischen Prozesse, die über die schillernde Medienlandschaft der Wendezeit einen unheimlichen Bekanntheitsbonus erfuhren, den sie sodann über das Jahr 1990 hinaus ausbauten.

Dabei spielte es eben auch eine entscheidende Rolle in der Öffentlichkeit bereits wenige Monate nach Ausbruch der Revolution nicht mehr so zu sprechen, wie die Revolutionäre, sich vielmehr als Macher und nicht als überbordende Bedenkenträger darzustellen – je vereinfachter die Sprache, desto besser. Und so ist es nicht verwunderlich, dass die Maschinengewehrsprache der Regine Hildebrandt die Brandenburgerin im Zeitraffer zur Mutter Courage des Ostens werden ließ, während die Mutter der Revolution – Bärbel Bohley – schon Anfang der 90er Jahre in Vergessenheit geriet. Und doch scheiterte Hildebrandt auch, weil sie, die Authentische, am Ende zu authentisch, mithin auch zu rigoros fürs politische Alltagsgeschäft war. Sie war eine Person des Übergangs, der smarte, im politischen Alltag ungleich härtere Matthias Platzeck sollte durch seine ihr entgegengesetzte pragmatische Unschärfe der Favorit erst der brandenburgischen, dann der ostdeutschen und schließlich der bundesdeutschen Sozialdemokratie werden

Das gleiche passierte in der Union, Günther Krause und Peter-Michael Diestel wurden trotz oder eben gerade wegen ihres Drangs nach Publizität durch Vereinfachung zu echten Sympathieträgern im Osten und teils auch im Westen der Republik, während Angela Merkel anfänglich unterging. Erst der Rückzug beider ließ ihr den Raum zur Entfaltung und ihr vergleichsweise schüchternes, besonnenes und sachliches Auftreten machte sie zu einer angenehmen Alternative zu den Hasardeuren der Wendezeit. Und doch war schon 1991 aus der Unscheinbaren die Unvermeidbare geworden, die Krauses und Diestels waren da schon zu Steigbügelhaltern und Statisten degradiert.

Auch Platzeck und Thierse pflegten dieses eher Zurückgenommene und prägten – Platzeck und Merkel mehr, Thierse weniger – das Bild des pragmatischen, zurückhaltenden Ossis, der immer ein wenig unterschätzt wurde, aber in seiner Antimoderne doch irgendwie modern wirkte. Es war diese Bild des Anti-Politikers, das den Wendepolitikern immer wieder das Scheinwerferlicht der Medien sicherte, bis sie selbst gelernt hatten, diese Bilder zu steuern.[329] Und plötzlich standen sie vorn, an der Spitze und das Bild, das von ihnen gezeichnet wurde, war eins, an dem sie anfangs weniger, später deutlich stärker selbst mitgezeichnet haben.

Doch wenngleich der Bekanntheitsgrad und die Medienpräsenz – aber vor allem auch der Wandel der Mediengesellschaft selbst – ein entscheidender Erfolgsfaktor waren, so bedurfte es bei allen Wendepolitikern anfänglich der Absicherung durch mächtige Förderer. Den hatte Merkel in Kohl ebenso gefunden wie Hildebrand und Platzeck in Stolpe in Brandenburg. Thierse, Höppner, Seite und viele andere hatten all dies nicht, mussten sich selbst durchsetzen und einzig Thierse ist dies, auch aufgrund seiner historischen Stellung als letztem Ost-SPD-Vorsitzenden, gelungen. Zudem waren natürlich ein ausgeprägter Machtwille und ein Sendungsbewusstsein zwingende Vorraussetzungen für politischen Erfolg. Selbst die im Außenauftritt und dem damit korrespondierenden Selbstbild so „nett" und „harmlos" wirkenden Wendepolitiker wie Platzeck oder Tiefensee hatten von Anfang an einen Zug zur Macht, kämpften sich in die administrativen Aufgaben hinein, waren an den Runden Tischen die, die am meisten gelesen hatten und gleichsam die langweiligsten administrativen Verwaltungsaufgaben übernahmen, statt den großen intellektuellen Wurf für den Dritten Weg zu versuchen. Denn, das hatte auch eine Angela Merkel verstanden, die dritten Wege waren sowieso nicht zu finden, doch in dem Moment, wo die Sucher dies erkannten, waren die Pragmatiker schon längst über Verwaltungsstellen in die Politik hereingerutscht, während die Theoretiker von Anfang an ein wenig abseits standen.

---

[329] Zur Bedeutung der Medien und dem Wechselverhältnis von Medien und Politik vgl. u.a. aus aktueller Sicht: Tissy Bruns: Republik der Wichtigtuer, Bonn 2007; Richard Meng: Der Medienkanzler. Was bleibt vom System Schröder?, Frankfurt/Main 2002.

Und so war es wohl der kumulative Effekt aus Machtwillen, einem mächtigen Förderer und breiter Medienpräsenz, der die Wege der Wendepolitiker ebnete. Wer dort auf einem Feld nicht erfolgreich war, scheiterte normalerweise recht bald. Die anderen stiegen im Hintergrund langsam auf, vor allem Merkel und Platzeck, während die vielen anderen an sich oder an den Realitäten scheiterten. Zu diesen Realitäten zählte vor allem der schwere Stand in den eigenen Parteien, in den neuen westdeutschen Mutterparteien ebenso wie in den von Altkadern dominierten Ostparteien.

So standen etwa viele bundesrepublikanische Sozialdemokraten, mit dezidierten Ausnahmen wie Willy Brandt und Horst Ehmke, den Neuen mehr oder weniger skeptisch gegenüber. Sie lehnten sie gar innerlich ab, wie etwa der linke Parteiflügel und einige Ministerpräsidenten, bzw. sie brandmarkten sie anfänglich gar als gefährlich und mieden lange Zeit den Kontakt, wie etwa Egon Bahr.[330] Dabei war die Abneigung aber durchaus beidseitig. „Geradezu traumatisch hat sich Ostdeutschen wie Hilsberg ins Gedächtnis eingebrannt, dass es Lafontaine war, der 1990 den Menschen im Osten das Gefühl gab, er wolle sie nicht. Bis heute kreiden Ost-Sozis ihm die Wahlniederlage vom März 1990 an. Wirtschaftlich unsinnig hatte er die Währungsunion genannt, den Umtauschkurs von Ost- in West-Mark kritisiert", urteilte etwa der *Spiegel*.[331]

Gerade an der SPD wird offenbar, wo die Restriktionen der Wendepolitiker lagen. Man wollte sie nicht, diese Ostdeutschen ohne sozialdemokratische Tradition, ohnedies schien der Landstrich jenseits der Elbe auf immer an die christdemokratische Reaktion verloren. Und so gediehen die Karrieren der Wendepolitiker in der SPD mit der Ausnahme Wolfgang Thierse im Osten Deutschlands. Hier hatte die sich von ihren pastoralen Gründungsvätern befreite Ost-SPD ihr Refugium, hier konnten Höppner, Hildebrandt, Platzeck,

---

[330] Bezeichnend ist hierbei, dass es im Prinzip fast ausnahmslos die ältere Generation in der Sozialdemokratie war, die den ostdeutschen Familiennachwuchs positiv aufnahm, von den „Jüngeren" wäre noch Norbert Gansel zu nennen. Indes war es auch ein zeitgeistiges Phänomen, dass die Nachkriegsgenerationen die deutsche Teilung unlängst verinnerlicht hatte. Vgl. in etwa: Werner Weidenfeld/ Karl-Rudolf Korte (Hrsg.): Handbuch zur deutschen Einheit. 1949 – 1989 – 1999, Frankfurt/Main 1999, S. 322f..

[331] Vgl. Stefan Berg u.a.: Das rote Gespenst, in: Der Spiegel, 8.3.1999, vgl. zu dieser Wahrnehmung mit reichhaltigen Belegen Daniel Friedrich Sturm: Uneinig in die Einheit., a.a.O, S. 372ff.

Matschie, Tiefensee und Ringstorff erfolgreich Parteikarriere machen. Allein in die inneren Führungszirkel vorzudringen, gelang ihnen nicht.

Umgekehrt verlief es in der CDU, wo vor allem auf Bundesebene die Nachwuchsförderung für Wendepolitiker angelegt war, doch einzig Merkel stieg wirklich bis ganz nach oben auf. Der Osten Deutschlands hingegen blieb und bleibt ein schwieriges Pflaster für Christdemokraten. Denn die alten Seilschaften verhinderten lang, zu lang den Aufstieg von Unionisten, die nicht dabei waren vor 1989.

Und noch eine Restriktion begleitete die Wendepolitiker, die anfänglich noch eine der Aufstiegsressourcen zu sein schien: das Ostdeutsche. Während diese andersartigen ostdeutschen Politiker anfänglich geschätzt wurden, ging deren Beliebtheit in einem Maße zurück, mit dem offenbar wurde, dass der Westen sich am Osten verhoben hatte, dass der Aufbau Ost nicht aus der Portokasse zahlbar war. Auch, dass die Ostdeutschen oft als undankbar hingestellt wurden, was sie mit der Wahl der PDS auszudrücken schienen, zwang die Ostdeutschen auch nach einem reichlichen Jahrzehnt Lebens in Bonn immer wieder in diese Rolle hinein und ließ sie mit ihren unzufriedenen Schwestern und Brüdern eins werden.

Merkel wusste dies und suchte diese Logik immer zu vermeiden. Trotzdem hatte sie lernen müssen, dass nicht alle Ostdeutschen so unsentimental auf das zurückblicken können, was einen großen Teil ihrer Lebenserfahrung ausmacht, wie die ehemalige Physikerin am Zentralinstitut in Berlin-Karlshorst. Sie mag das nicht, sie kann das nicht, für sie ist das Sentimentale alles so weit weg, die Zukunft, derer sie in der Nische geharrt hatte, ist ihr wichtiger als eine Vergangenheit auf der Warmhalteplatte.

Anders die sozialdemokratischen Wendepolitiker, die immer wieder an die ostdeutsche Seele appellierten, sich dort Zustimmung abholten. Und doch können auch sie das mit Ausnahme Stolpes nicht. Während der „gelernte" DDR-Bürger Manfred Stolpe eine kleine DDR zu konservieren suchte, als Kümmerer die Fürsorgediktatur[332] mit „menschlichem Antlitz" propagierte,

---

[332]   Vgl. zum Begriff der Fürsorgediktatur: Konrad H. Jarausch: Realer Sozialismus als Fürsorgediktatur. Zur begrifflichen Einordnung der DDR, in: APUZ, Jg. 20, Bd. 20/1998, S. 33-46.

waren die Wendepolitiker selbst in der Sozialdemokratie zu pragmatisch. Der Selbstverantwortungsimpetus eines vorsorgenden Sozialstaates à la Platzeck ist dort weitaus populärer. Indes ist diese Politik vielfach zu weit weg von den meisten Ostdeutschen. Und so ist das schwierige Verhältnis, bestehend aus so viel ostdeutscher Sentimentalität wie nötig für den Osten und so wenig dessen wie möglich für den Westen, kaum in Balance zu bringen. Vor allem die ostdeutsche Sozialdemokratie befand sich in dieser Mittlerposition zwischen Erhardschem Wohlfahrtsversprechen und der Renaissance sozialistischer Wohlfahrtsphantasien im Rückgriff auf die immer goldener eingeschätzte Vergangenheit. Und eben dieser Pragmatismus im Umgang mit Ostdeutschlands Vergangenheit und Zukunft zugleich schadete den Wendepolitikern vor allem dort, wo sie den Rückhalt, den sie im Westen nicht hatten, gebrauchen konnten – in Ostdeutschland.

Und so bleibt Ostdeutschland trotz einiger sozialdemokratischer Erfolge ein Minenfeld für die Wendepolitiker, die scheinbar nur außerhalb des Ostens wirklich erfolgreich sein können. Doch streicht man die Ausnahmeerscheinung Merkel heraus, stellt man anno 2010 fest, dass auch dieser Befund nur auf sie, die außerhalb vieler Kategorien steht, die eigentlich gar nicht hätte Kanzlerin werden dürfen, zutrifft[333]. Und so zeichnet sich trotz der strahlenden Königin Angela Merkel ein insgesamt eher düsteres Bild ab, wenn man nach dem Erfolg von Wendepolitikern fragt.

---

[333] Vgl. in etwa Walter: Charismatiker und Effizienzen. , a.a.O., S. 303f..

VII Epilog

Ist es gerechtfertigt von *dem* Wendepolitiker zu sprechen? Ist *der* Wendepolitiker erfolgreich gewesen? Lässt sich von einem Erfolgsmodell Wendepolitiker sprechen? So einfach die erste Frage, bei aller notwendigen Binnendifferenzierung, positiv zu beantworten ist, so kompliziert ist die Beantwortung der folgenden. Schließlich ist außer Angela Merkel keiner der eingangs Genannten noch in bedeutenden, machtvollen Ämtern des Bundes vertreten, sieht man von Thierses Amt des Vizepräsidenten des Deutschen Bundestags ab.[334]

Dafür ist zumindest Merkel als Kanzlerin und Parteivorsitzende mit einer Machtfülle ausgestattet, die anhand ihrer Person die Frage des Erfolges von selbst beantwortet. Und doch sind die vielen hoffnungsfroh gestarteten Karrieren ostdeutscher Politnovizen allzu oft im Vorhof der Bundespolitik beendet gewesen oder, wie bei Matthias Platzeck, auf dem Zenit ihrer Macht binnen kürzester Zeit zerstoben.

Andererseits betrachtet man von der Grundprämisse des Seiteneinstiegs in die Politik die Karrieren vieler dieser vormaligen Laienspieler, so erstaunt deren Erfolg doch wieder einigermaßen. Zwei Parteivorsitzende ohne Ochsentour-Erfahrung, nach nur zehn Jahren Parteimitgliedschaft bleibt bisher jedenfalls ein Vorbild ohne Muster. Ob es die scheinbare Vorwegnahme der Büroleiterrepublik ist, deren bekanntester Vertreter Frank-Walter Steinmeier ebenfalls nur in geringem Maße das mühsame, beharrliche Strampeln in der Partei vollführen musste, bleibt dahingestellt.[335] Indes, im Umbruch – und in dem befindet sich Ostdeutschland wohl noch immer – kennt man sie, diese Karrieren, die scheinbar aus dem Nichts, aus den Trümmern der Umbruchs-, oder im Falle der alten Bundesrepublik aus der Zusammenbruchsgesellschaft hervorgegangen sind. Erinnert sei in diesem Zusammenhang an westdeutsche

---

[334] So hat sich Harald Ringstorff bereits 2008 als Ministerpräsident zurückgezogen und auch Wolfgang Böhmer hat mehrfach signalisiert, seinen Platz räumen zu wollen.

[335] Vgl. Walter: Charismatiker und Effizienzen. , a.a.O., S. 391f., vgl. auch Daniela Forkmann / Frauke Schulz: Führungsstile in der Politik, in: Felix Butzlaff / Harm / Walter (Hrsg.): Patt oder Gezeitenwechsel? a.a.O., S. 267-294, hier S. 270ff.

Nachkriegsexponenten wie Ludwig Erhard oder Carlo Schmid.[336] Auch Erhard konnte, von außen kommend, sogar gegen den Widerstand des Unions-Übervaters Adenauer in den Vorsitz der Partei gelangen, gleichwohl er sich nicht lange hielt. Und Schmid erinnert auch ein wenig an Thierse, beide waren nie auserkoren für die Macht, geachtet ja, aber von der Partei gerufen, wenn Not am Mann war, wurden sie nie.

Und dann, in zweiter Generation, kamen Seiteneinsteiger wie Horst Ehm-ke, pragmatische Macher, der Parteiseele etwas fremd, ähnlich einem Matthias Platzeck, einem Christoph Matschie oder anderen dieser sachlichen Pragmati-ker und, zumindest im Fall des Brandenburgers, bisweilen kühlen Technoka-ten. Auch hier scheinen Parallelen sichtbar zu werden, die sich einer weiteren Untersuchung unbedingt anempfehlen.

Was also ist singulär an den Wendepolitikerbiographien, dass es sie von den bundesrepublikanischen Politikern des Umbruchs scheidet? Was unter-scheidet sie von den 45ern, die doch scheinbar ebenso pragmatisch und ideologiefrei wie die Wendepolitiker die junge Bundesrepublik mit aufbau-ten?[337] Nun, Wendepolitiker agierten zum einen ohne jegliche Rückkopplung an erfahrene Demokratie. Weder lebten sie in einem pluralistischen, demokra-tisch verfassten Staatswesen, noch haben sie, wie etwa die Bürgerrechtler, sich in demokratischen Spielregeln geübt. Auch konnten sie im Gegensatz zu den Politikern der jungen Bundesrepublik an keinerlei, wenn auch schwierige,[338] Demokratietraditionen der Weimarer Republik anknüpfen. Sie standen mithin abseits jeglicher demokratischer Normierung, ihr Wertegerüst zogen sie nicht aus einer freiheitlichen Verfassung, sondern eher in Rückkopplung an ein christliches Wertefundament, bürgerliches Freiheitspathos oder eben schlicht in der Abwehr des Bestehenden, was die Untersuchten in vielen Fällen folglich auch wenig unterscheidbar macht.

---

[336] Vgl. die entsprechenden Beiträge von Stine Harm: Carlo Schmid - der politische Star und das sozialdemokratische Sternchen, in: Lorenz/ Micus: Seiteneinsteiger, a.a.O.,, S. 363-389 und Christina Gillessen/ Ulrich Eith: Ludwig Erhard – parteiloser Berufspolitiker und gescheiter-ter Volkskanzler, in: ebd., S. 390-401.

[337] Vgl. Moses: Die 45er, a.a.O..

[338] Vgl. in etwa Christian Schwaabe: Die deutsche Modernitätskrise. Politische Kultur und Mentalität von der Reichsgründung bis zur Wiedervereinigung, München 2005, S. 224-308.

Aber sie unterscheiden sich auch von den 45ern, jener Zusammenbruchs-generation, die erst mit dem Ende des Zweiten Weltkrieges das eigene Denkgebäude völlig neu ordnen musste. Die Sackgasse ihres Lebens wurde ihnen nahezu über Nacht offenbar, wohingegen sich die Desillusionierung der Wendepolitiker in einer langen Phase der Inkubation abspielte. In dieser Phase verstärkte sich – vor dem Erfahrungshorizont der sechziger und siebziger Jahre, aber auch vor den Auflösungserscheinungen des real existierenden Sozialismus der achtziger Jahre – ihre Ablehnung der diesseitigen sozialisti-schen Welt. Als Ausweg wählten sie immer häufiger ein eher jenseitiges, zurückgezogenes Leben in einer Art Paralleluniversum, häufig als Nische beschrieben. Im Gegensatz zu den 45ern harrten diese, auch als 89er Beschrie-benen,[339] den Dingen, die da kommen mochten, gingen ausgeruht ans Werk, nicht desillusioniert wie die 45er, sondern voller Hoffnung. Dieser positive Ausbruch aus den Wirren der friedlichen Revolution, ohne diese aktiv mit vorbereitet zu haben, ohne zu deren geistigen Vätern und Müttern zu zählen, dürfte indes alle Wendepolitiker einen.

So verbindet sie die spezifische *politische Sozialisation*, die in einer Art *inneren Emigration* in der DDR stattfand. Erst im Zuge der friedlichen Revolution gelangten sie in die Politik, gehörten nicht dem kritischen Umfeld der DDR-Opposition an, waren keine Bürgerrechtler, die den beständigen Ausbruch aus dieser inneren Emigration versuchten, sich bewusst politisch engagierten. Wendepolitiker besitzen mithin nicht diese moralische Härte, sind in Dogmatismus nicht am übermächtigen Gegner SED geschult, haben vielmehr im stillen Kämmerlein versucht „das richtige Leben im Falschen" zu führen. In einer Melange aus Rückzug, Opportunismus und Sinn für kaum zu ändernde Realitäten führten sie in der DDR ein stilles Leben. Nicht Anbiedern, aber auch nicht Aufbegehren, persönliche Energien nicht mit dem Kopf gegen die vielen aufgestellten Wände zu verschwenden[340], die Regimekritiker lesen, aber nicht offen darüber sprechen, war ihre Strategie, um im Sozialismus zu

---

[339] Vgl. zur Debatte um den begriff der 89er: Kirsten Gerland: Die „89er". Überlegungen zu einer Erfahrungsgemeinschaft ohne Erinnerungskultur, in: Deutschland Archiv, Jg. 42, Bd. 1/ 2009, S. 121-128.

[340] Vgl. Das Leben ist erbarmungslos, es deformiert. Interview Angela Merkel mit dem Stern, 20.7.2000.

überleben. Den „Versuch in der Wahrheit zu leben", wie ihn der tschechische Dissident und spätere Präsident Václav Havel postulierte, war nicht ihre Antwort auf die Diktatur. Diesen Versuch machten sie erst, als die DDR 1989 am Anfang ihres Endes stand.

Zudem ähneln sich auch die biographischen Hintergründe. Sie alle entstammen den *Überresten des bürgerlichen Milieus* in der DDR. Obwohl sie nicht Teil des die DDR dominierenden „arbeiterlichen Milieus" waren, mithin eigentlich nicht vorgesehen für den Bildungsaufstieg in der DDR, machten sie alle Abitur und studierten, gehörten zur „Intelligenz" in der DDR – Thierse und Matschie, eher die Ausnahme, als Kulturwissenschaftler und Theologe zur *bürgerlichen Intelligenz*, Merkel, Platzeck, Nolte, Hildebrandt, Höppner, Tiefensee, Ringstorff, mit Einschränkung auch der Mediziner Böhmer und viele andere zur *technischen Intelligenz*. Dominierten unter den Bürgerrechtlern vor allem die Pfarrer und Theologen, so findet man diesen für die DDR nahezu klassischen Konnex aus protestantischer Sozialethik und Dissidenz in den Reihen der Wendepolitiker kaum noch. Hier überwiegen hauptsächlich Naturwissenschaftler, die mal lebensnaher, mal lebensferner die pragmatischen und weniger die ideologischen Grenzen des real existierenden Sozialismus im täglichen Leben erfahren konnten oder gar mussten. Es ist diese häufig unterstellte pragmatische naturwissenschaftliche Herangehensweise an die Politik, die Wendepolitikern gemein zu sein scheint und die etwa bei Bürgerrechtlern fast immer um die Dimension des Ideologischen, des Grundsätzlichen erweitert war. Doch Ideologiefreiheit ist eines der Kernmerkmale dieses Politikertypus.

Überdies eint die Wendepolitiker eine ähnliche *generationelle Prägung* wie die meisten Bürgerrechtler. Sie alle entstammen der *68er-Generation der DDR*, eine in sich tief gespaltene, aber für die Umbruchsjahre 1989ff. prägende Kohorte der DDR. Geboren um das Jahr 1949 als „erste Kinder der DDR", sozialisiert in den schwankenden, langen 60er Jahren zwischen Beat und Biermann, fanden sie für sich allerdings eine andere Antwort auf die Frage, wie weiter in der DDR nach der Niederschlagung des „Prager Frühlings" 1968, nach dem Offenbarungseid des real existierenden DDR-Sozialismus mit der Ausbürgerung Biermanns 1976. Während sich die Bürgerrechtler in der Folge in den 80er Jahren organisierten, sich immer häufiger aus der Nische, aus dem Schutzraum der Kirche heraus wagten, verlegten die Wendepolitiker ihren ganzen Einsatz in die Zeit nach der friedlichen Revolution. Im Gegensatz zu den Bürgerrechtlern, die zum Teil offensiv außerhalb der schützenden Kirchenmauern und mit Hilfe bundesrepublikanischer Medien eine Gegenöffentlichkeit in der DDR schufen, verharrten sie in den Honecker-Jahren häufig im naturwissenschaftlichen Paralleluniversum der DDR.

Der Preis, den die Bürgerrechtler für ihr exponiertes Verhalten zahlen mussten, war dabei ungleich höher als der, den die Wendepolitiker mit ihrem Stillhalten zu zahlen hatten. Exmatrikulation von Universitäten, faktische Berufsverbote, Stasi-Terror, gesellschaftliche Isolierung bis hin zur Ausweisung aus der DDR waren vielfach die Folge des Widerstandes. Die meisten Bürgerrechtler sind darüber hart geworden, sich selbst gegenüber ebenso wie im Blick auf gesellschaftliche Entwicklungen. Doch moralische Überalimentierung ist nur selten der Stoff, aus dem politische Karrieren geschmiedet werden können, eine Erfahrung die Kurt Schumacher in der jungen Bundesrepublik ebenso machte wie die Grünen, die um der Machtfähigkeit willen den Fundi-Flügel einstutzten um mit Realpolitik zu reüssieren. Die untersuchten Wendepolitiker entsprechen eher Realpolitikern, standen auch deshalb im häufig scharfen Kontrast zu den ostdeutschen Bürgerrechtlern, wie im Streit um die Bewertung von Stolpes IM-Tätigkeit oder rot-roten Planspielen häufig ersichtlich geworden ist.

Wendepolitiker besitzen zudem einen unbedingten Zug zu *Parteien und parlamentarischer Repräsentation.* Thierse wechselte im Dezember 1989 vom Neuen Forum zur SDP, Platzeck, obwohl Sprecher der basisdemokratischen Grünen Liga, zur Grünen Partei, wurde gar Minister in der Regierung Modrow. Angela Merkel wiederum stand in der Frage der Orientierung des Demokratischen Aufbruchs, ursprünglich als lose Sammlungsbewegung aller oppositioneller Gruppierungen der DDR-Opposition gegründet, klar auf der Seite der Befürworter einer Parteibildung. Wendepolitiker begriffen die Revolution, die deutsche Einheit, ein gesamtdeutsches, demokratisches politisches System als Chance. Bis auf Angela Merkel, als stellvertretende Regierungssprecherin aber ohnehin in der äußerst fluiden ostdeutschen

Politiklandschaft des Sommers 1990 auf politisch einflussreichem Posten, waren sie Mitglieder der letzten freien Volkskammer, bis auf Platzeck, der für den Brandenburger Landtag kandidierte, errangen sie ein Mandat im ersten gesamtdeutschen Bundestag. Ein Schritt, der für diesen Politikertypus nur konsequent war.

Anders bei den Bürgerrechtlern, von denen viele nur mit Bauchschmerzen parlamentarische Ämter anstrebten und diese zu großen Teilen auch wieder resigniert aufgaben und auch in den eigenen Parteien kaum Karrieren machten. Für sie erfüllte sich die Hoffnung auf Teilhabe und Reform im Herbst 1989, doch schon ein Vierteljahr später mussten sie feststellen, dass die Realitäten an ihnen und an den Runden Tischen vorbei ihren Lauf nahmen. Mithin gilt bei ihnen die Revolution teilweise als missglückt (Konrad Weiß) oder geklaut (Erhard Neubert)[341]. Die bedeutendsten Köpfe zogen sich rapide aus der Politik zurück und nisteten sich erneut in den zivilgesellschaftlichen Nischen irgendwo im Prenzlauer Berg ein oder flohen gar, wie Bärbel Bohley, aus der Bundesrepublik.

Die Wendepolitiker hingegen stiegen beharrlich auf, hatten einen starken *Zug zur Macht*. Denn im Gegensatz zu den Bürgerrechtlern, die häufig moralisch bedingte, hoch aufgeladene Machtaversionen in sich trugen, sind sie in punkto Macht absolute Realisten. Einige von ihnen, wie etwa Peter-Michael Diestel, sind am ungelernten Umgang mit der Macht letztlich gescheitert, andere haben sich umso erfolgreicher an die Spitze der Macht gekämpft. Merkel profilierte sich über die Emanzipation vom Übervater Kohl, Thierse setzte sich in der SPD rigoros durch und hielt Kritiker immer auf Distanz. Platzeck hatte hingegen schon 1990 gegenüber dem Bündnispartner UFV, später gegenüber innerparteilichen Konkurrenten bewiesen, wie wenig sentimental er Macht ausnutzen konnte. Doch nicht nur die Furiosität des Aufstiegs ist vor der Folie der Bürgerrechtler deutlich erkennbar. Auch der moralische, der ideologische Hintergrund, die Enttäuschung über politische Realitäten, die Unfähigkeit sich in der eigenen Partei zu integrieren, die

---

[341] Konrad Weiß: Ich habe keinen Tag in diesem Land umsonst gelebt. in: Blätter für deutsche und internationale Politik, Jg. 35, Bd. 5/1990, S. 555, zit. nach: Gerhart Maie (Hrsg.): Die Wende in der DDR, Bonn 1991, S. 34; Erhart Neubert: Die geklaute Revolution, in: Esslinger Zeitung, 17./18. März 1990.

unbedingte Distanz zur Macht als selbst auferlegte Legitimation, die Unfähigkeit, Kompromisse zu schließen, Netzwerke zu bilden, all das lässt sich im Gegensatz zu den Karrieren von Wendepolitkern bei vielen gescheiterten Bürgerrechts-Karrieren finden.

Es sind eben im Kontrast dies die Aufstiegs- und Erfolgsressourcen der Wendepolitiker: die Fähigkeit, sich jeglichen *Konstellationen unterzuordnen*, *beständig zu lernen*,[342] moralischen Dogmatismus zurückzustellen, *Pragmatismus vor Ideologie*[343] zu stellen, die Möglichkeiten der Demokratie zur Durchsetzung eigener Anschauungen zu nutzen, nicht moralisch, sondern taktisch zu handeln, die eigene Geschichte nicht zu wichtig zu nehmen, mithin *Distanz zum eigenen Schicksal* im Sozialismus zu wahren und nicht aus der Vergangenheit Sendungsbewusstsein für die Zukunft zu generieren, was insbesondere in den bundesrepublikanisch dominierten Parteien für Unfrieden gesorgt hätte.

Und es ist eine entscheidende Machtressource, sowohl inhaltlich als auch personell, in *Zeiten der Krise* jeweils ein kontrastierendes Programm, verknüpft mit der eigenen Person vermittelt, zugleich das „Gelegenheitsfenster" genutzt zu haben. So nahm Angela Merkel die CDU mit, als sie in der schwersten Krise der letzten Jahrzehnte steckte. Nicht dogmatisch, nicht triumphierend, sondern pragmatisch. Hernach trimmte sie die Partei umso konsequenter auf Modernisierung, weg vom dogmatischen Konservatismus einer Kohl-CDU, versuchte es erst mit harter neoliberaler und inzwischen mit weicher Programmatik. Auch Platzeck übernahm die Führung der SPD in schwierigen Zeiten, auch er verzichtete auf Dogma und Ideologie, versuchte die Partei zu versöhnen, gleichzeitig in seinem Sinne pragmatisch zu modernisieren, ohne indes die Fürsprache der Partei zu haben, die sich nach Schröders Agenda vor allem um die Seele sorgte – um identifizierbare Programme und nicht um seelenlosen Pragmatismus. Und schließlich hatte auch Thierse die

---

[342] Jens Schneider: Die Landung des Albatros. Angela Merkels steiniger Weg zu den Toren der Macht, in: Süddeutsche Zeitung, 10.10.2005; König: Matthias der Geduldige, a.a.O..

[343] Vgl. etwa: Ulf Poschardt: Born in the DDR, in: Die Welt, 15.8.2004; Jens Schneider: Generation Zweite Chance. Was es bedeutet, wenn Ostdeutsche das Land führen, in: Süddeutsche Zeitung, 5.11.2005; dem entgegen etwa: Hinck: Eliten in Ostdeutschland, a.a.O., S. 39f..

Ost-SPD an deren Tiefpunkt übernommen, hatte nicht mit der Moralkeule eines Bürgerrechtlers auf den unter Stasi-Verdacht geratenen Ibrahim Böhme eingeschlagen, sich vielmehr als versöhnender Vermittler angeboten. Überdies hatte er, früher als die meisten anderen in seiner Partei, aus pragmatischen Gründen eine konsequente Öffnung der Ost-SPD hin zu SED-Reformern betrieben, auf Koalitionsoptionen mit der PDS gedrängt und nicht zuletzt innerparteiliche Kritiker dieses Kurses, insbesondere Angelika Barbe, versucht kaltzustellen, statt die Reinheit der bürgerrechtlichen Lehre zu predigen. Eine Konfliktlinie, die noch heute zwischen den Bürgerrechtlern und den Wendepolitikern in der Sozialdemokratie für starke Spannungen sorgt.

Doch dieser Pragmatismus ist es eben, der die Wendepolitiker vielfach auszeichnet, auf die Ausnahmen wie Regine Hildebrandt ist bereits hingewiesen worden. Aber dieser Pragmatismus wird auch vielfach gegeißelt. Die scheinbare Gefühlskälte eines vorsorgenden Sozialstaates, wie ihn Matthias Platzeck mit Zustimmung vieler ostdeutscher sozialdemokratischer Politiker postuliert, ist politischen Beobachtern etwa ein Dorn im Auge.[344] Aber auch die inhaltliche Unschärfe einer Angela Merkel[345] wird immer wieder thematisiert. Schließlich wartet sie nur manchmal mit Grundsätzlichem auf, etwa in der Frage des Irak-Krieges oder einer wirtschaftsliberalen Ausrichtung der Union. Beides speiste sich bei ihr indes aus dem Erfahrungshorizont Ostdeutschland. Zum einen erklärt das tief verwurzelte Freund-Feind-Denken, dass sie den US-Amerikanern automatisch einen Sympathiebonus zuerkennt, da sie die Gegner des sowjetischen Hegemons waren.

Zum anderen begründet sich in diesem spezifisch ostdeutschen Erfahrungsschatz auch die Begeisterung für Ludwig Erhard. Merkel, aber auch Platzeck kommen aus einem Land, in dem der Staat in alle Bereiche hineinregierte, gängelte, Sozialpolitik nicht nutzte, um Gerechtigkeit herzustellen, sondern Macht abzusichern und widerständiges Verhalten zu reglementieren. Auch kommen beide aus einem Land, das sich an der Fortschreibung der Einheit von Wirtschafts- und Sozialpolitik, der sozialistischen Variante des

---

[344]   Franz Walter: Die neue SPD - kalt und streberhaft, in: Spiegel online, 3.9.2007, http://www.spiegel.de/ politik/deutschland/0,1518,503507,00.html, [eingesehen am 11.7.2009].

[345]   Vgl. etwa Robert Birnbaum: Die Unscharfmacherin, in: Der Tagesspiegel, 22.11.2007.

Planungsstaates der ersten sozial-liberalen Koalition unter Willy Brandt, verhoben hatte. Hier liegen die tieferen Ursachen für die innere Ablehnung des allmächtigen, regulierenden und planenden Staates, wie er bei Merkel immer wieder aufblitzt. Hier liegen die Ursachen für Platzecks Zweifel am Wohlfahrtsstaatsmodell. Überdies, Fördern und Fordern, dieses Mantra der vermeintlichen progressiven Sozialdemokratie ist auch der politische Erfahrungsraum der Wendepolitiker, so sind sie zu ihrer zweiten Chance im Leben, in die Politik gekommen – sie wurden gefördert und gefordert zugleich. Das mag eine biographische Petitesse sein, doch in Verbindung mit der andersartigen sozialpolitischen Sozialisation in der „Fürsorgediktatur" erscheint dies – gespeist aus der Erfahrung des beständigen Lernens, für das gerade Merkel steht – ein anderes Denken durchaus plausibel zu machen.

Auch die Betonung von Umweltpolitik, die in beiden Volksparteien lange Zeit nicht populär war, speist sich aus der Erfahrung des Niedergangs der ostdeutschen Ökologie. Doch nicht nur die Ökologie, auch die ostdeutsche Ökonomie ist zusammengebrochen, von einem doppelten Systembruch ist in Bezug auf Ostdeutschland die Rede, da die zusammenbrechende staatlich gelenkte Ökonomie auf die gleichzeitige heftige Beschleunigung des Globalisierungsprozesses traf. Das konnte man wahrnehmen, wenn man einmal schmerzlich hatte begreifen und erleben müssen, dass die Welt, die man bisher kannte, in sich zusammenfiel. Auch hier haben die Wendepolitiker einen unfreiwilligen Vorsprung vor den westdeutschen Politik- und Deutungseliten.

Die Ostdeutschen haben augenscheinlich vorgeführt bekommen, dass mit Revolution und deutscher Einheit sich ihr Leben in fast allen Bereichen verändert hat. Gleiches gilt für die Bundesrepublik, aber wie Christoph Dieckmann schon festgestellt hat, diese Nachricht scheint noch unterwegs zu sein. Viele ostdeutsche Politiker haben diese Erkenntnis immer wieder angemahnt, allein durchgesetzt hat sich diese bis heute zum Teil immer noch nicht. Wohl auch hier liegt der Grund, dass sich junge Netzwerker und ostdeutsche Sozialdemokraten inhaltlich so nahe sind. Sie teilen nicht die gleichen Vorbilder, nicht die gleiche Erfahrung. So kommt zum Beispiel der Rekurs auf das schwedische Modell bei Platzeck nicht von ungefähr, galt doch in der DDR Schweden als das positive „Musterland" des Kapitalismus, was dem anfänglich begeisterten DDR-Bürger Platzeck kaum verborgen geblieben sein durfte. Schließlich begründete man offiziell damit, dass die DDR-Nomenklatura Volvo fahren durfte.

Die Reaktivierung der alten, goldenen Bundesrepublik etwa in der WASG, später dann in der Linkspartei oder in der linken Sozialdemokratie ist indes beständiger Zeuge dieser unterschiedlichen Rekurse. Man mag das Scheitern des Keynesianismus bedauern, Platzeck und Merkel und die anderen Wendepolitiker sind da nicht so sentimental, sie teilen diesen Erfahrungsraum schlichtweg nicht und haben längst begriffen, dass der Westen nicht so golden war, wie ihn die meisten DDR-Bürger gesehen hatten und wie er in der Rückschau heute manchmal beschrieben wird.

Ob ostdeutsche Wendepolitiker vor dem Hintergrund dieses Erfahrungs-raumes DDR in Verbindung mit dem Lernprozess im Erfahrungsraum wieder-vereinte, sich rasant ändernde Bundesrepublik nun tatsächlich anders, gar besser führen, lässt sich indes nur schwer ableiten. Als Platzeck den Parteivor-sitz übernahm, waren sich viele Kommentatoren einig: Nun wird auch die SPD von einem Vorsitzenden geführt, der einen eher moderierenden Stil hat, nicht zur Basta-Entscheidung neigt, die SPD so aus der Führungskrise befreit. Doch wie erfolglos das war, hat sich nach nicht einmal einem halben Jahr gezeigt, wohingegen Angela Merkel seit Jahren mit dieser Methode erfolgreich die Union zu führen scheint. Und doch waren beide ein Produkt der Zeit, Platzeck ein weniger erfolgreiches als Merkel. Denn eines eint beide und nicht nur sie, sondern die meisten Wendepolitiker. Am Ende der Ideologien, die diese Politiker geprägt haben, nämlich Sozialismus und Kapitalismus, hat die eine Variante verloren, die andere, die Marktwirtschaft, gewonnen. Das ist für sie historische Logik, die es zu akzeptieren und zu verwalten gilt. Mehr kann und braucht Politik in diesem Deutungshorizont nicht zu leisten.

Und da finden sich die Wendepolitiker plötzlich in Übereinstimmung mit dem aktuellen Zustand der Berliner Republik. „Da ist niemand mehr, der den Ethos von Partei und Politik fortzuschreiben vermag, der in langen Linien denken und artikulieren kann", urteilt etwa Franz Walter.[346] Und so stehen nur folgerichtig mit der Wendepolitikerin Merkel und dem Büroleiter Steinmeier

---

[346] Vgl. Walter: Charismatiker und Effizienzen, a.a.O., S. 402.

inzwischen „zwei Postheroiker im charismafreien Raum"[347] zur Wahl, deren Erst-Sozialisation, die „formative Phase" (Mannheim), jenseits von Politik stattfand. Nur in einem sind sie vereint: Sie haben beide eine große Idee scheitern sehen, den real existierenden Sozialismus und den keynesianischen Kapitalismus fortwährenden Wohlstands und Wachstums. Mithin wäre die Ähnlichkeit von postideologischen Wendpolitikerkarrieren und postideologischen Büroleiterkarrieren wohl auch eine weitere Untersuchung wert.

Und doch gibt es einen fundamentalen Unterschied. Denn wer wie die Wendepolitiker schon eine Revolution erlebt hat, diese bereits aktiv in geordnete, gesicherte Pfade von Demokratie und Sozialstaat überführt hat, der sieht möglicherweise seinen Teil des großen Ganzen erfüllt. Wer in seinem Leben schon einmal stark widerstrebende Interessenlagen, gesellschaftliche Zersplitterung und hoch fragmentierte Phasen des Übergangs, wie etwa das Revolutions- und Einheitsjahr 1989/90, miterlebt, mehr noch, mitgestaltet hat, der verwaltet seinen Erfolg womöglich so gut es geht. Der große gesellschaftliche Aufbruch, die große neue Idee ist von diesen politischen Führern wohl deshalb nicht mehr zu erwarten – auch weil sie alle eine der letzten großen, verbindenden Ideen, den Sozialismus, haben fulminant scheitern sehen.

Da wären sie dann doch erfüllt, die heftig kritisierten Diagnosen Bells und Fukuyamas vom Ende der Ideologien, gar dem Ende der Geschichte, das keine Ideen mehr kennt, sondern nur gleiche Herausforderungen, auf die alle mit dem gleichen Lösungsansatz reagieren werden, weil es nur einen objektiven Lösungsweg gibt. Auch das ist schon einmal diskutiert worden, unter dem Begriff der Konvergenztheorie in den sechziger Jahren über die Angleichung aller Volkswirtschaften unabhängig der politischen Vorzeichen.[348] Merkel und Platzeck würden als Naturwissenschaftler und Ostdeutsche dieses Diktum sicherlich sofort unterschreiben, nicht nur der inneren Logik folgend, sondern auch, weil es ihrem eigenen Erleben des Untergangs der konkurrierenden Idee und ihrer Ablehnung von Dritte-Weg-Konzepten entspräche.

---

[347] Ralph Bollmann: Unheimliche Gemeinsamkeiten, in: Die Tageszeitung, 4.8.2009.

[348] Vgl. Gabriele Metzler: Konzeptionen politischen Handelns von Adenauer bis Brandt. Politische Planung in der pluralistischen Gesellschaft, Paderborn 2005, hier der Abschnitt: Aus dem Schatten des Kalten Krieges? Konvergenzdiskussionen der frühen sechziger Jahre, S. 225-231.

VIII Danksagung

Die Idee zu diesem Buch verdanke ich der jüngsten deutschen Geschichte, konkret der friedlichen Revolution von 1989, die ich auf den Straßen der, damaligen, Heldenstadt Leipzig miterleben konnte. Sämtliche Versuche mich dieser Zeitzeugenschaft zu entziehen sind gescheitert. Und so näherte ich mich, in jahrelangem Studium, einem äußerst inspirierenden Praktikum im Robert-Havemann-Archiv, und dann im Rahmen universitären Forschung, mehr und mehr der Frage an, nach dem, was bleibt, von 1989, von der DDR, von Ostdeutschland und was dies bedeuten kann, für die Zukunft Ostdeutschlands, der Bundesrepublik insgesamt.

Das Buch ist ein erster Versuch Antworten zu liefern, an dessen Ende aber auch wieder neue Fragen im Raum stehen, die ihrer Beantwortung noch harren. Die lange Arbeit an diesem Buch war nur möglich, weil mich viele Menschen unterstützt haben: Meine Eltern, die mein langes Studium ertrugen, meine Frau Maren, die mir ebenso geduldig Zeit einräumte wie sie meinen langen Monologen folgte, meinen Kindern Jonah, Mila und Zoe, die ihren Papa arbeiten lassen und ihm zugleich zeigen, dass es auch noch eine andere Welt gibt und nicht zuletzt meinen Schwiegereltern, die uns immer wieder unterstützen.

Überdies wäre dieses Buch nie ohne das inspirierende Arbeitsumfeld des Göttinger Instituts für Demokratieforschung entstanden. Dem Kolloquium der vormaligen AG Parteienforschung bin ich für zahlreiche Anregungen ebenso zu Dank verpflichtet wie meinem akademischen Lehrer Franz Walter, der mir stets mit Vertrauen und Rat zur Seite stand und mir ein einmaliges Arbeitsumfeld gewährt. Besonderer Dank geht auch an meine Kollegen und Freunde, die immer wieder Teile des Buchs mit mir diskutierten und geduldig korrigierten, allen voran Oliver D'Antonio und David Bebnowski sowie Frauke Schulz. Für die Betreuung des Buchs danke ich zudem der Lektorin des ibidem-Verlags, Valerie Lange und dem Reihenherausgeber Dr. Matthias Micus vom Göttinger Institut für Demokratieforschung.

IX Literaturverzeichnis

Monographien und Aufsätze

Günter Agde (Hrsg.): Kahlschlag. Das 11. Plenum des ZK der SED 1965. Studien und Dokumente, Berlin 2000.

Thomas Ahbe: Hohnarbeit und Kapital. Westdeutsche Bilder vom Osten, in: Deutschland Archiv, Jg. 33 (2000), H. 1, S. 84 – 89

Thomas Ahbe: Nicht demokratisierbar. Westdeutsche Bilder vom Osten (II), in: Deutschland Archiv, Jg. 35 (2002), H. 1, S. 112 – 118

Thomas Ahbe / Rainer Gries: Gesellschaftsgeschichte als Generationenge-schichte. Theoretische und methodologische Überlegungen am Beispiel der DDR, in: Annegret Schühle, u.a. (Hrsg.): Die DDR aus generationen-geschichtlicher Perspektive. Eine Inventur, Leipzig 2006, S. 475-571.

Thomas Ahbe: Deutsche Generationen nach 1945, in: APUZ, Jg. 29, Bd. 3/2007, S. 38-46.

Thomas Ahbe/ Rainer Gries: Geschichte der Generationen in der DDR und in Ostdeutschland. Ein Panorama, Erfurt 2007.

Kai Arzheimer: „Freiheit oder Sozialismus" ? Gesellschaftliche Wertorientie-rungen, Staatszielvorstellungen und Ideologien im Ost-West-Vergleich, in: Oscar W. Gabriel, Jürgen W. Falter und Hans Rattinger (Hrsg.): Wächst zusammen, was zusammen gehört?. Baden-Baden, Nomos 2005, S. 285-313.

Arnd Bauerkämper: Die Sozialgeschichte der DDR, München 2005.

Christiane Baumann: Manfred "Ibrahim" Böhme. Ein rekonstruierter Lebens-lauf, Berlin 2009.

Daniel Bell: The end of ideology: on the exhaustion of political ideas in the fifties, Glencoe/Ill. 1960.

Bettina Ernst-Bertram / Jens Planer Friedrich: Pfarrerskinder in der DDR. Außenseiter zwischen Benachteiligung und Privilegierung, Berlin 2008.

Richard Bessel / Ralph Jessen: Die Grenzen der Diktatur. Staat und Gesellschaft in der DDR, Göttingen 1996.

Klaus von Beyme: Funktionswandel der Parteien in der Entwicklung von der Massenmitgliederpartei zur Partei der Berufspolitiker, in: Oscar W. Gabriel / Oskar Niedermayer / Richard Stöss (Hrsg.): Parteiendemokratie in Deutschland, Opladen 1997, S. 359-383.

Ursula Birsl/ Peter Lösche: Parteien in West- und Ostdeutschland: Der gar nicht so feine Unterschied, in: Zeitschrift für Parlamentsfragen, Jg. 29, Bd. 1/1998, S.7-23.

Karlheinz Blessing: SPD 2000. Die Modernisierung der SPD, Marburg 1993.

Jens Borchert / Klaus Stolz: Die Bekämpfung der Unsicherheit. Politikerkarrieren und Karrierepolitik in der Bundesrepublik Deutschland, in: Politische Vierteljahresschrift, Jg. 44, Bd. 2/2003, S. 148-173.

Frank Bösch / Ina Brandes: Die Vorsitzenden der CDU. Sozialisation und Führungsstil., in: Daniela Forkmann / Michael Schlieben: Die Parteivorsitzenden der Bundesrepublik Deutschland 1949-2005, Wiesbaden 2005, S. 23-63.

Jacqueline Boysen: Angela Merkel. Eine Karriere, Berlin 2005.

Tissy Bruns: Republik der Wichtigtuer, Bonn 2007.

Heinz Bude: Der Fall und die Theorie. Zum erkenntnislogischen Charakter von Fallstudien, in: Gruppendynamik (1988) 4, S. 421-427

Heinz Bude: Das Altern einer Generation. Die Jahrgänge 1938-1948, Frankfurt am Main 1995

Heinz Bude: "Generation" im Kontext. Von den Kriegs- zu den Wohlfahrts-staatsgenerationen. In: Ulrike Jureit / Michael Wildt (Hrsg.): Generationen. Zur Relevanz eines wissenschaftlichen Grundbegriffs. Hamburg, 2005; S. 28-44.

Felix Butzlaff: Matthias Platzeck – der natürliche Seiteneinsteiger, in: Matthias Micus / Robert Lorenz: Seiteneinsteiger. Unkonventionelle Politiker-Karrieren in der Parteiendemokratie, Wiesbaden 2008, S. 456-484.

Christoph Classen: ‚Guten Abend und Auf Wiederhören'. Faschismus und Antifaschismus in Hörfunkkommentaren der frühen DDR, in: Martin Sabrow (Hrsg.): Verwaltete Vergangenheit. Geschichtskultur und Herr-schaftslegitimation in der DDR, Leipzig 1997, S. 237-255.

Oliver D'Antonio: Das letzte Gefecht der alten Linken – Die Erfurter Erklä-rung 1997, in: Johanna Klatt /Robert Lorenz (Hrsg.): Politische Manifeste als Instrument zivilgesellschaftlicher Opposition, Bielefeld 2010

Oliver D'Antonio: Schlingerkurs in die Berliner Republik. Wie die Parteien-demokratie ihre Stabilität verlor, in: Vorgänge, Jg. 48 (2009) H. 3, S. 118-128.

Christoph Dieckmann: Das wahre Leben im falschen. Geschichte von ostdeut-scher Identität. 2. Auflage, Berlin 1999.

Angelika Ebbinghaus (Hrsg.): Die letzte Chance? 1968 in Osteuropa, Analysen und Berichte über ein Schlüsseljahr, Hamburg 2008.

Rainer Eckert: Das Programm einer demokratischen Revolution. Die Debatten der DDR-Opposition in den „radix-Blättern" 1987-89. in: Deutschland Archiv, Jg. 32, Band 5/1999, S. 773-79.

Ernst Elitz: Sie waren dabei. Ostdeutsche Profile von Bärbel Bohley zu Lothar de Maizière, Stuttgart 1991.

Wolfgang Engler: Strafgericht über die Moderne – das 11. Plenum im histori-schen Rückblick, in: Günter Agde: Kahlschlag. Das 11. Plenum des ZK der SED 1965. Studien und Dokumente, Berlin 2000, S. 16-36.

Wolfgang Engler: Die Ostdeutschen. Kunde von einem verlorenen Land, Berlin 1999.

Rainer Eppelmann / Robert Grünbaum: Sind wir die Fans von Egon Krenz? Die Revolution war keine „Wende" in: Deutschland Archiv, Jg. 37, Bd. 5/2004, S. 864-869.

Daniela Forkmann: Konsens statt Konflikt. das sozialdemokratische „Netzwerk junger Abgeordneter Berlin", in: Vorgänge, Jg. 46, Bd. 4/2007, S. 67-76.

Daniela Forkmann / Michael Schlieben: „Politische Führung" und Parteivorsitzende. Eine Einleitung, in: Daniela Forkmann / Michael Schlieben. Die Parteivorsitzenden der Bundesrepublik Deutschland 1949-2005, Wiesbaden 2005, S. 11-22.

Francis Fukuyama: Have we reached the end of history?, Santa Monica, Calif. 1989.

Mary Fulbrook: Ein ganz normales Leben. Alltag und Gesellschaft in der DDR, Darmstadt 2008

Mary Fulbrook: Generationen und Kohorten in der DDR, in: Annegret Schühle, u.a. (Hrsg.), Die DDR aus generationengeschichtlicher Perspektive, Eine Inventur, Leipzig 2006, S. 113-130.

Mary Fulbrook: The people's state. East German society from Hitler to Honecker, New Haven, Conn. [u.a.] 2005.

Mary Fulbrook: Methodologische Überlegungen zu einer Gesellschaftsgeschichte der DDR, in: Richard Bessel / Ralph Jessen (Hrsg.): Die Grenzen der Diktatur. Staat und Gesellschaft in der DDR, Göttingen 1996, S. 274-297.

Alexander Gallus: Biographik und Zeitgeschichte, in: APUZ, Bd. 1-2/2005, S. 40-46.

Günter Gaus: Zur Person, Band 2, Berlin 1998.

Oscar W. Gabriel/ Jürgen W. Falter/ Hans Rattinger (Hrsg.): Wächst zusammen, was zusammen gehört?, Baden-Baden 2005.

Christel Gärtner u.a. (Hrsg.): Atheismus und religiöse Indifferenz, Opladen 2003

Kirsten Gerland: Die „89er". Überlegungen zu einer Erfahrungsgemeinschaft ohne Erinnerungskultur, in: Deutschland Archiv, Jg. 42, Bd. 1/ 2009, S. 121-128.

Dieter Geulen: Politische Sozialisation in der DDR. Autobiographische Gruppengespräche mit Angehörigen der Intelligenz, Opladen 1998.

Ingrid Gilcher-Holtey: 1968. Vom Ereignis zum Gegenstand der Geschichtswissenschaft, Göttingen 1998.

Christina Gillessen / Ulrich Eith: Ludwig Erhard – parteiloser Berufspolitiker und gescheiterter Volkskanzler, in: Robert Lorenz / Matthias Micus (Hrsg.): Seiteneinsteiger. Unkonventionelle Politiker-Karrieren in der Parteiendemokratie, Wiesbaden 2009, S. 390-401.

Karsten Grabow: Abschied von der Massenpartei: die Entwicklung der Organisationsmuster von SPD und CDU seit der deutschen Vereinigung, Wiesbaden 2000.

Udo Grashoff: Der demokratische Aufbruch. Von einer Bürgerbewegung zur Partei 1989/90, Erfurt 2004.

Thomas Großbölting: Bürgertum, Bürgerlichkeit und Entbürgerlichung in der DDR. Niedergang und Metamorphosen, in: APUZ, Jg. 30, Bd. 9-10/2008, S. 17-25.

Thomas Großbölting: Entbürgerlichte die DDR? Sozialer Bruch und kultureller Wandel in der ostdeutschen Gesellschaft, in: Manfred Hettling / Bernd Ulrich: Bürgertum nach 1945, Hamburg 2005, S. 407-432.

Robert Grünbaum: Revolutionäre oder Zaungäste? Die DDR-Schriftsteller und der Umbruch von 1989/90, in: Günther Heydemann u.a. (Hrsg.): Revolution und Transformation in der DDR 1989/90, Berlin 1999, S. 595-612.

Sebastian Haffner: Geschichte eines Deutschen. Die Erinnerungen 1914-1933. München 2002.

Stine Harm: Carlo Schmid - der politische Star und das sozialdemokratische Sternchen, in: Robert Lorenz / Matthias Micus (Hrsg.): Seiteneinsteiger. Unkonventionelle Politiker-Karrieren in der Parteiendemokratie, Wiesbaden 2009, S. 363-389.

Florian Havemann: 68er Ost, in: UTOPIE kreativ, Jg. 2004, Bd. 164, S. 544-556.

Vaclav Havel: Versuch in der Wahrheit zu leben [1978], Reinbek bei Hamburg 1989.

Helge Heidemeyer: Flucht und Zuwanderung aus der SBZ/DDR 1945/1949-1961. Die Flüchtlingspolitik der Bundesrepublik Deutschland bis zum Bau der Berliner Mauer, Düsseldorf 1994.

Helge-Heinz Heinker: Wolfgang Tiefensee. Eine Biographie, Leipzig 2005.

Peter Helmberger: Blauhemd und Kugelkreuz. Konflikte zwischen der SED und den christlichen Kirchen um die Jugendlichen in der SBZ/DDR, München 2008.

Rolf Henrich: Der vormundschaftliche Staat. Vom Versagen des real existierenden Sozialismus, Reinbek bei Hamburg 1989.

Ulrich Herbert: „Drei politische Generationen im 20. Jahrhundert", in: Jürgen Reulecke (Hrsg.): Generationalität und Lebensgeschichte im 20. Jahrhundert, München [u.a.] 2003, S. 95 - 114.

Andreas Herzberg (Hrsg.): Auf den Anfang kommt es an. Sozialdemokratischer Neubeginn in der DDR 1989. Interviews und Analysen, Bonn 1993.

Dietrich Herzog: Politische Karrieren. Selektion und Professionalisierung politischer Führungsgruppen, Opladen 1975.

Gunnar Hinck: Eliten in Ostdeutschland. Warum den Managern der Aufbruch nicht gelingt, Berlin 2007.

151

Reinhard Höppner (Hrsg.): Fragen zur deutschen Einheit. Reinhard Höppner im Gespräch mit Regine Hildebrandt, Halle/Saale 1998.

Peter Hübner: Eliten im Sozialismus. Beiträge zur Sozialgeschichte der DDR. Köln 1999.

Beate Ihme-Tuchel: Kontroversen um die Geschichte. Die DDR, Darmstadt 2002.

Jörg Jacobs: Tücken der Demokratie. Antisystemeinstellungen und ihre Determinanten in sieben post-kommunistischen Transformationsländern,' Wiesbaden 2004.

Wolfgang Jäger: Die Überwindung der Teilung. Der innerdeutsche Prozess der Vereinigung 1989/90. Geschichte der Deutschen Einheit Band 3. Stuttgart 1998.

Konrad H. Jarausch: Die Umkehr. Deutsche Wandlungen 1945-1995. Bonn 2004.

Konrad H. Jarausch: Realer Sozialismus als Fürsorgediktatur. Zur begrifflichen Einordnung der DDR, in: APUZ, Jg. 20, Bd. 20/1998, S. 33-46.

Konrad H. Jarausch: Die unverhoffte Einheit 1989-1990. Frankfurt/Main 1995.

Eckhard Jesse: Parteien und Parteiensysteme in den Neuen Bundesländern, in: Volker Kronenberg / Tilman Mayer (Hrsg.): Volksparteien: Erfolgsmodell für die Zukunft? Konzepte, Konkurrenzen und Konstellationen, Freiburg [u.a.] 2009, S. 291-303.

Ralph Jessen: Rezension zu: Kleßmann, Christoph: Arbeiter im "Arbeiterstaat" DDR. Deutsche Traditionen, sowjetisches Modell, westdeutsches Magnetfeld (1945-1971). Bonn 2007. In: H-Soz-u-Kult, 11.07.2008, <http://hsozkult.geschichte.hu-berlin.de/rezensionen/2008-3-026>.

Ralph Jessen: „Bildungsbürger", „Experten" und „Intelligenz". Kontinuität und Wandel der ostdeutschen Bildungsschichten in der Ära Ulbricht. In: Lothar Ehrlich / Gunther Mai (Hrsg.): Weimarer Klassik in der Ära Ulbricht, Köln 2000, S. 113-134.

Inka Jörs: East Germany. Another Party Landscape, in: German Politics, Jg. 12, Bd. 1/2003, S. 135-158.

Inka Jörs: Postsozialistische Parteien. Polnische SLD und ostdeutsche PDS im Vergleich, Wiesbaden 2006.

Uwe Jun: Wandel des Parteien- und Verbändesystems, in: APUZ, Jg. 31, Bd. 28/2009, S. 28-33.

Ulrike Jureit: Generationenforschung, Göttingen 2006

Hartmut Kaelble/ Jürgen Kocka/ Hartmut Zwahr (Hrsg.): Sozialgeschichte der DDR, Stuttgart 1994.

Paul Kaiser / Claudia Petzold: Bohème und Diktatur in der DDR. Gruppen, Konflikte, Quartiere, 1970-1989, Berlin 2003.

Steffen Kammradt: Der Demokratische Aufbruch. Profil einer jungen Partei am Ende der DDR, Frankfurt/Main 1997.

Ansgar Klein: Der Diskurs der Zivilgesellschaft. Politische Hintergründe und systemtheoretische Folgerungen, Opladen 2001.

Hubert Kleinert: Vom Protest zur Regierungspartei. Die Geschichte der Grünen, Frankfurt am Main 1992.

Christoph Kleßmann: Arbeiter im "Arbeiterstaat" DDR. Deutsche Traditionen, sowjetisches Modell, westdeutsches Magnetfeld (1945-1971), Bonn 2007.

Christoph Kleßmann: Relikte des Bildungsbürgertums in der DDR, in: Hartmut Kaelble / Jürgen Kocka / Hartmut Zwahr (Hrsg.): Sozialgeschichte der DDR. Stuttgart 1994, S.254-270.

Christoph Kleßmann: Zur Sozialgeschichte des protestantischen Milieus in der DDR.; in: GG, Jg. 19, Bd. 1/1993, S. 29-53

Christoph Kleßmann / Georg Wagner: Das gespaltene Land. Leben in Deutschland 1945-1990. Texte und Dokumente zur Sozialgeschichte, München 1993.

Jürgen Kocka: Eine durchherrschte Gesellschaft, in: Hartmut Kaelble/ Jürgen Kocka/ Hartmut Zwahr (Hrsg.): Sozialgeschichte der DDR. Stuttgart 1994, S. 547-553.

Ilko-Sascha Kowalczuk: Endspiel. Die Revolution von 1989 in der DDR, Berlin 2009.

Ilko-Sascha Kowalczuk: Wehrdienstverweigerung, Bausoldaten und unabhängige Friedensbewegung, in: ders. / Tom Sello (Hrsg.): Für ein freies Land mit freien Menschen. Opposition und Widerstand in Fotos und Biographien, Berlin 2006, S. 236-271.

Ilko-Sascha Kowalczuk: 17. Juni 1953 - Volksaufstand in der DDR. Ursachen - Abläufe – Folgen, Bremen 2003.

Ilko-Sascha Kowalczuk: Freiheit und Öffentlichkeit. Politischer Samisdat in der DDR 1985-1989, Berlin 2002.

Ilko-Sascha Kowalczuk: „wer sich nicht in Gefahr begibt...". Protestaktionen gegen die Intervention in Prag 1968 und die Folgen von 1968 für die DDR-Opposition, in: GWU, Jg. 50, Bd. 7/8/1999, S. 424-438.

Birgit Lahann: Genosse Judas. Die zwei Leben des Ibrahim Böhme, Berlin 1992.

Bernd Lutz Lange: Mauer, Jeans und Prager Frühling, Berlin 2006.

Gerd Langguth: Angela Merkel. Aufstieg zur Macht, München 2005

Jakob Lempp (Hrsg.): Parteien in Brandenburg, Berlin 2008.

Bernd Lindner: Zwischen Integration und Distanzierung: Jugendgenerationen in der DDR in den sechziger und siebziger Jahren, in: APUZ, Jg. 25, Bd. 45/2003, S. 33-39.

Robert Lorenz / Matthias Micus: Die flüchtige Macht begabter Individualisten, in: dies. (Hrsg.): Seiteneinsteiger. Unkonventionelle Politiker-Karrieren in der Parteiendemokratie, Wiesbaden 2009, S. 487-504.

Peter Lösche: „Politische Führung" und Parteivorsitzende. Einige systematische Überlegungen, in: Daniela Forkmann / Michael Schlieben: Die Parteivorsitzenden der Bundesrepublik Deutschland 1949-2005, Wiesbaden
2005, S. 349-368.

Michael Lühmann: Aufbruch 89 – NEUES FORUM: Der Katalysator der
friedlichen Revolution, in: Johanna Klatt /Robert Lorenz (Hrsg.): Politische Manifeste als Instrument zivilgesellschaftlicher Opposition, Bielefeld 2010.

Michael Lühmann: Als die Demokratie wieder laufen lernte, in: Deutschland
Archiv, Jg. 42 (2009) H. 5, S. 887-891.

Michael Lühmann: Die Zukunft der „anderen" Vergangenheit. Erkundungen
im Labor Ostdeutschland, in: Felix Butzlaff / Stine Harm / Franz Walter
(Hrsg.): Patt oder Gezeitenwechsel? Deutschland 2009, Wiesbaden 2009,
S. 183-209.

Michael Lühmann: Verdrängte Vergangenheit. Die CDU und die „Blockflöten", in: Deutschland Archiv, Jg. 42, Bd. 1/2009, S. 96-104.

Michael Lühmann: Geteilt, ungeliebt, deutungsschwach? Die 68er-Generation
der DDR, in: Deutschland-Archiv, 2008, Jg. 41, Bd. 1/2008, S. 102-107.

Charles S. Maier: Zur historischen Bewertung der DDR-Bürgerbewegung von
1989 – 90. Ein Essay, in: Deutsche Nationalstiftung (Hrsg.): Zivilcourage
gestern und heute. Der Nationalpreis 2000. Eine Dokumentation, S.14-27.

Karl Mannheim: Das Problem der Generation. In: Karl Mannheim: Wissenssoziologie. Auswahl aus dem Werk. Hg. von Kurt H. Wolff, Neu-
wied/Berlin 1964, S. 509–565

Michael Mara / Thorsten Metzner: Matthias Platzeck. Die Biographie,
Kreuzlingen 2006.

Richard Meng: Der Medienkanzler. Was bleibt vom System Schröder?,
Frankfurt/Main 2002.

Gabriele Metzler: Konzeptionen politischen Handelns von Adenauer bis Brandt. Politische Planung in der pluralistischen Gesellschaft, Paderborn 2005

Ingrid Miethe: Bildung und soziale Ungleichheit in der DDR. Möglichkeiten und Grenzen einer gegenprivilegierenden Bildungspolitik, Opladen 2007

Dirk Moses: Die 45er. Eine Generation zwischen Faschismus und Demokratie, in: Neue Sammlung, Jg. 40, Bd. 2/2000, S. 233 – 263.

Patrik von zur Mühlen: Aufbruch und Umbruch in der DDR. Bürgerbewegung, kritische Öffentlichkeit und Niedergang der SED-Herrschaft, Bonn 2000.

Klaus Müller: Die Lenkung der Strafjustiz durch die SED-Staats- und Partei-führung der DDR am Beispiel der Aktion Rose. Frankfurt/M. u.a. 1995.

Helmut Müller-Enbergs u.a.; Das Fanal. Das Opfer der Pfarrers Brüsewitz aus Rippicha und die evangelische Kirche, Münster 1999.

Helmut Müller-Enbergs: Über die Inoffiziellen Mitarbeiter und das Bündnis 90 Brandenburg, in: Forschungsjournal Neue Soziale Bewegungen, Jg. 8, Bd. 4/1995, S. 51-64.

Helmut Müller-Enbergs u.a.: Von der Illegalität ins Parlament. Werdegang und Konzept der neuen Bürgerbewegungen, Berlin 1991.

Herfried Münkler: Antifaschismus und antifaschistischer Widerstand als politischer Gründungsmythos der DDR, in: APUZ, Jg. 20, Bd. 45/1998, S. 16-29.

Katja Neller: DDR-Nostalgie, Wiesbaden 2006.

Erhart Neubert: Christen, Schutzdächer und der Geist des Protestantismus. in: Ilko-Sascha Kowalczuk / Tom Sello (Hrsg.): Für ein freies Land mit freien Menschen. Opposition und Widerstand in Fotos und Biographien, Berlin 2006, S. 185-235.

Erhart Neubert: Geschichte der Opposition in der DDR. 1949 – 1989, Bonn 2000.

Gérard Noiriel: Die Wiederkehr der Narrativität, in: Joachim Eibach / Günther Lottes (Hrsg.): Kompass der Geschichtswissenschaft, Göttingen 2002, S. 355-370.

Pierre Nora: The realms of memory. Rethinking the French past, New York 1996.

Marc-Dietrich Ohse: „Keinen Dubček, keinen Ulbricht." 1968 und die Jugend in der DDR, in: Angelika Ebbinghaus (Hrsg.): Die letzte Chance? 1968 in Osteuropa, Analysen und Berichte über ein Schlüsseljahr, Hamburg 2008, S. 170-178.

Marc-Dietrich Ohse: Ostdeutscher Protestantismus und Prager Frühling, in: Siegfried Hermle / Claudia Lepp / Harry Oelke (Hrsg.): Umbrüche. Der deutsche Protestantismus und die sozialen Bewegungen in den 1960er und 70er Jahren, Göttingen 2007, S. 131-146.

Marc-Dietrich Ohse: Jugend nach dem Mauerbau. Politische Normierung und Jugendprotest in der DDR 1961-1974, in: Annegret Schühle, u.a. (Hrsg.), Die DDR aus generationengeschichtlicher Perspektive, Eine Inventur, Leipzig 2006, S. 217-228.

Marc Dietrich Ohse: Jugend nach dem Mauerbau, Anpassung, Protest und Eigensinn, Berlin 2003.

Sandra Pingel-Schliemann: Zersetzen – Strategien einer Diktatur. Berlin 2002.

Igor J. Polianski: Das Rätsel DDR und die „Welträtsel". Wissenschaftlich-atheistische Aufklärung als propagandistisches Konzept der SED. in: Deutschland Archiv, Jg. 40, Bd. 2/2007, S. 265-275

Günter Pollach u.a. (Hrsg.): Ein nachhaltig anderes Parteiensystem. Profile und Beziehungen von Parteien in ostdeutschen Kommunen., Opladen 2000.

Detlef Pollack: Kirche in der Organisationsgesellschaft. Zum Wandel der gesellschaftlichen Lage der evangelischen Kirchen in der DDR, Stuttgart [u.a.] 1994.

Detlef Pollack: Wie alternativ waren die alternativen Gruppen in der DDR. Bemerkungen zu ihrem Verhältnis zu Sozialismus, Demokratie und deutscher Einheit, in: Forschungsjournal Neue Soziale Bewegungen, Bd. 1/1998, S. 92-102.

Karin Priester: Loyalität und Dissidenz. Gespräch mit Stephan Hilsberg und Günter Nooke. Haben die „Helden von '89" ausgedient?, in: http://www.frankfurter-hefte.de/gespraech/gespraech0603a.html.

Gerhard Rein (Hrsg.): Die Opposition in der DDR. Entwürfe für einen anderen Sozialismus. Berlin 1989.

Gerhard Rein: Die protestantische Revolution 1987-1990. Ein deutsches Lesebuch. Berlin 1990.

Jürgen Reulecke (Hrsg.): Generationalität und Lebensgeschichte im 20. Jahrhundert, München [u.a.] 2003.

Edelbert Richter: Christentum und Demokratie in Deutschland. Beiträge zur geistigen Vorbereitung der Wende in der DDR, Köln 1991.

Ariane Riecker u.a.: Laienspieler. Sechs Politikerporträts, Stuttgart 1991.

Evelyn Roll: Das Mädchen und die Macht. Angela Merkels demokratischer Aufbruch, Berlin 2001.

Michael Schlieben: Angela Merkel: Die Königin der Seiteneinsteiger, in: Matthias Micus / Robert Lorenz: Seiteneinsteiger. Unkonventionelle Politiker-Karrieren in der Parteiendemokratie, Wiesbaden 2008, S. 431-455.

Michael Schlieben: Politische Führung in der Opposition. Die CDU nach dem Machtverlust 1998, Wiesbaden 2007.

Ute Schmidt: Von der Blockpartei zur Volkspartei, Opladen 1997.

Annegret Schühle u.a. (Hrsg.): Die DDR aus generationengeschichtlicher Perspektive, Eine Inventur, Leipzig 2006.

Werner Schulz (Hrsg.): Der Bündnis-Fall. Politische Perspektiven 10 Jahre nach Gründung des Bündnis 90, Bremen 2001.

Hajo Schumacher: Die zwölf Gesetze der Macht. Angela Merkels Erfolgsgeheimnisse, München 2006.

Hajo Schumacher: Roland Koch. Verehrt und verachtet. Frankfurt am Main 2004.

Hans-Dieter Schütt: Ich seh' doch, was hier los ist. Regine Hildebrandt. Biographie, Berlin 2005.

Christian Schwaabe: Die deutsche Modernitätskrise. Politische Kultur und Mentalität von der Reichsgründung bis zur Wiedervereinigung, München 2005.

Hans-Peter Schwarz: Die Bedeutung der Persönlichkeit in der Entwicklung der Bundesrepublik, in: Rudolf Hrbek (Hrsg.): Personen und Institutionen in der Entwicklung der Bundesrepublik Deutschland. Symposium aus Anlass des 80. Geburtstages von Theodor Eschenburg, Verl/ Straßburg [u.a.] 1985, S. 7-19.

Annette Simon: Vor den Vätern sterben die Söhne, in: dies. / Jan Faktor: Fremd im eigenen Land, Gießen 2000, S. 7-26

Marketa Spiritova: „Im Inland begann eine Hexenjagd" Die Auswirkungen der Niederlage auf den Alltag von Intellektuellen, in: Ebbinghaus: Die letzte Chance? 1968 in Osteuropa, Analysen und Berichte über ein Schlüsseljahr, Hamburg 2008, S. 61-78.

André Steiner: Von Plan zu Plan. Eine Wirtschaftsgeschichte der DDR, München 2004.

Wolfgang Stock: Angela Merkel. Eine politische Biographie, München 2005.

Daniel Friedrich Sturm: Uneinig in die Einheit. Die Sozialdemokratie und die Vereinigung Deutschlands 1989/90, Bonn 2006.

Uwe Tellkamp: Der Turm. Geschichte aus einem versunkenen Land, Frankfurt am Main 2008.

Winfried Thaa: Die Wiedergeburt des Politischen. Zivilgesellschaft und Legitimitätskonflikt in den Revolutionen von 1989, Opladen 1996.

Uwe Thaysen (Hrsg.): Der Zentrale Runde Tisch der DDR. Wortprotokoll und Dokumente. Wiesbaden 2000.

Wolfgang Thierse im Gespräch mit Ulrich Wickert: Das richtige Leben im falschen System, Stuttgart [u.a.] 2001.

Alexander Thumfart: Ostdeutschland als Gegenwart einer gemeinsamen Zukunft. Ein Laborversuch, in: Tanja Busse/ Tobias Dürr (Hrsg.): Das neue Deutschland. Die Zukunft als Chance, Berlin 2003, S. 136-158.

Karsten Timmer: Vom Aufbruch zum Umbruch. Die Bürgerbewegung in der DDR 1989. Göttingen 2000.

Karsten Timmer: 1989 – Vom Ereignis zum Gegenstand der Geschichtswissenschaft, in: Deutsche Nationalstiftung (Hrsg.): Zivilcourage gestern und heute. Der Nationalpreis 2000. Eine Dokumentation, Berlin 2000, S. 94-109.

Karsten Timmer: „Für eine zivile Gesellschaft zivilisierter Bürger" – Die ideellen Grundlagen der DDR-Bürgerbewegung 1989/90, in: Günther Heydemann u.a. (Hrsg.): Revolution und Transformation in der DDR 1989/90, Berlin 1999.

Gert Ueding: Revolution ohne Intellektuelle, in: Die Politische Meinung, Bd. 37/1992, S. 79-88.

Hans-Joachim Veen (Hrsg.): Lexikon Opposition und Widerstand in der SED-Diktatur, Berlin [u.a.] 2000.

Christoph Vietzke: Konfrontation und Kooperation. Funktionäre und Arbeiter in Großbetrieben der DDR vor und nach dem Mauerbau, Essen 2008.

Franz Walter: Vorwärts oder abwärts? Zur Transformation der Sozialdemokratie, Berlin 2010

Franz Walter: Die SPD. Biographie einer Partei, Reinbek bei Hamburg 2009.

Franz Walter: Charismatiker und Effizienzen. Porträts aus 60 Jahren Bundesrepublik, Frankfurt am Main 2009.

Franz Walter: Freital wechselt die Farbe. Von Rot zu Schwarz – wie eine Arbeiterhochburg Rituale und Identität verliert, in: Universitas, Jg. 61, Bd. 1/2006, S. 58-70.

Franz Walter: Ende einer Ära. Die Generation der 68er geht in den politischen Ruhestand, in: Universitas Jg. 60, Bd. 8/2005, S. 808-822.

Franz Walter / Tobias Dürr: Die Heimatlosigkeit der Macht, Berlin 2000.

Franz Walter u.a.: Die SPD in Sachsen und Thüringen - zwischen Hochburg und Diaspora, Bonn 1993.

Hans Ulrich Wehler: Deutsches Bürgertum nach 1945. Exitus oder Phönix aus der Asche?, in: GG, Jg. 27, Bd. 4/2001, S. 617-634.

Werner Weidenfeld/ Karl-Rudolf Korte (Hrsg.): Handbuch zur deutschen Einheit. 1949 – 1989 – 1999, Frankfurt/Main 1999

Erhard Weinholz: Langer Atem. Zur Geschichte der DDR-68er, in: Horch und Guck, Bd. 42/2003, S. 31-38.

Konrad Weiß: Ich habe keinen Tag in diesem Land umsonst gelebt. in: Blätter für deutsche und internationale Politik, Jg. 35, Bd. 5/1990, S. 555, zit. nach: Gerhart Maie (Hrsg.): Die Wende in der DDR, Bonn 1991, S. 34.

Hermann Wentker: „Kirchenkampf in der DDR". Der Konflikt um die Junge Gemeinde 1950-1953, in: VfZ, Jg. 42, Bd. 1/1994, S. 95-127

Hermann Wentker (Hrsg.): Volksrichter in der SBZ/DDR 1945 bis 1952. Eine Dokumentation, München 1997.

Jan Wielgohs: Bündnis 90. Entstehung und Formierung einer neuen Partei, Halle 1995.

Dorothee Wierling: Warum es in der DDR keine explizite '68er Generation gegeben hat, in: Horch und Guck, Jg. 8, Heft 32/2000, S. 57-59.

Dorothee Wierling: Geboren im Jahr Eins. Der Jahrgang 1949 in der DDR. Versuch einer Kollektivbiographie. Berlin 2002.

Dorothee Wierling: How Do the 1929ers and the 1949ers Differ, in: Mary Fulbrook (Hrsg.): The "Normalization of Rule". Power and Society in the GDR 1961-1979, S. 204 - 219.

Elmar Wiesendahl: Elitenrekrutierung in der Parteiendemokratie. Wer sind die Besten und setzen sie sich in den Parteien durch, in: Oscar W. Gabriel / Beate Neuss / Günther Rüther (Hrsg.): Konjunktur der Köpfe, Düsseldorf 2004, S. 124-141.

Elmar Wiesendahl: Zum Tätigkeits- und Anforderungsprofil von Politikern, in: Stefan Brink / Heinrich A. Wolf (Hrsg.): Gemeinwohl und Verantwortung. Festschrift für Hans Herbert v. Arnim. Berlin, 2004. S. 167-188.

Stefan Wolle: Der Traum von der Revolte. Die DDR 1968, Berlin 2008.

Stefan Wolle: Aufbruch in die Stagnation: Die DDR in den Sechziger Jahren, Bonn 2005.

Stefan Wolle: Die versäumte Revolte. Die DDR und das Jahr 1968, in: APUZ, Jg. 23, Bd. 22-23/2001, S. 37-46.

Stefan Wolle: Die heile Welt der Diktatur. Alltag und Herrschaft in der DDR. 1971-1989, Bonn 1998.

Pressequellen

Wolfgang Bayer: Intrigen am Abend, in: Der Spiegel, 21.7.1997.

Ottmar Berbalk: Bündnis90 aufgelöst. "Finde die Motivation jenseits von Parteien", in: Focus, 17.5.1993.

Stefan Berg: Monarch aus Potsdam, in: Der Spiegel, 19.6.2000.

Stefan Berg u.a.: Das Experiment, in: Der Spiegel, 7.11.2005.

Stefan Berg u.a.: Das rote Gespenst, in: Der Spiegel, 8.3.1999.

Andrea Beyerlein: Der Platz hinter Platzeck, in: Berliner Zeitung, 24.5.2008.

Andrea Beyerlein/ Thomas Leinkauf: Ich habe immer mal so gelebt und mal so. Interview mit Matthias Platzeck, Berliner Zeitung, 20.07.2002.

Michael Biedowicz: Angela und ich, in: Die Zeit, 9.6.2005.

Petra Bornhöft: Wolfgang Thierse. Die kluge Kassandra, in: Der Spiegel, 12.7.1993.

Wolf Burschardt: Matthias Platzeck ist ein Mann, der nicht Nein sagen kann, in: Berliner Morgenpost, 22.5.2000.

Christoph Dieckmann: Weisheit des Neustarts. Die Ostdeutschen Platzeck und Merkel zehren bis heute von der Wende, in: Die Zeit, 10.11.2005.

Christoph Dieckmann: Der wilde Westler. Ulf Fink zwingt Brandenburgs CDU seinen Kurs auf, in: Die Zeit, 15.5.1992.

Peter Ehrlich: Matthias rennt, in: Financial Times Deutschland, 3.11.2005.

Brigitte Fehrle: Ein bärtiger Vorsitzender mit integrativen Fähigkeiten, in: Die Tageszeitung, 11.6.1990.

Evelyn Finger: Der Ossi als Wessi. Wie und warum Angela Merkel im Wahlkampf ihre Herkunft verleugnet, in: Die Zeit, 25.8.2005.

Matthias Geis: Fremdeln in der Uckermark, in: Die Zeit, 28.7.2005.

Klaus Hartung: Der Prediger, in: Die Zeit, 29.10.1998.

Klaus Hartung: Parteiwechsel der Bürgerrechtler zur CDU. Sie waren nie weit links und waren nie farbecht grün. In: Die Zeit, 27.12.1996.

Klaus Hartung: Der Zweifel ist sein Erfolgsrezept, in: Die Zeit, 28.08.1992.

Carl-Christian Kaiser: Ein Hauch von Kreuth, in: Die Zeit, 30.03.1990.

Burga Kalinowski: So ein netter Mensch, in: Freitag, 4.9.1998.

Nadja Klinger: Die Generäle und der Gentleman, in: Der Tagesspiegel, 8.6.2002.

Dorit Kowitz: Die öffentliche Kranke, in: Süddeutsche Zeitung, 29.3.2001.

Robert Leicht: Der Witz der Macht, in: Die Zeit, 19.06.2001.

Martin Lutz / Uwe Müller: Niemand wollte die Bürgerrechtler, Gespräch mit Stephan Hilsberg, in: Die Welt, 15.1.2009.

Marko Martin: Gastkommentar. Das Schweigen der Anderen. Vom verleugneten Erbe der DDR-Bürgerrechtler, in: Die Welt, 21.1.2009.

Angela Merkel: „Die von Helmut Kohl eingeräumten Vorgänge haben der Partei Schaden zugefügt", in: Frankfurter Allgemeine Zeitung, 22.12.1999.

Armin Mitter: Reform, Revolte, dann Revolution.; in: Die Tageszeitung, 14.11.1995.

Dirk Moses: Das Pathos der Nüchternheit. Die Rolle der 45er Generation im Prozess der Liberalisierung der Bundesrepublik, in: Frankfurter Rundschau, 2.7.2002.

Erhart Neubert: Die geklaute Revolution, in: Esslinger Zeitung, 17./18. März 1990.

Hans Joachim Noack: „Wir sind alle beschädigt", in: Der Spiegel, 12.2.1990.

Barbara Nolte: Der Graf lässt bitten, in: Der Tagesspiegel, 23.5.2000.

Frank Pfaff: Ein Westfale in Greifswald, in: General-Anzeiger, 27.8.2008.

Ulf Poschardt: Born in the DDR, in: Die Welt, 15.8.2004.

Peter Pragal: „Wer regiert, muss Kompromisse eingehen", in: Berliner Zeitung, 25.5.2002.

Anette Ramelsberger: Wenn Fröhlichkeit zur Waffe wird, in: Süddeutsche Zeitung, 4.10.2002.

Anette Ramelsberger: Abschied von der „ungeheuren moralischen Kraft", in: Süddeutsche Zeitung, 21.09.2005.

Joachim Rindfleisch: SPD will modernste Partei werden, in: Neue Ruhr Zeitung, 15.9.1993.

Evelyn Roll: Und es war Sommer. Interview mit Angela Merkel, in: Süddeutsche Zeitung Magazin, 29.02.2008

Jan Ross: Patriarchendämmerung, in: Die Zeit, 14.3.2002.

Jens Rübsam: Das schlechte Gewissen der CDU, in: Die Tageszeitung, 12.9.1998.

Ulrich Schacht: Aus dem Osten kommt das Licht, in: Cicero, Band 12/2005, S. 60-63.

Ute Scheub: Der Liebhaber der Uckermark, in: Die Tageszeitung, 27.10.1995.

Jens Schneider: Generation Zweite Chance. Was es bedeutet, wenn Ostdeutsche das Land führen, in: Süddeutsche Zeitung, 5.11.2005.

Jens Schneider: Die Landung des Albatros: Angela Merkels steiniger Weg zu den Toren der Macht, in: Süddeutsche Zeitung, 10.10.2005.

Rolf Schneider: Mühelos überrundet. Die Karrieren der Bürgerrechtler von 1989 sind symptomatisch, in: Die Welt, 9.11.2004.

Daniel Schulz: Platzeck verprellt seine treuen Genossen, in: Die Tageszeitung, 11.12.2006.

Daniel Schulz / Christian Füller: Neben mir kein zweiter Bundesboy, in: Die Tageszeitung, 12.1.2005.

Hajo Schumacher: Claudia Nolte. Tugendsam und machtbewußt, in: Der Spiegel, 17.4.1995.

Christoph Seils: Wie viel DDR steckt in Matthias Platzeck?, in: Cicero, Heft 12/2005, S. 64-65.

Christoph Seils: Wiedergeburt eines Lieblings, in: Frankfurter Rundschau, 13.10.2004.

Anette Simon: Kluge Kinder sterben früh, in: Die Zeit, 06.06.1997.

Anja Sprogies: Das Bündnis knipst die Ampel aus, in: Die Tageszeitung, 23.3.1994.

Daniel Friedrich Sturm: Er konferiert, kommuniziert, koordiniert, in: Die Welt, 25.7.2008

Arno Widmann: „Nehmt Euch in Acht." Die Schriftstellerin Christa Wolf über den Prager Frühling, existenzielle Kämpfe in der DDR und die widersprüchliche Rolle der West 68er, in: Frankfurter Rundschau, 11.07.2008.

Christian Wemicke: Vereint aber anders. Die drei ostdeutschen Minister in Helmut Kohls Kabinett, in: Die Zeit, 25.1.1991.

Online-Ressourcen

Michael Lühmann: Eine historische Notlüge, in: Zeit online, http://www.zeit.de/online/2008/49/cdu-seilschaften-ost.

Michael Lühmann: Sehnsucht nach dem starken Mann, in: Zeit online, 15.4.2008, http://www.zeit.de/online/2008/16/sehnsucht-nach-dem-starken-mann.

Franz Walter: Tradition vs. Offenheit. So ticken die neuen Konservativen, in: Spiegel online, 17.01.2008, http://www.spiegel.de/politik/deutschland/ 0,1518,529314,00.html.

Franz Walter: Die neue SPD - kalt und streberhaft, in: Spiegel online, 3.9.2007, http//:www.spiegel.de/politik/deutschland/0,1518,503507,00. html.

Ruth Wunnicke: Uwe Tellkamp: „Der Turm". Eine literarische Quelle für bürgerliche Lebenswelten in der DDR, in: zeitgeschichte-online, März 2009, URL: http://www.zeitgeschichte-online.de/portals/_rainbow/documents/pdf /Tellkamp%20(FIN).pdf.

Zeitzeugeninterview mit Gerd Poppe: „Wir hofften auf Freiräume", in: http://www.bpb.de/themen/AILCFQ,0,0,Wir_hofften_auf_Freiraeume.ht ml.

Zeitzeugeninterview mit Jan Kren: „Das Experiment endete langsam und traurig", in: Spezial: Prager Frühling, http://www.bpb.de/themen/TCMTUO,0,0,Das_Expriment_endete_langsa m_ und_traurig.html

Rezensionen und Tagungsberichte

Hedwig Richter: Rezension zu: Engler, Wolfgang: Die Ostdeutschen. Kunde von einem verlorenen Land. Berlin 1999. In: H-Soz-u-Kult, 08.09.1999, http://hsozkult.geschichte.hu-berlin.de/rezensionen/id=116.

Heiner Stahl: Rezension zu Yvonne Liebing: All you need is beat. Jugendsubkultur in Leipzig 1957-1968, Leipzig 2005, in: H-Soz-u-Kult, 02.07.2007, <http://hsozkult.geschichte.hu-berlin.de/rezensionen/2007-3-002>.

Hendrik Bindewald: Tagungsbericht „Generationelle (Selbst-)verortung in Ostdeutschland, in: Deutschland-Archiv, Jg. 43, Bd. 1/2010, S. 134-136.

Thomas Schubert: Tagungsbericht. Ideologie und Lebensalltag - Vom Kitt des DDR-Systems. 25.04.2008-27.04.2008, Schwanenwerder. In: H-Soz-u-Kult, 02.07.2008, <http://hsozkult.geschichte.hu-berlin.de/tagungs-berichte /id=2161>.

Eva-Maria Silies: Tagungsbericht. Generation als Erzählung. Neue Perspektiven auf ein kulturelles Deutungsmuster. 13.03.2008-15.03.2008, Göttingen, in: H-Soz-u-Kult, 08.05.2008, <http://hsozkult.geschichte.hu-berlin.de/tagungsberichte/id=2092>.

GÖTTINGER JUNGE FORSCHUNG

Schriftenreihe des Göttinger Instituts für Demokratieforschung

Herausgegeben von Dr. Matthias Micus

ISSN 2190-2305

In Vorbereitung:

Frauke Schulz
„Im Zweifel für die Freiheit"
Aufstieg und Fall des Seiteneinsteigers Werner Maihofer in der FDP
ISBN 978-3-8382-0111-5

Daniela Kallinich
Die politische Karriere von Nicolas Sarkozy
ISBN 978-3-8382-0122-1

Ralf Schönfeld
Kanzleramtschefs im vereinigten Deutschland
Friedrich Bohl, Frank-Walter Steinmeier und Thomas de Maizière im Vergleich
ISBN 978-3-8382-0116-0

Abonnement

Hiermit abonniere ich die Reihe **Göttinger Junge Forschung (ISSN 2190-2305)**, herausgegeben von Dr. Matthias Micus,

❐ ab Band # 1
❐ ab Band # ___
   ❐ Außerdem bestelle ich folgende der bereits erschienenen Bände:
     #___, ___, ___, ___, ___, ___, ___, ___, ___, ___, ___

❐ ab der nächsten Neuerscheinung
   ❐ Außerdem bestelle ich folgende der bereits erschienenen Bände:
     #___, ___, ___, ___, ___, ___, ___, ___, ___, ___, ___

❐ 1 Ausgabe pro Band   ODER   ❐ ___ Ausgaben pro Band

Bitte senden Sie meine Bücher zur versandkostenfreien Lieferung innerhalb Deutschlands an folgende Anschrift:

Vorname, Name: _____

Straße, Hausnr.: _____

PLZ, Ort: _____

Tel. (für Rückfragen): _____ *Datum, Unterschrift:* _____

Zahlungsart

❐ *ich möchte per Rechnung zahlen*

❐ *ich möchte per Lastschrift zahlen*

bei Zahlung per Lastschrift bitte ausfüllen:

Kontoinhaber: _____

Kreditinstitut: _____

Kontonummer: _____ Bankleitzahl: _____

Hiermit ermächtige ich jederzeit widerruflich den *ibidem*-Verlag, die fälligen Zahlungen für mein Abonnement der Schriftenreihe **Göttinger Junge Forschung** von meinem oben genannten Konto per Lastschrift abzubuchen.

Datum, Unterschrift: _____

Abonnementformular entweder **per Fax** senden an: **0511 / 262 2201** oder 0711 / 800 1889
oder als **Brief** an: *ibidem*-Verlag, Julius-Leber Weg 11, 30457 Hannover oder
als e-mail an: ibidem@ibidem-verlag.de

ibidem-Verlag

Melchiorstr. 15

D-70439 Stuttgart

info@ibidem-verlag.de

www.ibidem-verlag.de
www.ibidem.eu
www.edition-noema.de
www.autorenbetreuung.de